Willy Hochkeppel:
War Epikur ein Epikureer?
Aktuelle Weisheitslehren der Antike

Mit 9 Abbildungen

Deutscher
Taschenbuch
Verlag

Originalausgabe
1. Auflage Dezember 1984
3. Auflage Januar 1988: 17. bis 22. Tausend
© 1984 Deutscher Taschenbuch Verlag GmbH & Co. KG,
München
Umschlaggestaltung: Celestino Piatti
Gesamtherstellung: C. H. Beck'sche Buchdruckerei,
Nördlingen
Printed in Germany · ISBN 3-423-10360-4

# Inhalt

Einführung . . . . . . . . . . . . . . . . . . . . . . . . . . . . 7

Die Stechfliege der Stadt
   Sokrates stellt die Unruhe wieder her . . . . . . . . . . . . 17

Zungenschläge der Ironie – ein Exkurs
   Der Witz der Alten und seine Wandlungen . . . . . . . . . 45

Spitzfindige Weisheiten
   Die Provokationen der Sophisten . . . . . . . . . . . . . . . 67

Mit zynischem Lächeln
   Die Kyniker als Hippies der Antike . . . . . . . . . . . . . 99

Von Zweifeln geplagt
   Die harte Schule der Skeptiker . . . . . . . . . . . . . . . . 117

War Epikur ein Epikureer?
   Die Lust als Lehrfach . . . . . . . . . . . . . . . . . . . . . 145

Mit stoischer Ruhe
   Die Denker von der Säulenhalle . . . . . . . . . . . . . . . 169

Anhang
Literatur zum Weiterlesen . . . . . . . . . . . . . . . . . . . . 195
Karte . . . . . . . . . . . . . . . . . . . . . . . . . . . . . . . . 199
Zeittafel . . . . . . . . . . . . . . . . . . . . . . . . . . . . . . 200
Bilderläuterungen . . . . . . . . . . . . . . . . . . . . . . . . . 202

Dem Andenken an
Reinhard Wilhelm »Teddy« Schmidt

Das Buch

Wir führen heute Worte wie »sokratisch«, »sophistisch«, »zynisch«, »skeptisch«, »epikureisch« oder »stoisch« zwar im Munde, wissen aber kaum noch um ihre ursprüngliche Bedeutung. Im klassischen und hellenistischen Altertum bezeichneten sie einflußreiche Schulen und ausgefeilte Lehren für ein vernünftiges und glückliches Leben. Was haben ihre Erkenntnisse uns Heutigen, die wie die Menschen jener Epochen nach Selbstverwirklichung und persönlichem Glück streben, noch zu sagen?
Willy Hochkeppel beweist uns, daß die alten Weisheitslehrer, die meist im Schatten Platons oder Aristoteles' geblieben sind, mit der Schärfe und Redlichkeit ihres Denkens die unzähligen heutigen Heilsbotschafter verblassen lassen. Lebendig und zeitbezogen vergegenwärtigt uns der Autor die Aktualität dieser antiken Philosophen-Schulen, die hier zum ersten Mal im Zusammenhang vorgestellt werden.


Der Autor

Willy Hochkeppel, 1927 in Düsseldorf geboren, studierte in München Literaturgeschichte, Theaterwissenschaft, Philosophie und Psychologie. Er ist hauptberuflich Kulturredakteur beim Bayerischen Rundfunk, außerdem Mitarbeiter verschiedener Zeitungen und Zeitschriften. Neben Fernsehdokumentationen und Rundfunkserien veröffentlichte er u. a.: ›Die Antworten der Philosophie heute‹ (Hrsg., 1967), ›Soziologie zwischen Theorie und Empirie‹ (Hrsg., 1970), ›Denken als Spiel‹ (1970), ›Die Rolle der Neuen Linken in der Kulturindustrie‹ (Hrsg., 1972), ›Wie krank ist Amerika?‹ (Hrsg., 1973), ›Modelle des gegenwärtigen Zeitalters‹ (1973), ›Mythos Philosophie‹ (1976).

# Einführung

Dies ist kein Buch für Philosophen und Historiker vom Fach. Es ist ein Buch für solche, die – wie der Autor – Gegenwart in der Vergangenheit erinnern oder auch Vergangenes neu sich aneignen möchten. Worte und Namen, die gänzlich abgenutzt sind, sollen dabei auf ihren wahren Begriff zurückgebracht werden. Zum sogenannten Stand der Forschung wird hier nichts Neues beigetragen, er wird lediglich berücksichtigt. Das Überlieferte ist zudem von fragmentarischer Dürftigkeit geblieben, nur die Methoden der Erklärung sind raffinierter, die Interpretationen, wenn nicht scharfsinniger, so doch subtiler geworden. Aber Interpretationen sind der Subjektivität unterworfen und der Zeit verhaftet. Neigungen, Vorlieben, Vorurteile bestimmen ebenso die Stoff- und Themenauswahl wie modische Trends, ideologische Voreingenommenheiten oder ganz allgemein der Zeitgeist, dem alle historische Forschung verhaftet bleibt. Beispielsweise galt die Sophistik restaurativen Zeiten als intellektualistisch und zersetzend; einer Ära aufklärerisch-emanzipatorischer Gesinnungen wie der unsrigen ist Sophistik eine Befreiungs- oder Demokratisierungsbewegung. Geschichtsschreibung erreicht somit nie den Status einer Wissenschaft.

Dies Vorwissenschaftliche der Geschichtsdeutung sowie, in unserem Fall, die bruchstückhafte Überlieferung haben auch ihre Vorzüge. Der Einbildungskraft und der Phantasie darf, ja muß ein breiter Spielraum eingeräumt werden. Anders ließe sich aus den erhaltenen Trümmern kein halbwegs Ganzes rekonstruieren. Der Versuch, durch angespannteste Einfühlung aus scheinbar toten Buchstaben auf ein paar Papyrifetzen Sinn herauszulesen oder auch aus dem Klatsch, den Legenden und gefärbten Meinungen viel Späterer sich, wie bei einem Puzzlespiel, ein Bild davon zusammenzusetzen, wie es wirklich gewesen ist, ist ebenso legitim wie reizvoll. Es bleibt natürlich immer nur ein Versuch.

Aber warum den Versuch unternehmen, längst versunkene Gedanken nachzudenken, längst abgeschiedenem Leben nachzuspüren? Um das imaginäre Museum der Kultur zu komplettieren oder den Speicher unseres Wissens mit Daten und Fakten vollzufüttern? Also um des puren Wissens willen? Das ist sicher nicht das Ende, zu dem man Geschichte treibt. Doch selbst solche Aneignung von Geschichte aus Sammlerlust kann einen Wandel des Bewußtseins bewirken, derart nämlich, daß man mit einem Mal erfährt, daß das so Fremde und so Ferne gerade das uns Verwandte und Nahe sein kann. Oswald Spengler, der falsche Prophet des ›Untergang des Abendlandes‹, hatte den glücklichen Einfall von einer Gleichzeitigkeit ganz verschiedener, zeitlich wie räumlich weit auseinanderliegender Kulturepochen. Demnach gehörten Sokrates und die Sophisten mit dem englischen Philosophen John Locke, dem Aufklärer Voltaire und dem Kulturkritiker Rousseau zusammen in eine Geistesepoche, in der das fünfte und vierte vorchristliche Jahrhundert mit dem siebzehnten und achtzehnten Jahrhundert »synchronisiert« sind. Und die Kyniker und die Skeptiker, Gestalten wie Diogenes und Pyrrhon, rücken als »Zeitgenossen« Männern wie Darwin, Marx oder Feuerbach zur Seite. Diese Fiktion einer Zeitgenossenschaft über die Zeiten ist, als eine Art gedankliches Fernglas, immer noch nützlich, wenn man sie nicht, wie Spengler, mit der Wirklichkeit verwechselt und als historische Tatsache präsentiert. Ähnlichkeiten nämlich, Geistesverwandtschaften zwischen den in diesem Buch betrachteten Epochen – die sich zwar über die Jahrhunderte erstrecken, aber in ihrer Essenz vielleicht in einem halben Jahrhundert kulminieren – und unserer Gegenwart der letzten vierzig oder auch sechzig Jahre sind kaum zu übersehen. Unsere Ära der wissenschaftlich-technischen Revolutionen mit dem Prospekt auf ungeahnte Zukünfte entspricht in vielem dem Ausbruch aus mythischer Bindung in die Offenheit und Ungewißheit rationalen Denkens, dem »griechischen Wunder«, beginnend mit dem siebten und sechsten Jahrhundert vor Christus. Die philosophische Ergründung und Erklärung der Natur schlug dann, befördert durch die unentwegten politisch-historischen Erschütterungen jener Zeiten, in die Selbsterforschung und Prüfung der menschlichen »Natur« um. Der Mensch wurde, wie heute, zum Maß aller Dinge. Die radikale Blickwendung von der Objektivität der Welt zur Subjektivität des Menschen vollzogen als erste die Sophisten und Sokrates. Die Philosophie und die Wissenschaften vom Menschen unserer Dekaden signalisieren, unterwegs zur Postmoderne, seit längerem den Kurswechsel von naturwissenschaftlichen Interessen zum Engagement an gesellschaftliche Bedürfnisse und Probleme des einzelnen. Dem antiken delphischen Ruf nach Selbsterkenntnis hallt heute wie ein fernes Echo der Slogan von der Identitätssuche nach. Denn das Bewußtsein scheint hinter seinen eigenen Errungenschaften zurückgeblieben zu sein, das Ich fühlt sich von sich selbst entfremdet. Der Zerfall eines festen und beständigen Seins in ewig ruheloses Werden wurde durch die ständige Umwälzung der Herrschafts- und Lebensverhältnisse für die Griechen der alten Welt unbestreitbar Erfahrungstatsache. Die Umbruchszeiten währten Jahrhunderte, die Krisen waren permanent. In unserem Jahrhundert sind der Wechsel und der sich überschlagende Fortschritt paradoxerweise der Dauerzustand. Und heute wie damals scheinen fast alle herkömmlichen ethischen Maßstäbe, moralischen Normen und Handlungsmuster außer Kurs gesetzt und durch Vernunft nicht mehr begründbar. Der Orientierungslosigkeit des einzelnen entspricht, so sagt man, die Unregierbarkeit der Gesellschaften. Angst, zumindest Fassungslosigkeit charakterisieren den psychischen Zustand der Menschen in solchen Zeiten, freilich meist durch inszenierte Hektik und organisierten Vergnügungstaumel betäubt. Die Rauschsucht manifestiert sich nicht nur im Verlangen nach harten Drogen, sondern auch in der Hingabe an die vagesten Heilsversprechungen. Denn in solchen Zeiten haben die Heilsbotschafter, die Erlöser, die barfüßigen Propheten, die Sektenprediger, die Tugendlehrer, die Künder und Seher, die Menschheitsbeglücker – neben den Untergangsbeschwörern –, die Rufer in der Wüste, die profanen und die religiösen Wegweiser, die Utopisten und Ideologen und die kleinen und großen Weisen Hochkonjunktur.

In den Jahrhunderten, die hier rekapituliert werden, staute sich das Sektierer- und Predigertum ähnlich wie in den beiden letzten Jahrzehnten unseres Säkulums – und übrigens zuvor schon in den Jahren nach dem Ersten Weltkrieg, den »Goldenen Zwanzigern«. Phasen der Aufklärung und der rationalen Weltentwürfe, die oft nach Kriegskatastrophen einsetzen, sind immer zugleich solche des Irrationalismus und der Gegenaufklärung; sie produzieren ihre Anti- und Subkulturen selbst.

Im Blick durchs historische Fernglas rücken nun weit auseinanderliegende historische Daten der Vergangenheit eng aneinander, die Generationen stehen so dicht nebeneinander, als wären sie eines Jahrgangs. Platon, geboren 427, Aristoteles, 384 geboren, Epikur 342 – das scheinen uns, in der Totale der vorchristlichen Jahrhunderte, der Antike, zu vernachlässigende Zeitintervalle zu sein. Überträge man solche Daten aber in die jüngere Vergangenheit, dann dehnt sich die Zeit sichtlich auseinander, beispielsweise so: Platon, geboren 1827, Aristoteles 1870 geboren und Epikur 1912. Oder: zwischen dem Beginn von Platons schriftstellerischer Tätigkeit, etwa um 400, und der Gründung der Garten-Schule des Epikur im Jahr 306 liegen 94 Jahre – ebenso viele wie zwischen Goethes ›West-östlichem Divan‹ von 1819 und den ersten Trompetenstößen Louis Armstrongs im Jahre 1913. So werden die Zeitklüfte auffällig, insbesondere wenn man berücksichtigt, daß die Zeit damals, bei allen Turbulenzen, vielleicht »langsamer«, gewissermaßen gleichförmiger verstrich als die von Progressionen und Beschleunigungen fortgerissenen Zeitläufte des zwanzigsten Jahrhunderts.

In diesem Buch wird zwar die Chronologie, die Abfolge der Schulgründungen und Schulhäupter, beachtet, aber durch gelegentlichen Perspektivenwechsel, durch Vorgriffe und Rückblicke kann der Eindruck der Gleichzeitigkeit entstehen, verstärkt dadurch, daß mit den Schülern der Gründungsväter die diversen Schulen ja auch tatsächlich koexistierten und sich zeitlich überlappten.

Das mit grobem Raster reproduzierte Panorama der Schulen und Schulhäupter der klassisch-griechischen und hellenistischen Zeit läßt erkennen, daß die Weisheiten dieser Wahrheitssucher allesamt – aber nicht nur – Antworten, Reaktionen auf Lebenssituationen und gesellschaftliche Verhältnisse darstellten, die als irritierend empfunden wurden. Die hier aufgeführten Weisheitsschulen – Sokrates als Institution sui generis, die Sophisten, die Kyniker, die Skeptiker, die Epikureer und die Stoiker – hatten im Grunde nur ein Ziel: die Erlösung von den Übeln und dadurch die Erlangung des Glücks, mochten auch ihre Meinungen darüber – und vor allem ihre Anweisungen dazu –, was Erlösung, was Glück sei, weit auseinandergehen. In diesen Reaktionen, in diesen Bestrebungen und Versprechungen finden wir uns in den vorchristlichen griechischen Jahrhunderten auffälliger selbst wieder als in anderen, späteren Epochen. Das unerhört aufgeregte und aufregende intellektuelle Reizklima jener Zeiten, ihre mitreißende Aufbruchsstimmung, die ungeachtet aller Wirren Jahrhunderte vorhielt, die umtriebhaften, nicht innehaltenden Denkanspannungen immer neu auftauchender Weisheitslehrer teilen sich dem, der sich heute in diese Vergangenheit versenkt, wie eine prickelnde Brise mit, und er vermeint allmählich die Redeschlachten, den rhetorischen Lärm, die Wortgefechte und Gedankenduelle zwischen den Schulen, ihren Häuptern und eifernden Anhängern als das unverwechselbare Geräusch einer spezifischen Geschichtsphase zu hören. Es sorgten übrigens noch andere Schulen für Betriebsamkeit und Spannung, etwa die alten Pythagoreer, eine mehr und mehr kultische Gemeinde, in Megara die Logiker und Streitkünstler um den Sokrates-Schüler Euklid, zu dem sich Platon und die anderen Sokratiker nach der Hinrichtung ihres Meisters zunächst absetzten; daneben kleinere mystizistische Sekten, weissagende und predigende Einzelgänger und womöglich schon frauenbündlerische »Emanzen«. Das waren aber eher Kuriosa, Randerscheinungen, die vom großen Strom aufgesogen wurden.

Eine gewisse Nähe und Verwandtschaft zu diesen über zweitausend Jahre zurückliegenden Problemlösungs- und Erlösungsversuchen – auch Ausschweifungen, auch Beschwichtigungen – ist, so wird der heutige Leser finden, nicht von der Hand zu weisen. »Die heutigen Zustände«, so registrierte der amerikanische Kulturkritiker Theodore Roszak, selbst ein Propagandist der Bewegung der sechziger Jahre, ähneln »dem kultischen Treibhaus der hellenistischen Epoche«. Diese Nähe noch zu betonen ist die Absicht dieses Buches. Mit der Nähe, der Ähnlichkeit wird allerdings die Distanz, die Andersartigkeit bemerkbar. Die dabei angewandte Methode, wenn einmal ein solch anspruchsvolles Wort verwendet werden darf, ist eher eine strukturalistische als eine bloß historisierende. Das heißt, es werden die übergeschichtlichen Muster oder Strukturen eines Verhaltens und Denkens, die sich in der Antike wie in unserer Epoche abzeichnen, herauspräpariert. Es soll also nicht bloß protokolliert werden, wie es einmal, unwiederbringlich, war, sondern wie es war und vielleicht immer noch ist. Die Abweichungen und Kontraste treten dabei ganz von selbst hervor.

Denn so vertraut uns gerade derzeit die Heilsbotschaften und das Sektenwesen des griechischen Altertums als etwas Aktuell-Gegenwärtiges erscheinen mögen, so weit zurückgefallen sehen wir doch unsere heutigen ideologischen Sektierer und Verkünder – samt den Naturwissenschaftlern unter ihnen – hinter jene alten Lehrmeister der Tugend, der Weisheit und des Glücks, die hier, vielleicht erstmals alle zusammen, vorgestellt werden. Diese bemühten sich nämlich redlich, ihren Lebensanschauungen eine vernünftige theoretische Grundlage zu geben. Alle diese Weisheitsschulen der Antike – mit Ausnahme vielleicht der hemdsärmeligen Kyniker – haben umfangreiche und ausgeklügelte philosophische Ideengebäude errichtet, mit deren Fragmenten die Gelehrten sich bis heute zu beschäftigen haben. Die Propheten, Heilslehrer und die selbsternannten Ratgeber unserer jüngsten Gegenwart nehmen sich dagegen wie geistige Eintagsfliegen aus. Was sie lauthals und gewinnträchtig proklamieren, ist in der Regel gedankenlos, realitätsfern und auch nicht praktizierbar. So wohlfeil und bieder uns manches aus den Glücks- und Weisheitsschulen der Alten entgegentönen mag, im Vergleich zu den schrillen und hohlen Klängen derzeitiger Gegenaufklärer vernimmt man aus jenen Lehren allemal noch die Stimme der Vernunft. Freilich lassen sich diese alten Lehren nicht unvermittelt – und ohne ironische Seitenblicke – in unsere Gegenwart transportieren.

Zweifellos repräsentieren die in diesem Band beschriebenen Schulen und Weisheitslehren nicht die wesentliche, substantielle Gestalt der griechischen Philosophie. Die ist ohne Frage – berücksichtigt man die Sonderstellung des Sokrates – an die Namen von Platon und Aristoteles gebunden. Ein Philosoph unserer Zeit, Martin Heidegger, sah sogar die klassische Phase der griechischen Philosophie mit Aristoteles abgeschlossen. Daß gerade Platon und Aristoteles, diese beiden Titanen des griechischen Geisteslebens, in dieser Sammlung fehlen, hat einleuchtende Gründe. Es geht hier ja nicht um die Rekonstruktion und Präsentation philosophischer Systeme im streng wissenschaftlichen Sinn, sondern um Lebensanschauungen und Weisheitslehren, die von solch systematischer Philosophie gleichsam nur in kleinen Dosen Gebrauch machen, um ihren auf Lebenspraxis abzielenden Empfehlungen mehr Rückhalt zu geben. Die Schriften Platons, die uns übrigens fast vollständig, und diejenigen des Aristoteles, die zu einem großen Teil erhalten sind, wollen reine Theorie sein, Denken mit dem Ziel begründeter Erkenntnis (die dereinst sich womöglich einmal verwirklichen läßt). Ausgespart bleiben die Platonische und Aristotelische Philosophie ferner, weil sich im Laufe der Jahrtausende dazu eine unübersehbare gelehrte Literatur angesammelt hat. Es wäre vermessen und überflüssig, nach Art der historischen Momentaufnahmen und Szenenausschnitte, wie sie hier von den praktischen Weisheitsschulen geboten werden, auf diese beiden singulären Gestalten der griechischen Philosophie sich einlassen zu wollen. Erwähnung wird ihrer freilich immer wieder getan – auch ihres Konservatismus', der gegenüber den progressiven Ideen manch anderer Schulen oder Sekten, etwa derjenigen der Sophisten oder der Skeptiker, ja auch der Kyniker, deutlich wird. So andauernd und intensiv im übrigen in den Dialogen Platons vom Tugendwissen die Rede ist, so sehr ging es ihm selbst doch um Herrschafts- und Machtwissen. Auf Kosten freilich des historischen Sokrates, des großen Liberalen und Ironikers. Mit ihm, der Lebenspraxis und philosophische Theorie einzigartig und vielleicht einmalig verband, muß natürlich ein Band über die alten Schulen der Weisheit beginnen.

Die Expansionslust oder der Imperialismus der Hellenen, zumindest seit Perikles, das darf nicht verschwiegen werden, hat schließlich zum Niedergang ihres Weltreiches geführt. Als geistige Weltmacht hat das Griechische aber noch lange – und eigentlich bis heute – weitergelebt. Diese geistige Weltmacht erstreckte sich zeitweise vom attischen Mutterland über die kleinasiatischen Küsten und deren Inselwelt bis zum Schwarzen Meer und im Westen über Süditalien bis zur heutigen spanischen Grenze. Die Kultur »der Welt« war die griechische, wie die Sprache, die man zu sprechen hatte. Außerhalb Attikas war diese Sprache ein vom Klassisch-Attischen abweichender Dialekt, Koiné genannt. Koiné-Griechisch war namentlich zur Zeit des Hellenismus, die man vom Herrschaftsbeginn Alexanders des Großen, also 336, bis zur Mitte des sechsten Jahrhunderts nach Christus festgelegt hat, verbreitet. Koiné bedeutet im Griechischen »allgemein«. Die Allgemein-Sprache Koiné läßt sich etwa dem Pidgin-English oder dem Basic-English vergleichen. Es war eine lingua franca, eine internationale Verkehrssprache der Gebildeten oder derjenigen, die es sein wollten. Durch die neue internationale Sprache der Gelehrten, durch das Lateinische, wurde Koiné schließlich verdrängt.

Lebt man sich heute in die altgriechische und hellenistische Zeit ein, dann findet man sich also keineswegs im Provinziellen wieder, sondern in der weiten Welt des Kosmopolitischen, in der die umherreisenden und disputierenden Weisen geradezu populäre Berühmtheiten waren. Ihre Leidenschaft fürs Denken und ihr danach eingerichtetes besonnenes Dasein hat sie offenbar gesund und munter gehalten. Stellt man nämlich aufgrund der überlieferten Altersangaben der in diesem Band versammelten Weisheitslehrer eine kleine Statistik auf, so kommt man auf ein durchschnittliches Lebensalter dieser Weisen von 75 Jahren! Angesichts der seinerzeit relativ niedrigen Lebenserwartung ein höchst beachtliches Alter.

Jedes der sieben Kapitel ist in sich abgeschlossen und kann gesondert gelesen werden. Dafür sind – beim zusammenhängenden Lesen – gelegentliche Wiederholungen und Überschneidungen in Kauf zu nehmen, die indes der Vergegenwärtigung der allgemeinen geistesgeschichtlichen Situation dienen können.

Und endlich – dieses Buch sollte nach Möglichkeit Vergnügen machen. Deshalb wurde auf Fußnoten, Verweise und Anmerkungen, die die Lektüre so beschwerlich machen, gänzlich verzichtet. Auch ein sogenannter wissenschaftlicher Apparat wurde vermieden. Statt dessen sind im Anhang Hinweise auf eine kleine Anzahl weiterführender – und teilweise für den Text benutzter – Bücher gegeben, die der nichtprofessionelle Leser tatsächlich lesen und auch kaufen kann.

»... was mir bereits viele vorgeworfen, daß ich andere zwar fragte, selbst aber nichts über irgend etwas antwortete, weil ich nämlich nichts Kluges zu antworten wüßte, darin haben sie recht.«

Sokrates

# Die Stechfliege der Stadt
## Sokrates stellt die Unruhe wieder her

Auf seiner Reise nach Glubbdubdrib hatte Lemuel Gulliver das seltene Glück, nach Wunsch längst verstorbene historische Größen aus Politik, Wissenschaft, Kunst und Philosophie zu einer intensiven Fragestunde gewissermaßen leibhaftig herbeizitieren zu dürfen. Unter anderen erschien auch Aristoteles, gefolgt von einer so ungeheuren Zahl von Kommentatoren, »daß mehrere Hunderte im Hof und in den Vorgemächern warten mußten«. Sie hielten sich indes wohlweislich in Distanz zum Meister, ihrer Schuld sich bewußt, so unterstellt Gulliver, wie sehr sie den Aristoteles durch ihre Erläuterungen »verunstaltet« hatten.

Sokrates, der nichts niedergeschrieben hat und von dem folglich nichts Schwarz auf Weiß erhalten ist, wäre zweifellos von einem nicht minder großen Heer von Kommentatoren gefolgt gewesen, hätte Gulliver auch ihn zur Konsultation gebeten. Und auch er, so darf man vermuten, hätte sich bei Gulliver über die Verunstaltungen zu beklagen gehabt, die all seine Exegeten über die Jahrtausende ihm zugefügt hatten, darunter, wie wir wissen, höchst erlauchte Geister.

Jonathan Swift, dem Lemuel Gulliver solch exzeptionelle Kontakte zu verdanken hat, war, wenn man so will, ein Kulturpessimist, jedenfalls ein tief verwundeter Misanthrop und Spötter. Gleichwohl vermögen die Bemerkungen, die er seinem Gulliver anläßlich solch denkwürdiger Begegnungen mit Gestalten der Weltgeschichte in den Mund legt, jeden, der noch einige Skrupel hat, gänzlich zu entmutigen, wenn es um einen Kommentar zu einem der Heroen der Geistesgeschichte geht. Was denn, um alles in der Welt, ist noch über Sokrates, den großen Mäeutiker zu sagen, was nicht schon hundertmal gesagt worden ist, in einigen Fällen wohl bündig und definitiv. Soll man also nur nachbeten oder bestenfalls resümieren, was auch schon hinreichend rekapituliert wurde? In welches Horn welchen Kommentators soll man blasen?

Den einzigen Ausweg aus dieser peinlichen Situation findet man wohl darin, das Bildnis des tätigen Denkers Sokrates in einer Art literarische Palimpsesttechnik dadurch freizulegen, daß man einige seiner emphatischsten Kommentatoren oder Interpretatoren zu kritisieren versucht. Natürlich ist auch das nicht sonderlich originell, aber es scheint noch die redlichste Weise zu sein, heutigentags von dem Mann Sokrates sinnvoll zu reden, ohne in Pleonasmen und Trivialitäten zu versinken.

Der historische Sokrates bleibt, wie es sich für einen Ironiker geziemt, im dunkel, zumindest im Dämmer- oder Zwielicht. War er als Philosoph und Tugendlehrer ein Autodidakt? Oder hat er bei dem Mathematiker und Philosophen Anaxagoras, der in Athen lehrte und, ebenfalls wegen Gottlosigkeit, vertrieben wurde, gelernt? Oder war er Schüler des Archelaos, der wiederum Schüler des Anaxagoras war? (Und hatte er mit dem womöglich ein Liebesverhältnis?) Dieser Anaxagoras war auf jeden Fall eine Art Naturphilosoph, einer, der nach dem Ursprung, der arché, aller Dinge fragte und dazu die Mathematik benutzte. Genau davon aber wollte Sokrates nichts wissen. Und wenn eines im Falle des Sokrates sicher ist, dann dies, daß er einen neuen Anfang setzte, daß er eine Wende einleitete, von der bis dahin betriebenen Naturphilosophie zur Anthropologie, zur Philosophie vom Menschen. Xenophon erzählt in seinen ›Erinnerungen an Sokrates‹ folgendes: »Die Geometrie beispielsweise, so meinte Sokrates, müsse man soweit erlernen, bis man imstande sei, falls es mal not tue, ein Stück Land richtig zu vermessen, zu übernehmen oder zu übergeben oder zu verteilen oder das Geschehene zu bezeugen ... Die Geometrie bis zum Verständnis der schwierigen Figuren zu betreiben, das mißbilligte er dagegen; denn er könne nicht einsehen, so sagte er, wozu dies von Nutzen sein solle ... Er empfahl auch, sich mit der Sternkunde vertraut zu machen, doch darin allerdings nur soweit, bis man die Zeiten der Nacht, des Monats und des Jahres zu erkennen vermöge ... Überhaupt riet er davon ab, im Hinblick auf die Vorgänge am Himmel darüber nachzugrübeln, wie Gott alles eingerichtet habe; denn er glaubte nicht, daß dies für den Menschen erkennbar sei ...«

Dem Offizier Xenophon, der lange im Kreis um Sokrates verkehrte, trauen die Gelehrten nicht so recht über den Weg, was sein Verständnis der Sokratischen Lehre betrifft. Aber wir müssen uns nun einmal an ihn, und an Platon, als die immer noch ergiebigsten Quellen über Sokrates halten.

Welches philosophische Training Sokrates auch genossen haben mag, in der Philosophie des Menschen setzte, neben den Sophisten, er den Anfang; er war also darin gewissermaßen Autodidakt. Aber wir bewegen uns ja in einer Zeit, wo irgendwie jeder dieser Denker Autodidakt war, beispielsweise die großen Naturphilosophen in den ein oder zwei Jahrhunderten davor.

Sicher ist auch, daß Sokrates keine Schule gegründet hat. Sokrates war in gewisser Weise unnachahmlich, seine Lehre ist nicht eigentlich zu Papier zu bringen. Er selbst hat ja nur geredet und diskutiert. Vorwiegend über das Gute und über das tugendhafte Leben. Das war für ihn nichts bloß Theoretisches, sondern etwas zu Lebendes. Und gelebt hat er vollkommen nach seinen Einsichten – bis zu seiner Hinrichtung, und mit diesem seinem Sterben, dem äußersten Ernstmachen, vollendete er, worum es ihm ging. Dem kann man nacheifern, aber ein solches Leben und Denken taugt nicht für die »Schule«.

Es gab ja auch keinen Ort, keine feste Lokalität, wo Sokrates gelehrt hätte (wobei schon das Wort »lehren« hier fehl am Platze ist). Wenn man will, kann man sagen, daß die Lehrstätte des Sokrates die gesamte Polis war, die Stadt Athen. Dort, in den Gassen und Straßen, auf den Plätzen, auf dem Markt, in den Werkstätten der Handwerker und, außerhalb des Stadtkerns, in den Häusern und Villen reicher und steinreicher Freunde und schließlich ganz einfach im Grünen – dort war sein Wirkungsbereich, da strich er umher und dort konnte man ihm tagtäglich begegnen. Eine Umwelt ohne Frauen übrigens, denn deren Lebensraum blieb auf die häuslichen vier Wände beschränkt.

Zumeist soll er übrigens barfuß umhergegangen sein, keineswegs in nachlässiger, aber in höchst einfacher Kleidung. Nur manchmal, auf eleganten Partys, etwa bei dem Gastmahl des begüterten Agathon, soll er sich sorgfältiger gekleidet, sozusagen in Schale geworfen haben, »gebadet und an den Füßen Sandalen, die er selten trug«. Schön war er zweifellos auch nicht, und Geld besaß er kaum. Aber das brauchte er auch nicht, denn er war außerordentlich genügsam. »Wie zahlreich sind doch die Dinge, deren ich nicht bedarf!« soll er einmal vor einer üppigen Auslage auf dem Athener Markt ausgerufen haben. Aller Wahrscheinlichkeit nach haben ihn seine wohlhabenden Freunde finanziell unterstützt.

Dieser Sonderling also schlug zu seiner Zeit fast alles in Bann, was mit ihm zu tun bekam; von diesem Mann in der Maske eines Silen oder Satyr, wie man ihn dargestellt hat, geht bis heute eine Wirkung aus, die man ähnlich vielleicht nur noch dem Jesus von Nazareth zuschreibt. Daß dem so war, geht nicht nur aus den Schriften seines bedeutendsten Schülers, nämlich Platons, hervor. Aber Platon war es eben auch, der sein eigenes Bild so sehr dem des von ihm gezeichneten Sokrates aufgeprägt hat, daß man beide Gestalten kaum mehr auseinanderhalten kann – oder genauer das, was der eine und was der andere dachte und wollte.

Man tut deshalb gut daran, eine lange Zeit dem Platonischen Sokrates zu folgen, ihn einfach hinzunehmen, um hernach, aufgrund feiner Indizien, herauszufinden, wer der wirkliche Sokrates war. Für viele Gelehrte ist diese Frage müßig, etwa zuletzt noch für Karl Jaspers, der es vorzog, beide Philosophen als eine zusammengedichtete Figur zu sehen. Kommt es einem aber darauf an, das damalige Klima der Sektenbildung und Heilslehren wahrheitsgetreuer zu verstehen, dann muß man, soweit es geht, eine Trennung zwischen Sokrates und Platon machen.

Das absolut Neue, den Bruch mit der Tradition, den der historische Sokrates heraufführte, war zunächst die gänzlich andere Form des Philosophierens, nämlich die des Dialogs, des Miteinanderredens. Sodann ein neues Thema, einen neuen Gesprächsstoff. Sokrates war zwar nach wie vor der festen Überzeugung, es komme nur auf das Wissen an, die Erkenntnis mittels der Vernunft oder des Verstandes, also der »Logik«; aber Wissen und Erkenntnis sollten von nun an einem ganz anderen Zweck untergeordnet werden, nämlich dem der Erkenntnis des Guten, und dies wiederum zum Endzweck eines tugendhaften Lebens. Das Wissen des Sokrates, sein Tugend-Wissen, war also ganz auf die Ethik konzentriert.

Das steht auch so in den Erinnerungen des Xenophon. Dort gibt es gleich anfangs die folgende Schilderung des Sokrates: »Am frühen Morgen ging er nämlich nach den Säulenhallen und Turnschulen, und wenn der Markt sich füllte, war er dort zu sehen, und auch den Rest des Tages war er immer dort, wo er mit den meisten Menschen zusammensein konnte. Und er sprach meistens, und wer nur wollte, dem stand es frei, ihm zuzuhören ... Er unterhielt sich ... nicht über die Natur des Weltalls, im Gegensatz zu den meisten anderen, indem er etwa danach forschte, wie der von den Sophisten sogenannte Kosmos seiner Natur nach beschaffen sei und welchen notwendigen Gesetzen alle Himmelsvorgänge unterworfen seien, sondern erklärte die, welche sich über solche Dinge Gedanken machten, für töricht.« Man kann sich heute kaum der Frage enthalten, ob Sokrates nicht mit seiner Abstinenz gegenüber den Naturwissenschaften auf die Dauer recht behalten hat. Unser heutiges theoretisch-naturwissenschaftliches Wissen ist in allen Disziplinen ungeheuerlich angewachsen und erweist sich immer mehr als offen und unbegrenzt. Wie aber, so fragt man sich gegenwärtig, steht es mit einer entsprechenden Ethik? Wie mit unserer »Tugend«, mit unseren Taten?

Die sokratische Wende zur Anthropologie, spezifischer noch zur Ethik, war jedenfalls ein kühnes, höchst selbstbewußtes Unternehmen. Das ganze naturphilosophische Wissen von über hundert Jahren zuvor einfach zu ignorieren und als unerheblich und überflüssig abzutun, dazu gehörte schon einiges, wenn auch die Bedingungen, die politische Unsicherheit im Lande, einer solchen Neubesinnung günstig sein mochten. Immerhin hatte aber ein anderer Philosoph, Demokrit aus Abdera in Thrakien, der nur neun Jahre jünger war als Sokrates, eine ausgefeilte und selbst noch für unsere Begriffe hochmoderne Naturphilosophie publiziert, nämlich den Atomismus. Diese Naturphilosophie, von der leider nur Fragmente erhalten sind, war in sich selbst ein Stück Aufklärung – und Aufklärer wollte ja auch Sokrates sein. Es ist bezeichnend für unser Bild vom klassischen Altertum, daß neben Sokrates, Platon und Aristoteles Demokrit, der im Rang ihnen gleichwertig ist, nur am Rande vorkommt. Das mag auch damit zusammenhängen, daß uns von Platon und Aristoteles so viele Texte überliefert sind; aber es ist doch in erster Linie über die Jahrtausende hinweg das Interesse an uns selbst, die Neugier auf den Menschen, die jene anthropologische Philosophie, wie sie außer den Sophisten Sokrates initiiert hat, uns um so vieles näherstent.

Das erste, was an den Platonischen Dialogen – von denen nur die frühen, die ›Apologie‹ und ›Kriton‹, vielleicht noch ›Menon‹ und ›Gorgias‹, den historischen Sokrates einigermaßen zuverlässig porträtieren – auffällt, ist, daß Sokrates immer recht behält, daß er in allen Diskussionen und »Unterredungen« der Überlegene ist und daß dies dem Leser schon nach kurzer Lektüre selbstverständlich wird. Sokrates tritt stets auf als der intellektuelle Superman, der auf eine scheinheilige Weise – nämlich sich zunächst dümmer zu stellen als sein Partner oder Gegner – endlich jeden buchstäblich »fertigmacht«. Dieser »verschlagene Hofmacher«, wie ihn Thomas Mann einmal ironisch-bewundernd nannte, gleicht, trauen wir Platon, in vielem jener modernen Spielart von Detektiven, die auf den ersten Blick tölpisch und nicht gerade mit großem Scharfsinn ausgestattet wirken (Sokrates war nicht gerade eine imposante Erscheinung: dicklich, glupschäugig, stupsnasig), tatsächlich aber hinter solcher Maske ihre feine Witterung, ihren Spürsinn verstecken, bis der Täter ihnen auf den Leim gegangen ist. Ihre vorgeschobene Begriffsstutzigkeit ist die Waffe ihrer tatsächlichen Klugheit.

Dieser Vergleich, Sokrates und Columbo sozusagen, ist natürlich in mancherlei Hinsicht schief, von seiner Pietätlosigkeit gar nicht zu reden. Zum Beispiel will ja Sokrates keineswegs seinen Kontrahenten der Dummheit oder gar Bosheit überführen, er möchte vielmehr dessen vermeintliches Wissen in Frage stellen, um ihn, den dermaßen Verunsicherten, zum erneuten Nachdenken anzureizen. Immerhin – auch ein guter Detektiv will, denken wir an Dostojewski, den Täter durch Einsicht in seine Schuld läutern.

Wechseln wir dennoch das Milieu dieser Analogie und projizieren wir, um der Anschaulichkeit willen, eine sokratische »Konversation« in das heutige philosophische Treiben. Das sähe dann so aus, daß stets ein geborener Sieger aufträte, der zunächst seine Diskussionspartner an ihren eigenen dezidierten Meinungen irre werden ließe, um sie am Ende von der allein sinnvollen eigenen, »sokratischen« Fragestellung zu überzeugen. »Fürwahr, ich gebe es zu« – würde dann wie Kallikles dem Sokrates etwa Jürgen Habermas dem Hans Albert einräumen, oder Martin Heidegger müßte, wie der Theaitetos, nach Adornos schöner Argumentation ausrufen: »Ich, beim Zeus, habe vermittels deiner Hilfe sogar mehr herausgesagt, als ich in mir hatte.« Denn man darf ja nicht vergessen, daß es die Elite der damaligen Philosophen – und Politiker – war, mit der Sokrates disputierte, keineswegs mediokre Sophisten, in dem überdies verfälschten Sinn, wie wir heutzutage diese Bezeichnung gemeinhin verstehen. In Übertragung also einer platonisch-sokratischen Gesprächsrunde auf unsere miterlebbare gegenwärtige Situation wird sogleich etwas von der wirklichkeitsfernen Idealisierung, ja sogar dem Lächerlich-Fiktiven am Bild des Platonischen Sokrates offenbar. Allerdings soll, so jedenfalls erzählte es Sokrates selbst herum, das Orakel in Delphi ihm eröffnet haben, kein Mensch sei weiser als er, Sokrates. Wir müssen annehmen, daß Platon, dem wir ja nicht Geschichtsklitterung anlasten wollen, seinen Sokrates als Modell-Philosophen präsentiert hat, daß er ihn als zentrale Figur für eigene innere Dialoge gewissermaßen benutzt hat, um seine Argumente dialektisch auszuprobieren. Von einer Platonischen Ironie wird noch zu sprechen sein.

Sokrates stellt immerzu Fragen, der allergrößte Teil seiner Sätze sind Fragesätze, wenn er nicht gerade, wie in der ›Apologie‹, seinem Plädoyer vor Gericht, sich zu rechtfertigen hat. Das Schema ist dieses:

»Sokrates: Sollen wir also auf den Satz losgehen, als wäre es dir ernst damit?

Kallikles: Allerdings, freilich.

Sokrates: Wohlan, wenn es denn so sein soll, so bringe mir doch dies in Ordnung. Du nennst doch etwas Erkenntnis?

Kallikles: Ja.

Sokrates: Sagtest du nicht auch, daß es eine Tapferkeit gäbe mit Erkenntnis?

Kallikles: Das tat ich.

Sokrates: Nicht wahr, doch als sei die Tapferkeit verschieden von der Erkenntnis, darum nanntest du sie zwei?

Kallikles: Allerdings.

Sokrates: Und wie? Sind Lust und Erkenntnis einerlei oder verschieden?

Kallikles: Verschieden doch wohl, du weisester Mann.

Sokrates: Auch die Tapferkeit verschieden von der Lust?

Kallikles: Wie anders?«

Und so geht es, wie wir wissen, in einer Technik von Beweis und Gegenbeweis, die man elenchos, Widerlegung, genannt hat, fort und fort, bis der erschöpfte Kallikles nach einem überraschenden Alleingang des »weisesten Mannes« diesem gänzlich das Feld überläßt. Kallikles ist buchstäblich »ausgefragt«.

In gewisser Weise sind die Fragen des Sokrates aber nur von rhetorischer Art. Vom Gegenüber werden keine Antworten erwartet, die ein Nichtwissen tilgen, sondern bloße Bestätigungen dessen, was Sokrates immer schon wissen muß, wenn er die Erwiderungen als richtig oder falsch bewerten soll. Die in jenen Zeitläuften vor allem von den Sophisten so hoch geschätzte Kunst der Dialektik, der in Rede und Widerrede, in Teil und Gegenteil sich abspulenden Wahrheitssuche, bringt also in ihrem Verlauf, anders als es doch suggeriert wird, keinerlei neue, handfeste Wahrheit zum Vorschein, nichts jedenfalls, was nicht einer der Gesprächspartner, nämlich der »weiseste Mann«, immer schon gewußt und für wahr befunden hat.

Für Sokrates müßten eigentlich diese Gespräche frustrierend

gewesen sein, wäre es dabei nicht um die areté, die Tugend, gegangen und wäre da nicht sein pädagogischer Eros gewesen, der ihn offenbar für so vieles, und namentlich für die Ungleichwertigkeit, ja häufig doch auch die Unzulänglichkeit seiner – platonischen – Gesprächspartner entschädigt hätte. Denn als mittelmäßig erweisen sich die meisten letztlich, wenn sie sich mit Sokrates zu messen wagen. Und doch soll es sich, wie erwähnt, bei vielen von ihnen, bei Gorgias, bei Protagoras, bei Hippias oder Prodikos und anderen um jene scharfsinnigen und scharfzüngigen Sophistenprofessoren gehandelt haben, denen so leicht niemand über den Mund fuhr. Hier, in der Unterredung mit Sokrates, erscheinen sie auf einmal doch recht wortkarg, gerade noch in der Lage, zu nicken und außer einem »allerdings« oder »freilich« oder »wie auch nicht« nicht viel Bemerkenswertes hervorbringen zu können.

Was also, auch in den frühen Platonischen Dialogen, von dem historischen, wirklichen Sokrates zum Vorschein kommt, erweist sich als in hohem Maße stilisiert und heroisiert. Dazu hat den Platon gewiß die Dankbarkeit und Verehrung gegenüber seinem Lehrmeister getrieben, und diese Dankbarkeit wiederum muß wohl darauf zurückzuführen sein, daß die vertrackte Fragekunst des Sokrates, die ganz im Dienste der Tugend stand, damals als etwas absolut Neues, Ungewöhnliches und im Vergleich zu den sophistischen Belehrungsversuchen Ernsthafteres gegolten hat. Und nicht nur Platon war davon beeindruckt. Sieht man einmal vom modellhaften Charakter der Platonischen Dialogpartien ab, dann erhebt sich die Frage, worin denn das anhaltende Faszinosum der Sokratischen Mäeutik, seiner Hebammenkunst, liegt, die der historische Sokrates ja doch zweifellos, wenn auch vielleicht nicht in so idealtypischer Vollendung, kreiert und praktiziert hat. Und wie steht das im Zusammenhang mit dem vielberufenen, man muß sagen: sinnlich-intellektuellen Eros der Erkenntnis, des Tugend-Wissens, von dem Sokrates beseelt gewesen sein soll und dank derer ihm Erkenntnis und Tugend – Theorie und Praxis im heutigen Sprachgebrauch – eins wurden?

Dazu ist es gut, sich noch einmal zu vergegenwärtigen, was für eine Art von Philosoph dieser Sokrates war und wie er seine Philosophie »publizierte«, das heißt, an den Mann brachte. In Zeitungen, hätte es sie zu seiner Zeit gegeben, wäre sicher nichts von ihm erschienen, denn er war ein Mann des gesprochenen Wortes. Aber auch im Rundfunk oder Fernsehen, wenn eine solch kühne Übertragung einmal erlaubt ist, wäre er ganz gewiß niemals aufgetreten, denn seine ironischen Gespräche waren zutiefst ernsthaft, und sein Philosophieren war keine Show. In den »Medien« wäre er freilich mit Gewißheit ausgiebig durchgehechelt worden, wie er es ja im »Medium« seiner Zeit, im Theater, tatsächlich wurde. Aristophanes, der populäre Theaterautor dieser Zeit, hat bekanntlich Sokrates in seiner Komödie ›Die Wolken‹ als Karikatur auf die Bühne gestellt und, da er offenbar nichts vom sokratischen Philosophieren verstand, als einen der üblichen Sophisten verkannt. Ein Szenenausschnitt ist dafür bezeichnend:

»Sokrates: Bewahre, die himmlischen Wolken sind's, der Müßigen, göttlichen Mächte,
die Gedanken, Ideen, Begriffe, die uns Dialektik verleihen und Logik
und den Zauber des Worts und den blauen Dunst,
Übertölpelung, Floskeln und Blendwerk.
Strepsiades: Drum ist mir doch auch, da ihr Lied ich vernahm, meine Seel' in den Äther geflogen,
und versucht jetzt schon dialektisch den Rauch zu zerlegen in seine Atome,
jeden Satz zu zersetzen mit Sätzchen und fein die Silben zu stechen ...«

Dem dumpfen Strepsiades, dem Sokrates einbleut, daß die Wolken göttlich sind, muß dann noch klargemacht werden, wem dies Wolkige gleichsam zur geistigen Nahrung dient:

»Sokrates: Soso? Und du weißt also nicht, daß sie die Sophisten, die vielen, ernähren,
Quacksalber, Propheten echt thurischen Stamms, brilliantringfingrige Stutzer,
dithyrambische Schnörkelverdrechsler zuhauf, Sternschnuppen beguckende Gaukler.
Sie füttern sie alle, das müßige Volk, das ihnen zu Ehren lobsingt.«

Sokrates, der hier so abfällig und spöttisch von den Sophisten spricht, wird gleichwohl, in Bauerntheatermanier, von Aristophanes unter die Sophisten eingereiht; ja das meiste, was Sokrates den Sophisten anlastet, soll ihn am empfindlichsten treffen. Die Komödie des Aristophanes hat, wie wir es auch in Platons ›Apologie‹ erfahren, offenbar nicht wenig zu der Stimmung beigetragen, die Sokrates schließlich, 399, vor Gericht brachte. Vergleichbar wäre das vielleicht einer Pressekampagne, durch die ein Verdächtiger heutzutage vorverurteilt werden kann.

Ein wenig näher können wir uns den Mann Sokrates noch mittels der späteren Aufzeichnungen des Diogenes Laertius bringen, die allerdings stark an heutige Klatschgeschichten erinnern: »Sokrates war der Sohn eines Bildhauers und einer Hebamme ... Er war stark in der Rhetorenkunst ..., verboten ihm doch die Dreißig, seine Redekünste zu lehren ... Er habe erkannt, daß die Naturphilosophie für uns nichts tauge und habe sich der Sittenlehre zugewandt, für die er in Werkstätten und auf dem Markte wirkte ... Oft genug sei es vorgekommen, daß er bei seinen Unterredungen von den durch seine Nachforschungen gereizten Beteiligten unsanft angefaßt und zerzaust und meist verächtlich behandelt und verlacht wurde. Das alles aber habe er mit unerschütterlicher Langmut über sich ergehen lassen. So sei er einmal auch durch einen Fußtritt beschimpft worden und habe, als jemand seine Verwunderung darüber äußerte, daß er sich das gefallen lasse, erwidert: ›Wie? Hätte mich ein Esel getreten, hätte ich diesen etwa gerichtlich belangt?‹«

Auf Reisen ins Ausland oder ins Kolonialreich, wie die meisten sie liebten, war sein Sinn gar nicht gerichtet. »... nur wenn die militärische Pflicht ihn rief, ließ er sich darauf ein ... In seinen Überzeugungen ließ er sich nicht irremachen; er hielt sich an die Demokratie ... Vor den Großen dieser Erde ... hatte er wenig Respekt und nahm weder ihre Geldgeschenke an, noch ließ er sich zu einem Besuch bei ihnen bewegen ...«

Das ist, verglichen mit dem Sokrates aus Platons Dialogen, eine höchst oberflächliche und karikierende Darstellung. Man gewinnt den Eindruck, alles stimmt irgendwie, ist aber maßlos vergröbert. Dennoch können auch diese grellen Schlaglichter zur Erhellung der Person des Sokrates beitragen, wenn man sie entsprechend relativiert. Und eine Erkenntnis gewinnt man sicher daraus: Sokrates, der Athener, war als Neuerer denkbar unathenisch, ungriechisch, ja untypisch für den Geist des damaligen Griechentums und dessen Ideologie.

Nicht zu Unrecht nennt man die gesamte Philosophie vor ihm die »vorsokratische« Philosophie. Auf den ersten Blick ähnelt er in der Tat auffällig den Sophisten, doch deren rhetorisch-logische Lehrkunststücke – keineswegs indes so minderwertig, wie spätere Zeiten sie einschätzten – waren auf lebenspraktischen Nutzeffekt für den Tag ausgerichtet. Sie mußten wohl schon darum ergiebig sein, weil deren große Lehrmeister, wie die heutigen Professoren, sich in der Regel dafür gut bezahlen ließen. Daß sie »Stutzer« waren, mit Brilliantringen an den Fingern, wie uns Aristophanes einreden will, ist vielleicht übertrieben; aber sie lebten allem Anschein nach gut von der Philosophie. Was Sokrates lehrte, oder besser: was er durch Ausfragen zur Einsicht brachte, war nichts, woraus man ein Rezeptbuch hätte verfertigen können; es war eigentlich nichts von dieser Welt, und nichts unmittelbar für diese Welt. Und gerade unter diesem letzten Aspekt war Sokrates gewiß das größte Unikum im Bereich der antiken griechischen Geisteswelt.

Mag diese Antike heiter oder, nach Jacob Burckhardt, umdüstert gewesen sein: Sokrates paßte da überhaupt nicht hinein; es sei denn als Signal, als Zeichen einer Zeit im Umbruch. Was alles seine zahllosen Interpreten ihm euphemistisch angedichtet und seine Kritiker ihm abgesprochen haben mögen – fast immer charakterisieren sie ihn fälschlich als Exponenten des Griechentums. Die wenigen, denen diese Charakterisierung suspekt war, hatten es folglich nicht allzu schwer, ihn in eine ganz andersartige Geisteswelt umzusiedeln, nämlich aus der Sphäre der philosophia perennis in diejenige einer philosophia christiana. In seiner Methode aber, in seiner ganz besonderen und persönlichen Art, der Wahrheit näher zu kommen oder die Unwahrheit aufzudecken, ist er von christlicher wie von jeglicher anderen Philosophie weit entfernt. Er war ein Widerlegungskünstler, ein Elenktiker, wie man es damals nach dem neuen, von Sokrates inaugurierten Verfahren nannte. Eine Methode, die bei der Widerlegung und nicht bei der Bestätigung beginnt, ist erst heute wieder zu Ansehen gelangt.

Sokrates praktizierte als intellektueller Geburtshelfer. Er befruchtete gleichsam seine Gesprächspartner nicht mit lehrstoffartigem Wissen, vielmehr setzte er ein Wissen, wenn auch im embryonalen Zustand, bereits bei ihnen voraus. Damit es aus ihnen herauskam – damit es ihnen zu Bewußtsein kam –, setzte er so lange die Zangen seiner Fragerei an, bis es heraus war.

Zwar glaubten die, mit denen er so stritt, schon eine Menge zu wissen, mehr womöglich als er, Sokrates; doch im Verlauf seiner Fragetorturen wurde dieses Wissen immer brüchiger und schließlich als bloß vermeintliches Wissen um Belanglosigkeiten abgebaut zugunsten eines wirklichen, wesentlichen Wissens. Das vermeintliche Wissen, das Sokrates bei seinen Opfern zersetzte, waren aber nicht nur doxai, Meinungen, wie man sie aufschnappte und weitertrug; dergleichen doxai wollten vorwiegend die Sophisten und dann die Kyniker unterhöhlen; Sokrates ging einen Schritt weiter. Er versuchte bei seinen Kontrahenten noch solches tiefere Wissen in Frage zu stellen, das diese sich überlegt und anscheinend begründet angeeignet hatten, schon jenseits der doxai, der öffentlichen Meinung. Das, was des Sokrates Gesprächspartner wirklich hätten wissen sollen – die gelehrten Sophisten so gut wie der Mann auf der Straße –, mußte Sokrates keimhaft und latent bei ihnen schon voraussetzen, und das wiederum hieß, daß er selbst über ein Kriterium seines Über-Wissens verfügen mußte.

Sokrates wäre als Dogmatiker in die Geschichte eingegangen, oder als einer unter zahlreichen Glaubenspredigern, wenn er so aprioristisch sich auf sein Wissen berufen hätte, ohne die Art dieses Wissens näher zu bestimmen. Dies ist genau der Punkt, der ihn nachgerade unverwundbar macht. Denn das Wissen, auf das er sich berief, war paradoxerweise gerade ein Nichtwissen. Das einzige, was er zu wissen vorgab, sei, so sagte er immer wieder, daß er nichts wisse (und nicht einmal das genau). Und zu diesem Wissen ums Nichtwissen wollte er a tout prix auch alle die bringen, die er mit seiner Fragerei belästigte. Das war die Frucht, zu deren Geburt er Hebammendienste, Mäeutik, leisten wollte. Er war also ein subversiver Denker, er betätigte sich als Aufklärer – und er war vielleicht der erste Aufklärer.

Er klärte darüber auf, daß es zunächst falsches oder vermeintliches Wissen zu zerstören gelte, um zu wahrem Wissen zu gelangen. Er wollte, wie Kant, das Wissen aufheben, nicht aber, um nun, wie Kant, für den Glauben, sondern für das wahre Wissen Platz zu schaffen; ein Wissen darüber nämlich, daß man nichts oder nur ganz wenig wisse. Erst auf dieser tabula rasa des Bewußtseins vom Nichtwissen konnte ein wirkliches Wissen um etwas sich bilden. Dieses Etwas, mit dem es die Sokratische prima philosophia zu tun haben wollte, war ausschließlich der Mensch, genauer das tugendhafte Leben des Menschen, die areté, die auch Fertigkeit und Können meint, bei Sokrates aber primär sittliches Können.

Die erotische Leidenschaft des Sokrates – erotisch auch im freundschaftlichen Verhältnis zwischen Lehrer und Schüler bei der gemeinsamen Bemühung um Erkenntnis – war auch die Leidenschaft zur Selbsterkenntnis, wie es das Orakel von Delphi verkündet hatte: Gnothi se autón, erkenne dich selbst. Diese Selbsterkenntnis, die für Sokrates offenbar Voraussetzung für ein Tugendwissen war, geistert seit jenen Tagen durch die verschiedensten philosophischen und namentlich psychologischen Lehrmeinungen bis auf unsere Tage. Heute gilt, anders als bei Sokrates, Selbsterkenntnis an sich schon als Tugend schlechthin. Der einzige, dem dieses Selbsterkenntnis-Programm Unbehagen bereitete, war offenbar Goethe. Bei ihm heißt es einmal: »Hiebei bekenne ich, daß mir von jeher die große und bedeutend klingende Aufgabe: Erkenne dich selbst, immer verdächtig vorkam, als eine List geheim verbündeter Priester, die den Menschen durch unerreichbare Forderungen verwirren und von der Tätigkeit gegen die Außenwelt zu einer innern falschen Beschaulichkeit verleiten wollten. Der Mensch kennt nur sich selbst, insofern er die Welt kennt, die er nur in sich und sich nur in ihr gewahr wird.«

Für Sokrates war die Selbsterkenntnis indes nur der unumgängliche Schritt zum Wissen um die Tugend, nicht unbedingt ein Wert als solcher. Hingegen scheint der Sokratische Eros die Erkenntnis um ihrer selbst willen befördern zu wollen, insofern Erkenntnis selbst als höchste Tugend oder Tüchtigkeit gesetzt wird. Ein l'art pour l'art im erkenntnistheoretischen Sinn ist anscheinend zumindest eine treibende Kraft hinter der Morallehre des Sokrates. Erst wenn er dann die Tugend der Erkenntnis als die Erkenntnis des Guten benennt, scheint der selbstbezüglichen, selbstsüchtigen Erkenntnis doch wieder ein höheres Ziel, ein telos, vorgeordnet zu werden. Unglücklicherweise, oder auch glücklicherweise, hat aber der große Ironiker Sokrates offengelassen, worin er letztlich das Gute sah – sieht man einmal von einigen Hinweisen zur praktischen Lebensführung ab, die aber als eine Art utilitaristische Ethik, eine Moral der Nützlichkeit, bei seinen sophistischen Widersachern viel unverblümter proklamiert wurde.

Das Gute, dessen Erkenntnis Tugend sein soll, bleibt zweifellos ein leerer Fleck auf der philosophischen Landkarte des Sokrates, und seine Definition ist zirkelhaft. Das Streben nach Erkenntnis des Guten ist Tugend, aber was das Gute als absolutum eigentlich ist, bleibt offen. Eine Güterlehre fehlt; eine Auflistung in Einzelwerte wie geistige Talente, praktische Fähigkeiten, aber auch mehr materielle Güter wie Körperkraft, Schönheit, Gesundheit, Reichtum, Berühmtheit und so weiter, wie man sie bei den Stoikern findet, hielt man anscheinend für unwesentlich. Es geht ja auch nur um das höchste Gut, und das ist wiederum das Tugendhafte. Unzählige Denker nach Sokrates haben diese Leerstelle oder Leerformel mit dem ausgefüllt, was ihnen jeweils das Gute zu sein schien, und das ist vielleicht so abwegig nicht. Die Schar der Kommentatoren des Sokrates hat auch viel Schweiß darauf verwendet, diese Leerformel im Rahmen der Sokratischen Lehre, dem Meister gleichsam zu Hilfe eilend, mit Sinn auszustatten. Daraus ist bis heute nichts geworden, und man darf deshalb unter Umständen die kühne Vermutung – immer im Blick auf die analytisch-zersetzende Lust des Sokrates – äußern, daß ihm Erkenntnis, die er ja ohnehin für Tugend hielt, an sich schon dieses Gute war. Tatsächlich war er ja auch der Meinung, daß Einsicht oder Erkenntnis, also Wahrheitsfindung, bescheiden mache und das sittlich gute Handeln zwangsläufig im Gefolge habe. Der ums Nichtwissen Wissende kann gar nicht schlecht handeln, umgekehrt ist die moralisch verwerfliche Handlung Indiz mangelnder Einsicht oder geistiger Verwirrung. Dem Gesunden, dem Normalen ist Tugend folglich lehrbar.

Wer dergleichen glaubt – und Sokrates tat es offenbar –, der ist jeglicher präzisierenden Definition des Begriffs des Guten enthoben, denn dieses ist stets das, was sich als Lebensführung und Tat gemäß der Vernunft notwendig und hinreichend ergibt und damit jenes eudämonische, glückselige Lebensgefühl wachruft, das den Einsichtigen wie den Gerechten allemal beseelt. Es ist schwer zu sagen, ob Sokrates (und natürlich auch sein Porträtist Platon), der doch nach Gründen und Begründungen forschte, statt sich dem Gefühl oder der Konvention zu fügen, sich der verdächtig zirkulären Beweisführungen bewußt war; ob er nicht, wenn er sich in nicht mehr weiter rational zu klärenden Situationen auf sein »daimonion«, seine innere Stimme, berief, die ihm sagte, was richtig und falsch sei – ob er also nicht dann hinter alles Räsonnieren sich zurückfallen ließ auf, mit Nietzsche zu reden, etwas Instinkthaftes.

Die Berufung aufs daimonion möchte man freilich auch begreifen als des Sokrates' verschwiegenen Unmut über den verwahrlosten und lächerlichen anthropomorphistischen Götter-Zirkus seiner Epoche – der später dem Christentum so große Chancen einräumen mußte. Der kurze Kommentar, den der unbarmherzige Nietzsche beiläufig auf den Sokrates gegeben hat, ist sicher nur eine Hypothese, aber die ist wissenswert: »Das alte theologische Problem von ›Glauben‹ und ›Wissen‹ – oder deutlicher, von Instinkt und Vernunft –, also die Frage, ob in Hinsicht auf Wertschätzung der Dinge der Instinkt mehr Autorität verdiene als die Vernünftigkeit, welche nach Gründen, nach einem ›warum?‹, also nach Zweckmäßigkeit und Nützlichkeit geschätzt und gehandelt wissen will – es ist immer noch jenes alte moralische Problem, wie es zuerst in der Person des Sokrates auftrat und lange vor dem Christentum schon die Geister gespalten hat. Sokrates selbst hatte sich zwar mit dem Geschmack seines Talentes – dem eines überlegenen Dialektikers – zunächst auf seiten der Vernunft gestellt; und in Wahrheit, was hat er sein Leben lang getan, als über die linkische Unfähigkeit seiner vornehmen Athener zu lachen, welche Menschen des Instinktes waren, gleich allen vornehmen Menschen, und niemals genügend über die Gründe ihres Handelns Auskunft geben konnten? Zuletzt aber, im Stillen und Geheimen, lachte er auch über sich selbst: er fand bei sich, vor seinem feineren Gewissen und Selbstverhör, die gleiche Schwierigkeit und Unfähigkeit. Wozu aber, redete er sich zu, sich deshalb von den Instinkten lösen! Man muß ihnen und auch der Vernunft zum Recht verhelfen – man muß den Instinkten folgen, aber die Vernunft überreden, ihnen dabei mit guten Gründen nachzuhelfen. Dies war die eigentliche Falschheit jenes großen, geheimnisreichen Ironikers; er brachte sein Gewissen dahin, sich mit einer Art Selbstüberlistung zufrieden zu geben: im Grunde hatte er das Irrationale im moralischen Urteile durchschaut.«

Wie denn nun gar, möchte man mit Sokrates fragen, war am Ende die Sokratische Ironie, für die bislang Kierkegaard die feinsten Bestimmungen fand, noch weitaus doppelbödiger als angenommen? Lag sie nicht nur im Dummstellen und im, wenn auch gutmütigen, Verlachen seiner Symposien-Teilnehmer, sondern noch geradezu im Dummstellen sich selbst gegenüber? Lachte er wirklich letztendlich über sich selbst?

Man braucht sich nicht an Nietzsches fatalem Begriff des Instinktes zu stören; der ist gleichsam nur Chiffre für die Grenze der Reflexion – wie für Sokrates das daimonion – und läßt sich in unserem Fall durch das Wort Gewissen, das Nietzsche schließlich auch benutzt, ersetzen. Und sein Gewissen kann der spitzfindige Ironiker Sokrates eben durch sein daimonion beruhigen, das ihm, wo er auf das »Irrationale im moralischen Urteile« stößt, zur schlichten, »instinktiven« Entscheidung verhilft. Auch die modernste philosophische Ethik hat uns bislang keinen anderen Ausweg gezeigt.

Sokrates treibt, wenn es ums Letzte geht, das Wissen sozusagen an den Rand seiner Möglichkeiten. Soll man das, wie Nietzsche meint, die »eigentliche Falschheit« des Sokrates nennen?

Es scheint, als könnte man es mit gleichem Recht die letzte, radikale Ehrlichkeit des Sokrates sich selbst gegenüber nennen. Und das, darin hat Nietzsche recht, vermißt man in den Stilisierungen Platons, dem »verwegensten aller Interpreten«, wie ihn Nietzsche heißt, der »den ganzen Sokrates nur wie ein populäres Thema und Volkslied von der Gasse nahm, um es ins Unendliche und Unmögliche zu variieren: nämlich in alle seine eigenen Masken und Vielfältigkeiten. Im Scherz gesprochen, und noch dazu homerisch: Was ist denn der Platonische Sokrates, wenn nicht Platon vorne und Platon hinten und in der Mitte die Ziege.«

Tatsächlich, wie müßte man sich, hörte man nur auf Platon, den alten Ironiker vorstellen? Wie müßte er selbst sich gefühlt haben? Doch immer mit einem schrecklich guten Gewissen, immer in lächelnder Selbstzufriedenheit und im schönen Bewußtsein, recht zu haben und recht zu handeln, und immer ein Stück den anderen voraus, sei es auch nur im Wissen, nichts zu wissen. Ein Ironiker ohne Anfechtungen und Zweifel, ein Aufklärer mit gutem Gewissen, ein Denker im guten Glauben – gliche der nicht einem hölzernen Eisen? Doch gesetzt, er lachte im »Stillen und Geheimen« auch über sich selbst, weil er seinen öffentlich proklamierten ethischen Intellektualismus oder seine intellektualistische Ethik – aus Einsicht folgt Gutsein – als Rationalisierung durchschaute: Ist das »Falschheit«? Kann solche Falschheit dem Tod standhalten? Nimmt man als bodenloser Ironiker auch noch den Schierlingsbecher? Oder hat Sokrates auch zum Schluß noch seinen vornehmen athenischen Freunden etwas vorgemacht? Die er in endlosen Dialogen »zur Vernunft brachte«, an die er dann selbst nicht mehr so recht geglaubt hätte?

Hat er sich selbst noch überlistet? »Wohlan denn«, sagt der Todgeweihte, der nicht einmal, wie Jesus, darum bittet, daß dieser – wörtlich zu nehmende – Kelch, der Schierlingsbecher, an ihm vorübergehe, »wohlan denn, sprach er, laßt mich versuchen, ob ich mich mit besserem Erfolg vor euch (den Freunden) verteidigen kann, als vor den Richtern«. Doch er verteidigt sich zum Tode. Und er »beweist« sich selbst und den Freunden die Unsterblichkeit der Seele. Deshalb ist das Sterben für den Philosophen keine Tragödie. Im Gegenteil.

Erinnern wir uns, wie Sokrates das dem Freunde Simmias nach bewährter mäeutischer Methode klarmacht: »O Freund, so ist ja große Hoffnung, daß, wenn ich dort angekommen bin, wohin ich jetzt gehe, ich dort, wenn irgendwo, zur Genüge dasjenige erlangen werde, worauf alle unsere Bemühungen in dem vergangenen Leben gezielt haben; so daß die mir jetzt aufgetragene Wanderung mit guter Hoffnung anzutreten ist auch für jeden anderen, der nur glauben kann, dafür gesorgt zu haben, daß seine Seele rein ist. – Allerdings, sprach Simmias. – Und wird nicht das eben die Reinigung sein, was schon immer in unserer Rede vorgekommen ist, daß man die Seele möglichst vom Leibe absondere und sie gewöhne, sich von allen Seiten her aus dem Leibe für sich zu sammeln und zusammenzuziehen und soviel als möglich, sowohl gegenwärtig wie hernach, für sich allein zu bestehen, befreit von Banden aus dem Leibe? – Allerdings, sagte Simmias. – Heißt aber dies nicht Tod, Erlösung und Absonderung der Seele von dem Leibe? – Allerdings, sagte jener. – Und sie zu lösen streben immer am meisten, sagte er, und allein die wahrhaft Philosophierenden; und eben dies also ist das Geschäft des Philosophen, Befreiung und Absonderung der Seele von dem Leibe; oder nicht? – Offenbar. – Also wäre es ja, wie ich anfänglich sagte, lächerlich, wenn ein Mann, der sich in seinem ganzen Leben darauf eingerichtet hätte, so nahe als möglich an dem Gestorbensein zu leben, hernach, wenn eben dieses kommt, sich ungebärdig stellen würde. Wäre das nicht lächerlich? – Wie sollte es denn nicht? – In der Tat also, o Simmias, trachten die richtigen Philosophierenden danach zu sterben, und tot zu sein ist ihnen unter allen Menschen am wenigsten furchtbar.«

Es ist zweifellos ein höchst unsokratischer Sokrates, der uns hier im Dialog ›Phaidon‹ vorgestellt wird, ein Mann nämlich mit einem Zug von geradezu brahmanischer Todessehnsucht, dem Philosophieren auf einmal offenbar mehr die Kunst, sterben zu lernen, bedeutet. Wo er doch bisher seine Aufgabe hier auf Erden darin sah, Unruhestifter zu sein, die Stechfliege der Stadt, falsche Sicherheiten und eingebildete Gewißheiten zerstörend, auch seine Mitbürger auf die Nützlichkeiten der Tugend hinweisend, also durchaus im Diesseits, auch für das Diesseits wirkend. Wenn er vormals – nämlich in den ersten Dialogen Platons – von der »Seele« sprach, schien er damit mehr das Geistige und Vernünftige im einzelnen Menschen umschreiben zu wollen, etwas, das womöglich über den Tod des Individuums hinaus von einer gewissen Dauer sein könnte. Jetzt, mit einem Mal, hören wir ihn im Brustton der Überzeugung von der Unsterblichkeit der Seele und dem Fortleben nach dem

Tode reden, als wäre er nicht mehr länger jemand, der um sein Nichtwissen weiß, sondern ein ganz und gar Wissender, und zwar um die allerproblematischste metaphysische Angelegenheit.

In seiner Verteidigungsrede – die Sokrates ja noch am authentischsten zeigt – klang das noch ganz anders: »Und ist es nun gar keine Empfindung, sondern wie ein Schlaf, in welchem der Schlafende auch nicht einmal einen Traum hat, so wäre der Tod ein wunderbarer Gewinn. Denn ich glaube, wenn jemand einer solchen Nacht, in welcher er so fest geschlafen, daß er nicht einmal einen Traum gehabt, alle übrigen Tage und Nächte seines Lebens gegenüberstellen und nach reiflicher Überlegung sagen sollte, wieviel angenehmere und bessere Tage und Nächte als jene Nacht er wohl in seinem Leben gelebt hat: So glaube ich, würde nicht nur ein gewöhnlicher Mensch, sondern der Großkönig selbst finden, daß diese sehr leicht zu zählen sind gegen die übrigen Tage und Nächte.«

Auch das noch klingt mehr nach Platon als nach Sokrates. Doch es spricht daraus keineswegs ein Todesverlangen, vielmehr wird hier lediglich eine Hypothese, eine von mehreren Alternativen, zu Ende gedacht.

Gerade weil er, Sokrates, nicht weiß, was der Tod ist, hält er es für unsinnig und dünkelhaft, ihn zu fürchten: »Denn den Tod fürchten, ihr Männer, das ist nichts anderes, als sich dünken, man wäre weise, und es doch nicht sein. Denn niemand weiß, was der Tod ist, nicht einmal, ob er für den Menschen das größte ist unter allen Gütern. Sie fürchten ihn aber, als wüßten sie gewiß, daß er das größte Übel ist.«

In der Apologie wird also unübersehbar: Sokrates weiß, wie immer, nur das eine, daß er nichts weiß, auch nichts über den Tod und damit über ein Fortleben nach dem Tode, das er sich ja am ehesten als eine Art tiefen Dauerschlaf vorstellen mag. Und folgerichtig sagt er auch am Schluß zu seinen Richtern: »Wer aber von uns beiden zu dem besseren Geschäft hingehe, das ist allen verborgen außer nur Gott.«

Kierkegaard sah übrigens auch darin noch ein Stück Sokratischer Ironie, wenn er schreibt: »In dieser Beziehung meint Sokrates denn auch vor den anderen Menschen einen Vorzug zu haben; denn er fürchtet den Tod nicht, dieweil er über ihn überhaupt nichts weiß. Dies ist nun nicht bloß ein Sophismus, sondern zugleich auch eine Ironie. Indem er die Menschen nämlich der Todesfurcht entledigt, gibt er ihnen als Ersatz die beängstigende Vorstellung eines unentrinnlichen Etwas, von dem man schlechterdings nichts weiß, und um hierin Ruhe zu finden, muß man ganz ohne Zweifel daran gewöhnt sein, sich erbauen zu lassen mit derjenigen Beruhigung, die im Nichts liegt.« Zum ironischen Nihilismus verwandelt sich also unter dem scharfen Psychologenblick und natürlich unter den christlichen Auspizien Kierkegaards der historische Sokrates. Vielleicht ist die Argumentation des Sokrates ironisch, aber es ist zu bezweifeln, ob Sokrates sie selbst so ironisch verstand. Wenn nicht, dann wäre es ja eine unfreiwillige Ironie, und also doch keine.

Wie dem auch sei, der Sokrates der ›Apologie‹ ist vom Sokrates des ›Phaidon‹ durch Abgründe getrennt. Jemand hat sich da, so könnte man sagen, bis zur Kenntlichkeit verstellt, nämlich Platon. Platon ist es, der im ›Phaidon‹ unter dem Namen Sokrates figuriert und seine Lehre ausbreitet. Ein anderer Interpret des Sokrates aus unseren Tagen, Romano Guardini, sagte es noch deutlicher: »So dürfte die Behauptung nicht allzu gewagt sein, daß der Phaidon die Botschaft der platonischen Apollonreligion darstellt.«

Überraschenderweise aber macht Guardini keinerlei Anstrengungen, Sokrates und Platon auseinanderzuhalten. Er spricht über Sokrates und meint den Platon, und er redet von Platon und denkt an Sokrates. Beide Gestalten bleiben in einer merkwürdigen Unentschiedenheit ineinandergeschoben, wie übrigens auch bei Jaspers.

Natürlich weiß Guardini um das alte Problem, was Sokrates und was Platon zuzurechnen sei, aber er läßt es auf sich beruhen. Daß die Gestalt des Platonischen Sokrates »in all ihrer Vielfalt eine Persönlichkeit von höchster Potenz ist, beweist, welch echte geschichtliche Realität hinter ihr steht – freilich auch, welch großer Künstler jener war, der ihr Bild gezeichnet hat«. Doch gerade in welchem Maße dieses Bild der geschichtlich-realen Persönlichkeit des Sokrates wirklich gerecht wird, scheint uns doch wert zu wissen – ohne daß wir es wohl je wissen werden.

Platon war ja nicht nur ein großer Künstler, er war vor allem ein großer Philosoph. Und ob es dem Sokrates ganz recht gewesen wäre, postum mit seinem Namen für die Platonische Philosophie einstehen zu müssen, das ist doch eine Frage, die uns beschäftigen muß – um Sokrates willen. Denn in den Augen mancher Kommentatoren erscheint der Kontrast zwischen Sokrates und Platon so kraß, daß ihnen beider Philosophien miteinander unverträglich sind. Einer dieser Kommentatoren, ein glühender Bewunderer und tiefer Hasser Platons zugleich, nämlich Karl Popper, geht so weit, Platon einmal einen Verräter an den Idealen des Sokrates zu nennen.

Zu den hervorstechendsten Zügen des historischen Sokrates, den Popper in der ›Apologie‹ am getreulichsten porträtiert sieht, zählt er die folgenden: »Seinen Intellektualismus, das heißt seine Theorie, daß die menschliche Vernunft ein universelles Medium der Verständigung darstelle; den Nachdruck, den er auf intellektuelle Ehrlichkeit und auf Selbstkritik legt; seine die Gleichberechtigung betonende Theorie der Gerechtigkeit und seine Lehre, daß es besser sei, Unrecht zu erleiden, als es anderen zuzufügen ... und der Glaube, daß nichts in unserem Leben wichtiger ist, als die anderen individuellen Menschen ... Der Appell an die Menschen, sich selbst und die anderen Menschen zu achten, scheint auf Sokrates zurückzugehen..., der Ausspruch des Sokrates ›sorgt für eure Seelen‹, ist vor allem ein Aufruf zu intellektueller Ehrlichkeit, ebenso wie der Ausspruch ›erkenne dich selbst‹ von ihm verwendet wurde, um uns an unsere intellektuellen Schranken zu erinnern.«

Popper glaubt auch nicht, daß Sokrates zu sterben wünschte oder daß ihm die Rolle des Märtyrers gefiel. Er kämpfte einfach für das, meint Popper, was er für richtig hielt, und für sein Lebenswerk. Gerade in diesem Punkt wird indes oftmals die Entscheidung des Aristoteles, der in einer ähnlichen Lage die Flucht oder die Emigration wählte, für vernünftiger, »rationaler« gehalten. Sokrates, der sich weigerte, außer Landes zu gehen, als ihm diese Möglichkeit durch seine einflußreichen Freunde geboten wurde, könnte demnach als »sentimentaler« gelten. Für seinen Glauben muß man, wie Giordano Bruno, zum Märtyrer werden, nicht aber für die Wahrheit, die gewissermaßen anonym ist und durch keinerlei Gewissensentscheidungen tangiert werden kann – so hat es Karl Jaspers einmal für einen anderen Fall, nämlich den Galileis, ausgedrückt. Doch für Sokrates stand nicht so sehr die Wahrheit auf dem Spiel – die zu kennen er niemals vorgab –, sondern seine Überzeugung von gewissen Prinzipien, über die er sich zu keinem Kompromiß einlassen wollte. Popper erklärt es im Anschluß an andere Interpreten so: »Wäre er ins Exil gegangen, so hätte ihn jeder für einen Widersacher der Demokratie gehalten. So blieb er und gab seine Gründe an ... Wenn ich fliehe, sagte er, verletze ich die Gesetze des Staates. Eine solche Handlung würde mich in einen Gegensatz zu den Gesetzen bringen und meine Gegnerschaft beweisen. Sie würde dem Staate schaden. Nur wenn ich bleibe, kann ich meine Treue zum Staat und zur Demokratie außer Zweifel stellen ...«

Damit ist der Demokrat Sokrates in den Vordergrund gestellt, und nach den überlieferten Aussagen des Sokrates waren auch solche politischen Motive für ihn ausschlaggebend. Im Gegensatz vielleicht zu Platon, dem, nach Popper, »genialsten Schüler« des Sokrates, der sich aber »bald als der treuloseste erweisen« sollte. Er »verriet« Sokrates, so behauptet Popper, wie ihn Platons beide Onkel Kritias und Charmides, die zur Tyrannei der Dreißig gehörten, verraten hätten. Und, so fügt Popper überzeugend hinzu: »In Platons Staat hätte Sokrates nie die Gelegenheit gehabt, sich öffentlich zu verteidigen: Man hätte ihn der geheimen, nächtlichen Feme zur ›Behandlung‹ und schließlich zur Bestrafung seiner kranken Seele übergeben.«

Die Rolle Platons im wirklichen Prozeß des Sokrates ist dunkel und unbekannt. Hätte er sich energischer für Sokrates einsetzen können? Vielleicht war er selbst zu belastet, eben weil seine beiden Onkel, die Aristokraten Kritias und Charmides, die sich später, wie auch der schöne Alkibiades, als Wüstlinge und unbarmherzige Tyrannen entpuppten, zum Kreis um Sokrates gehört hatten. Hört man auf Xenophon, dann »studierten« sie nur deshalb bei Sokrates, um sich dialektisch fit zu machen und rhetorisch sozusagen auf dem laufenden zu halten, stets im Blick auf eine politische Karriere. Daß diese Schüler des Sokrates die athenische Demokratie untergraben und überdies, wie namentlich Alkibiades, mit den Spartanern konspiriert hatten, das wurde von den »Staatsanwälten«, den Anklägern Anytos und Meletos, dem Sokrates zur Last gelegt. In ihm, als deren Lehrer, sahen sie die eigentliche Bedrohung der Staatsordnung. Dieser Staat, die nach dem Fall Athens 404 geschwächte Demokratie, das soll nicht übergangen werden, hatte es in der polis und außerhalb mit einem Schwarm von Glücksbringern, Heilsbotschaftern, falschen Propheten, Weltverbesserern und Sophisten der dritten Garnitur zu tun, die auch politisch alles besser wissen wollten, ohne Verantwortung zu übernehmen.

Es ist nach allem ein wenig allzu selbstgerecht und unbedacht, wenn wir uns heute über die Anklage und die Verurteilung des Sokrates, der 399 den Giftbecher nahm, so ostentativ entrüsten. Wie würde denn heute, in unserer Demokratie, mit einem

Mann wie Sokrates verfahren? Der ständig umherginge und sowohl der intellektuellen Jugend wie auch prominenten Politikern zu verstehen gäbe, daß sie überhaupt nicht wüßten, wovon sie sprechen; der vielleicht dann doch im Fernsehen Politiker als geschwätzig und undemokratisch bloßstellte; ja, der generell alles, was als sicher und gesichert gelten kann, aus allen Angeln höbe? Freilich würde er nicht zum Tode verurteilt und höchstwahrscheinlich käme er auch nicht ins Gefängnis. Und wenn man ihm auch nicht einmal den Prozeß machte, als Extremisten oder Radikalen oder Chaoten stempelte man ihn sicher ab. Wie man etwa einem Heinrich Böll mehrfach die Mordtaten gewisser Terroristen, mit denen er vielleicht früher einmal Umgang hatte, zur Last legen wollte, so würde man heute auch bei uns Sokrates belasten, dem die Untaten und Umtriebe einstiger Schüler aufgerechnet wurden. Übrigens hat Sokrates niemals versucht, direkten politischen Einfluß zu erlangen; seine Einflußnahme richtete sich immer nur auf Individuen, auf die Persönlichkeit von Individuen.

Im Kommentar Karl Poppers, so war zu sehen, tritt uns ein sehr nüchterner, sehr diesseitiger, sehr »undämonischer« Sokrates entgegen. In gewissem Maße ist dieser Sokrates vielleicht dem angeähnelt, was Popper für das Ideal menschlichen Denkens und Handelns hält; so wie Platon die Gestalt des Sokrates für seine eigene Ideenlehre zum Heros adaptiert hatte; und wie Sokrates in den darauffolgenden Jahrhunderten für die menschlich-allzumenschlichen Bedürfnisse nach Helden- und Heiligenverehrung immer wieder die bevorzugte Gestalt abgeben mußte. So wurde er mit Moses und so wurde er mit Jesus verglichen.

Denn namentlich der Tod des Sokrates kann durchaus als ein Opfer verstanden werden, das seine befreiende Kraft über die Jahrtausende allem mitgeteilt hat, was wir unter dem Äußersten an moralisch-rechtlichem Bewußtsein verstehen. Der Begriff der humanitas, der auf das Leben und Wirken des Sokrates anwendbar wird, konvergiert in vielem mit dem christlichen Humanitätsbegriff. Aber deshalb sind beide nicht identisch. Der Tod des Sokrates ist kein Opfertod wie der Tod des Jesus von Nazareth; er ist vielmehr die Hinnahme, der Vollzug einer letzten Konsequenz, die sich aus der vernunftgemäßen Einsicht in die Prinzipien des Sittlichen mit Notwendigkeit ergibt. Diese Schlußfolgerung, so ließe sich sagen, hat Sokrates nicht nur durchdacht, sondern durchlebt. Die Einheit von Theorie und

Praxis schien denn doch Ziel all seiner Unterredungen zu sein: die Einsicht in das Gute, so sehr er sie absolut setzte, sollte doch letztlich das Gute bewirken. Deshalb eben war ihm die Bemühung um Erkenntnis des Guten geradezu schon das Tun des Guten.

Eingangs war diese Auffassung – in Übereinstimmung mit anderen Kommentatoren – als intellektualistische Ethik charakterisiert worden, die im Laufe der Geschichte kaum Früchte getragen hat. Doch im Falle des Sokrates hat sich einmalig die Dichotomie von Vernunft und Moral aufgelöst. Das Wort ist hier, christlich gesagt, Fleisch geworden. Deshalb ist uns der Fall Sokrates als ein unüberhörbarer Anspruch ins Gedächtnis und ins Gewissen geschrieben, wie für viele Leben und Tod Jesu. Aber – Sokrates war ein Intellektueller, der für als recht erkannte Prinzipien starb. Für immer bleibt hier der Akzent auf dem Wort Erkenntnis, nicht auf dem Wort Glauben.

So erfordert es denn stets wieder aufs neue eine große Anstrengung des Denkens und Vorstellens, dem Menschen Sokrates gerecht zu werden. Da man im Zuge der hierauf fußenden Deutungen allzu leicht zur Verklärung und womöglich zur Vergötterung eines Menschen neigt, ist die Meinung eines Kommentators wie Popper zu bevorzugen. Man sollte sich hier auch an ein Wort Ciceros erinnern, das lautet: »Sokrates hat aber als erster die Philosophie vom Himmel heruntergeholt, in den Städten angesiedelt, sie sogar in die Häuser eingeführt und sie gezwungen, nach dem Leben, den Sitten und dem Guten und Bösen zu fragen.« Mit dem Himmel meint zwar Cicero hier den von den Astronomen anvisierten Himmel, aber man darf wohl durchaus auch die weitere Bedeutung des Himmels als Jenseits miteinbeziehen. In solcher Sicht jedenfalls bleibt Sokrates ein Mensch, dem es nachzutun nicht ganz unmöglich wird. Denn das meinte ja Sokrates, wenn er jemanden ausforschte, daß dieser schließlich auf den gleichen Weg zu bringen sei wie er, Sokrates, selbst: auf den nämlich, daß man, als Mensch, sich niemals dazu versteigen dürfe, sich für weise zu halten.

Dennoch muß man auch einmal vom historischen Sokrates absehen und ihn gleichsam als eine allen Zufälligkeiten des bloß Alltäglichen entrückte Gestalt sehen, die über sich selbst hinausweist und in der Möglichkeiten inkarniert sind, die noch auszudenken sind. In diesem Sinne hat wohl Platon Sokrates »transzendiert«, ihn über den Sterblichen hinaus ins Ideale zu Ende gedacht. Diese Hypostasierung kann nicht von ungefähr kommen, sie muß wohl als Postulat in dem schon angelegt sein, was Sokrates in siebzig Jahren Erdendasein, von 469 bis 399, in Ansätzen realisieren konnte. Kurz: der »wirkliche«, historische Sokrates und der Sokrates als jenseits der Historie verharrende Symbolfigur sind wechselseitig aufeinander bezogen.

Platon hat sich dieser Symbolfigur allerdings in einer Weise bedient, die seinen eigenen Idealen mehr entsprach als den Idealen des Sokrates. Und deshalb ist die Gefahr nie gebannt, daß wir unter dem Namen des Sokrates Ideen Platons in uns aufnehmen, die auch mit einem als Symbolfigur verstandenen Sokrates nicht zu vereinbaren sind. So müssen wir immer noch, Platons wegen, uns auf dem schmalen Grad zwischen Karikatur und Ideal – ein Wort Kierkegaards – vorantasten, um ein unverfälschtes Bild vom Menschen Sokrates und dessen Idealen zu gewinnen.

Es ist eine Ironie der Geschichte – Sokrates hätte sie sicher gefallen –, daß wir dem Manne, Platon nämlich, der uns Sokrates und die in seinem Leben liegenden Möglichkeiten des Menschsein-Könnens so eindringlich im Gedächtnis bewahrt hat, zugleich mit unserem Dank auch mit dem größten Mißtrauen gegenübertreten müssen, um uns den wahren Sokrates, den leibhaftigen Sokrates, erhalten zu können.

Zum Schluß soll noch einmal auf die Unterredungen Gullivers mit einigen »unsterblichen« Größen der Geschichte eingegangen werden, mit denen dieses Kapitel eingeleitet wurde. Gulliver nutzt boshafterweise auch die Möglichkeit, dem Aristoteles einige seiner erschreckten Kommentatoren vorzuführen: »Als ich Aristoteles mit Scotus und Ramus bekanntmachte, verlor er die Geduld und fragte mich ärgerlich, ob denn die übrigen Herren von der Zunft auch so dumm seien wie diese ... Und er fand, daß die ›vortices‹, die Wirbel des Descartes, um keinen Deut besser seien als seine veralteten Behauptungen ...«

Es ist nicht zu fürchten, daß der Charmeur Sokrates, hätte ihm Gulliver seine künftigen Kommentatoren und vor allem seinen einstigen Schüler und späteren Interpreten Platon vorgestellt, ähnlich unwirsch reagiert hätte. Denn Platon war ja schließlich sein Freund gewesen, sein begabtester Eleve und sein größter Verehrer. Er hätte ihn also wahrscheinlich an seine Brust gedrückt, mit einem leicht ironischen Lächeln vielleicht. Aber ein wenig verärgert wäre er doch auch gewesen, ob er es sich schon nicht hätte anmerken lassen. Im Spiegel von Platons Werk – bis auf dessen ›Apologie‹ und vielleicht einige andere frühere Schriften – hätte er sich ja kaum wiedererkennen können. Und was die weltferne Ideenlehre betrifft, die Platon unter des Sokrates' Namen vorgetragen und pupliziert hat, so hätte ihn Sokrates mit Sicherheit darüber in seiner alten, listigen Weise ausgefragt. Und das wäre dann der Dialog, den wir wohl für unser Leben gerne noch lesen möchten: der Dialog Sokrates und Platon. Aber nicht von Platon redigiert.

»Ich muß jedoch hierbei in Erinnerung bringen, daß jenes Wort (Ironie) nach modernem Sprachgebrauch um einige Stufen tiefer von seiner ursprünglichen Bedeutung herabgesunken ist und oft so genommen wird, daß es nur den gewöhnlichen Spott bezeichnet.«

Friedrich Schlegel

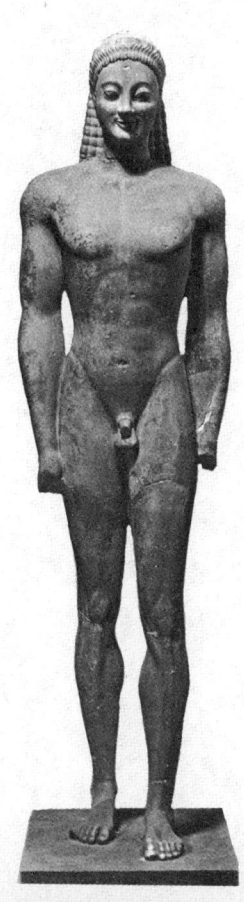

Zungenschläge der Ironie – ein Exkurs
Der Witz der Alten und seine Wandlungen


Von der besonderen Ironie, mit der das Reden und Gebaren des Sokrates wie mit einem süßen Gift durchtränkt war, ist in den Dialogen Platons ausdrücklich nur selten die Rede. Sicher ist, daß Sokrates mit seiner Ironie die einfacheren Leute, etwa die Handwerker, verunsicherte und verärgerte, während diese Ironie seinen aristokratischen Freunden im Laufe der langen Jahre und des intimen Umgangs mit Sokrates unentbehrlich geworden war. Einmal, in dem Dialog ›Gorgias‹, platzt Kallikles heraus: »Dieser Mann will seine Narrheiten nicht lassen. Sage mir, Sokrates, schämst du dich nicht, so alt du bist, auf Worte Jagd zu machen und, wenn jemand im Ausdruck fehlgreift, einen großen Fund daraus zu machen?« An solchen Ausbrüchen, die in Platons Texten ihrerseits schon ein wenig ironisch gewürzt sind, hatte natürlich Sokrates immer seinen besonderen Spaß. Denn sie schmeichelten dem Esprit, mit dem er das Hohle hinter den vielen großen Worten hörbar machte, mit dem er, wie wir heute sagen würden, eine logische Analyse der Sprache betrieb. Mit eben dieser analytischen Unermüdlichkeit schlug er schließlich auch seine Widersacher, die Sophisten, aus dem Feld, die in der Stadt, ohne feste Stätte, den Ton angaben mit ihren nutzbringenden Spitzfindigkeiten.

Die Vorlesungen, die die Sophisten gegen beträchtliche Honorare hielten, waren vielfach nur scheinwissenschaftliche Tiraden, und zwar in zweierlei Sinn. Einmal waren sie guten Glaubens, tatsächlich etwas zu wissen, und Sokrates entlarvte ihnen das als bloßen Schein; die schlimmere Sorte von Sophisten aber, das Mittelmaß, war sich ihres Unwissens sehr wohl bewußt, gab sich aber den Anschein von Weisheit. Mit dieser Art von Trug und Blenderei hat sich Sokrates eigentlich nie abgegeben, nur Platon entrüstete sich über die teuer verkauften rhetorischen Kunststücke der Sophisten. Sokrates wollte überall nur den guten Glauben durchlöchern und zu verstehen geben, daß das meiste, was man zu wissen glaubte, den bohrenden Fragen, die seine Gesprächspartner eigentlich sich selbst hätten stellen müssen, nicht standhielt und in Nichts zerging. Diesen Dienst, den er seinen Freunden und Feinden leistete, nannte er eben seine mäeutische Methode, und diese Methode, die doch die tiefste

Ironie war, wollten seine Freunde nicht mehr missen, so sehr sie auch davon benommen, ja, wenn man will, ihrer selbst entfremdet wurden.

Die Ironie, die mit Sokrates in die Welt trat, wirkte zweifellos wie ein kalter Rausch. Das erfährt man ganz unverhüllt zum Beispiel von Menon, dem Titelhelden eines anderen Platonischen Dialogs: »O Sokrates, noch ehe ich mit dir zusammengekommen bin, habe ich schon gehört, daß du nichts kannst, als, wie du selbst immer ratlos bist, so auch andere in Ratlosigkeit setzt. Und nun, wie du mir vorkommst, hast du mich verhext und bezaubert und recht eigentlich verblendet, so daß ich ganz voll von Ratlosigkeit geworden bin. Und wenn ich ein wenig scherzen darf, so scheinst du mir vollkommen sowohl nach Gestalt als auch in anderen Beziehungen jenem Meerfisch, dem breiten Zitterrochen, ähnlich zu sein. Denn dieser macht auch jeden, der ihm nahe und in Berührung mit ihm kommt, erzittern. Und so, kommt es mir vor, hast du mit mir etwas Ähnliches, nämlich mich erzittern gemacht. Denn wahrhaftig, ich zittere an Seele und Leib, und ich weiß nicht, was ich dir antworten soll. Und doch habe ich schon tausendmal über die Tugend gar viele Reden und vor vielen Menschen gehalten und dabei recht brav gesprochen, wie es mir wenigstens dünkte. Nun aber weiß ich nicht einmal zu sagen, was sie ist. Auch glaube ich, daß du gut daran tust, daß du weder zu Wasser noch zu Land von hier wegreisest; denn wenn du als Fremdling solche Dinge in einer anderen Stadt tun würdest, so würde man dir wohl gar als einem Zauberer den Prozeß machen.«

Diese letzte Bemerkung ist ebenfalls ein Stück Ironie, der sich entweder Menon oder sein Autor Platon nicht enthalten konnte, obwohl Platon, als er diesen Text schrieb, nämlich etwa zehn Jahre nach der Hinrichtung des Sokrates, wußte, wie bitter ernst es um diese Ironie stand.

Eironeia heißt im Griechischen Spott, Ausflucht und Vorwand, vor allem aber Verstellung, bis ins Äußere hinein. Man kann sich vielfach des Eindrucks nicht erwehren, daß Sokrates seine Häßlichkeit kultiviert oder stilisiert und durch seine schäbige Kleidung noch unterstrichen hat. Daß er unter den ungefähr hunderttausend Einwohnern im Perikleischen Athen – davon etwa vierzigtausend freie attische Bürger, die Mehrheit waren Sklaven und Metöken, Ausländer, die keine vollen Bürgerrechte genossen, ähnlich wie die politisch und juristisch rechtlosen Frauen, (alle diese Zahlenangaben schwanken beträchtlich in den verschiedenen einschlägigen Werken) – auffiel, das wollte er wohl, und das war auch ein Teil seiner Ironie. Von seinen Freunden wurde natürlich seine Verstellung, seine Ironie, durchschaut, denn das war ja gerade das Vergnügen, das ihnen der Ironiker Sokrates bot, die durchschaubare Verstellung, die eine war und zugleich keine. Im ›Symposion‹, im ›Gastmahl‹, der großen Party, wie sie uns Xenophon und Platon schildern, setzt der schöne und später so verruchte Alkibiades zur folgenden Hommage an Sokrates an: »Ihr seht nämlich, wie sehr Sokrates in schöne Jünglinge verliebt ist und sie beständig umschwärmt und außer sich ist vor Entzücken über sie, und ferner, daß er sich das äußere Ansehen eines Unwissenden und Unkundigen in allen Dingen gibt. Ist dies nun nicht ganz silenenhaft? Wenigstens ist das durchaus nur die äußere Hülle an ihm, gerade wie jene geschnitzten Silenen; wenn man ihn aber öffnet, so glaubt ihr es gar nicht, meine Tischgenossen, von wie großer Besonnenheit sein Inneres voll ist. Denn wißt, daß er in Wahrheit nicht das geringste Gewicht darauf legt, ob jemand schön oder reich ist oder irgendeine andere Auszeichnung von allen denen an sich trägt, die von der Menge gepriesen werden, sondern dies alles so sehr verachtet, wie niemand es glauben soll. Alle diese Besitztümer hält er für wertlos, und uns alle achtet er gering; das hütet er sich freilich zu sagen, vielmehr Ironie und Verstellung übt er sein ganzes Leben hindurch gegen alle Menschen aus und treibt mit ihnen sein Spiel.«

Es ist ein sehr scharf umrissenes Bild, das Alkibiades, alias Platon, hier vom Ironiker Sokrates entwirft, aber es ist nicht ganz zutreffend. Vielleicht ist es die Ironie des Autors Platon, die durch den Mund des Alkibiades Sokrates als jemanden porträtiert, der in Wahrheit alle gering achte und mit jedem sein Spiel treibe. Denn das tut er eben nur in gewisser Weise, und die »gewisse Weise« ist gerade seine Ironie. Man könnte diese Ironie auch eine pädagogische nennen, denn sie ist ja der Kern seiner Hebammenkunst, so wie diese Hebammenkunst – die seine Mutter realiter ausgeübt hatte – in sich schon Ironie ist: Seinen Freunden gegenüber tat er so, als wisse er nichts, sie aber vielleicht eine Menge, und dann fanden sie durch ihn heraus, daß sie gar nichts wußten, Sokrates aber auch nichts, außer dem, daß er wenigstens dies schon immer gewußt hatte und daß es jetzt seine Freunde auch wußten. Und erst recht verachtete er niemanden; er unterstellte ja geradezu jedermann, auch dem Sklaven, das, was man im Soziologen-Deutsch heutzutage

»Kommunikationskompetenz« nennt. Diese verschlungenen ironischen Figuren setzten allerdings auch so etwas wie einen Schauspieler voraus, und der war Sokrates zweifellos ebenfalls – außer Silen, Zitterrochen und Stechfliege.

Platonische Ironie, Platonische Verstellung könnte es hingegen sein, daß Platon den Sokrates von Alkibiades nur halbwegs durchschauen läßt; denn dieser Alkibiades begreift nicht die ganze Wahrheit der Sokratischen Ironie, eine Wahrheit, die eben nur als Verstellung in Erscheinung tritt und, wo sie mit den Menschen ihr Spiel zu treiben scheint, eigentlich nur das Spiel des Sokrates mit sich selbst bedeutet.

Die Schwierigkeit, die wir mit der Differenz zwischen dem historischen und dem Platonischen Sokrates haben, wiederholt sich auch im Falle der Ironie. Es ist ja nie ganz der historische Sokrates, den wir in den Dialogen seine Ironie produzieren sehen, sondern immer schon der Autor Platon, der seinen Sokrates ironisch agieren läßt. Wir müssen also hernach noch herausfinden, ob wir nicht gelegentlich sozusagen der Platonischen Super- oder Meta-Ironie erlegen sind, wo wir die Sokratische meinten.

Außerdem darf man nicht darüber hinwegsehen, daß wir heute von einem ganz anderen Ironie-Verständnis, einem ganz anderen Bewußtsein aus die alte, Sokratische Ironie zu verstehen suchen. Anders gefragt: Verstanden die damals, Sokrates, Platon und die ganze Clique der philosophierenden Müßiggänger, Ironie in eben dem Sinne, wie wir sie heute meinen?

Was auch immer über die Ironie und das Ironische sich sagen läßt, auf eines würden wir sie heute fixieren: Sie ist uns etwas Zersetzendes, eine Säure gleichsam, die alles Feste, alles sogenannt Selbstverständliche auflöst; und im Blick auf den Ironiker läßt sie sich vorstellen als eine Art Kontaktgift, das Frisches, Spontanes welken macht, sobald es mit ihr in Berührung kommt; unter dem kühlen, intellektuellen Zugwind der Ironie scheint Gefühlswärme auszukühlen und Naivität zum Frösteln gebracht zu werden.

Am vordergründigsten und auffälligsten scheint sich Ironie in sprachlichen Formulierungen zu äußern, für die es natürlich zahllose Topoi, unzählige beispielhafte Wendungen gibt. Der auf Bonmots versessene Ironiker tritt demnach stets lächelnd auf, und lächelnd legt er seinen Sprengstoff: »Sie sind ja ein rechter Senkrechtstarter«, bewundert er den nach zwanzig Dienstjahren zum Oberbuchhalter Beförderten und weidet sich an der Qual des so »Geschmeichelten« – sofern der ein Organ fürs Ironische hat. Ironie drückt oft nur in einem Zungenschlag, einer kleinen Akzentverschiebung das Schiefe, Fragwürdige eines Verhältnisses aus. Sie ent-stellt. »Mein Werk«, erläutert der Künstler, »drückt die Sinnleere des Daseins aus.« – »Ja«, lobt der Ironiker, »darauf verstehen Sie sich allerdings.« Dergleichen Ironie will Irritation, sie zielt aufs Verkleinern des Großspurigen, auf ein Erzittern des guten Gewissens oder das Schockieren des satten Selbstbewußtseins. Mitunter aber will sie auch nur Schaden stiften. Der Philosoph und Schriftsteller Ludwig Marcuse erlitt beinahe einmal einen Herzanfall, als ihn sein Freund-Feind, der Parodist Robert Neumann, scheinheilig fragte: »Ich höre, Sie sitzen über einer Bearbeitung sämtlicher Werke Platons für Metro-Goldwyn-Mayer?« Hier wurde dem Opfer mit gespieltem Ernst eine Absurdität unterstellt, um den Wert von dessen literarischer Produktion überhaupt in Frage zu stellen.

Solch ironische Kleinkunst beherrschen natürlich viele, sie werden damit noch nicht zu Ironikern. Beim Ironiker ist das Medium der Ironie zu einem Lebenselexier, zu einer habituellen Manier oder Manie geworden. Es gibt sozusagen konstitutionelle Ironiker, die eigentlich gar nicht in einer Maske auftreten, sondern mit ihrem Alltagsgesicht, das wie eine Maske getragen wird. Daß diese im vorhin angedeuteten Sinn, also nach Art des Sokrates, die wirklichen Ironiker sind, liegt auf der Hand, denn ihre Ironie ist doppelte Verstellung, ist Lebensstil. Dem Ironiker als bloßem Spötter kommt es hingegen darauf an, alles »herunterzumachen«, »kleinzumachen«, ins Lächerliche zu ziehen. Sein zwanghaft-boshaftes Spiel treibt er zur schieren Lust, vielleicht mit Witz und Esprit, aber außer ihm selbst kann darüber bestenfalls lachen, wer der lachende Dritte ist. Das »Objekt« dieses Ironikers fühlt sich geschädigt, herabgesetzt, ganz und gar nicht belehrt, »verzaubert«, wie die Gesprächspartner des Sokrates unter den »elektrischen Schlägen« seiner mäeutischen Ironie.

Ironie als Verspottung erscheint, in dieser provisorischen Beleuchtung, als etwas moralisch Verwerfliches und überdies als billige Witzelei, die dem, den sie mit ihrem Spott übergießt, insgeheim nicht gewachsen zu sein scheint. Das wäre Ironie als Revanche, als Selbstschutz oder einfach als schlechte Angewohnheit. Hegel, den man meist als humorlos kennt, hat das ironische »Unwesen« seiner Zeit, nämlich die sogenannte romantische Ironie etwa der Schlegel und Tieck, heftig verurteilt. Er fand es zuwider und schalt solche Zeitgenossen als »vornehme Leute«, die sich über andere überheben möchten, und er zählte die »neuere Ironie«, insbesondere die Friedrich Schlegels, zu den »Schiefheiten, welche der Einheit und Festigkeit des Charakters entgegenstehen«; er nennt sie schließlich »Quatschlichkeit«, von der solche Ironiker meinten, daß sie »für sich interessieren müsse«. Hegel durchschaute also sehr wohl die Ironie seiner Zeit als Dünkel und Inszenierung individueller Eitelkeit. Er sah jedenfalls klar, daß sie mit der Sokratischen Ironie so gut wie nichts gemein hatte. Für die Romantiker war Ironie tatsächlich ein Vehikel, alles und jedes zu relativieren, zugleich sich selbst aber auf einen archimedischen, absoluten Punkt des Bewußtseins zu schwingen, der den gewöhnlichen, ironielosen Mitmenschen unerreichbar bleiben sollte.

Man könnte sagen, Ironie beinhalte auch ein verzweifeltes Verhältnis zur Wirklichkeit. Und da die Wirklichkeit in der Tat auch in den Jahrtausenden nach Sokrates nicht milder, nicht problemloser geworden ist, ist es nicht verwunderlich, daß Ironie, als Quelle eines heimlich-schlimmen Genusses, sei es als Art lustvollen Juckreizes oder als scharfes Gewürz, sich in den verschiedensten Formen bis heute durchgehalten hat. Außerdem ist Ironie ein bequemes Mittel, denn sie ist unsystematisch, sie bildet kein System, unterminiert vielmehr Systeme und wird als Destruktionsmethode zum Selbstzweck.

In der gesamten Weltliteratur hat Ironie die Wirklichkeit zur beliebig verschiebbaren Kulisse teils verharmlost, teils verfälscht. Denn mit doppelbödigen, zweideutigen, persiflierenden Reden kann man sich, vermeintlich, die Welt und die rauhe Realität vom Leibe halten. Distanzierung ist, wieder ganz anders als bei den Sokratikern, zum Kennzeichen der derzeitigen Gestalt der Ironie geworden. Zumindest eine Vorform von Ironie ist schon der häufige Gebrauch der Anführungszeichen, durch die gleichsam wie mit einer Pinzette allgemeine Redensarten und Redewendungen anderer wie Fremdkörper herausgepickt und auf Abstand gehalten werden. Die Sprache der anderen wird einem solchen Ironiker zum Zitatenschatz, für den er nicht verantwortlich zu machen ist. Durch solch prätentiöses Zitieren hebt sich der Ironiker von seiner Umwelt ab, er dokumentiert sein spätes, überlegenes Bewußtsein.

Indem beispielsweise Thomas Mann eine seiner Figuren im ›Zauberberg‹ stets mit einer Redewendung einführt, die diese

Figur unglücklicherweise einmal geäußert hatte, macht er sie zum Opfer seines und des Lesers Amüsement: Herr Wehsal, »dem alles Höhere fernlag« – das ist das ironische Stereotyp, durch das »Herr Wehsal« zur Ulkfigur verurteilt wird. Weitaus hintergründiger wird Thomas Manns literarische Ironie, wenn er etwa die »ungebildete Stöhr« in folgende Konversation mit dem gebildeten Humanisten Settembrini verwickelt: »›Fluchtartig haben Sie das Panier ergriffen‹, sagte Frau Stöhr, ›das kann ich mir denken.‹ – ›Exakt!‹ rief Settembrini. ›Das Panier! Ich sehe, hier weht ein anderer Wind – kein Zweifel, ich bin vor die rechte Schmiede gekommen. Fluchtartig also ergriff ich es ... Wer so seine Worte zu setzen wüßte! – Darf ich mich nach den Fortschritten Ihrer Gesundheit erkundigen, Frau Stöhr?‹ Es war entsetzlich, wie Frau Stöhr sich zierte. ›Großer Gott‹, sagte sie, ›es ist immer dasselbe, der Herr wissen ja selbst. Man tut zwei Schritte vorwärts und drei zurück – hat man fünf Monate abgesessen, so kommt der Alte und legt einem ein halbes Jahr zu. Ach, es sind Tantalusqualen. Man schiebt und schiebt, und glaubt man oben zu sein ...‹ – ›Oh, das ist schön von Ihnen! Sie gönnen dem armen Tantalus endlich einige Abwechslung! Sie lassen ihn austauschweise einmal den berühmten Marmor wälzen! Das nenne ich wahre Herzensgüte ...‹«

Es ist, auf den ersten Blick, die bitterste Ironie, mit der Settembrini der armen, ungebildeten Stöhr ihre Unbewandertheit in der griechischen Mythologie zu spüren gibt – wenn die es denn spüren könnte. Natürlich macht Settembrini das in der liebenswürdigsten Form, denn schließlich ist es ja Thomas Mann, der in seinen Worten spricht. Und nur er, der Autor und der Leser sind Komplicen seiner Ironie; seine Kreatur Frau Stöhr hat nicht an ihr teil, sie ist das Opfer.

Vielleicht zeigt sich im nächsten Beispiel Thomas Mann als ein noch raffinierterer, abgefeimterer Ironiker. Frau Stöhr ergeht sich darin, wie genüßlich es sein könne, »sich im Frühling die Frostbeulen zu kratzen, wenn sie so süßlich juckten – sich so recht innig und grausam zu kratzen bis aufs Blut in Wut und Vergnügen, und wenn man zufällig in den Spiegel sähe dabei, dann sähe man eine Teufelsfratze.« Und Thomas Mann, der Erzähler, fährt danach fort: »So schauderhaft eingehend redete die ungebildete Stöhr ...«

Das Ungebildete an Frau Stöhr ist freilich in diesem Fall das eingehende Reden über gewisse Intimitäten, die sich die Gebildeteren verkneifen würden. Zugleich aber entpuppt sich ja die

»ungebildete Stöhr« mit diesem Passus als eine außerordentlich eindringliche und um Worte nicht verlegene Beobachterin und Erzählerin, etwas also, das weit mehr wiegt als sogenannte Bildung. Und wiederum ist natürlich die so schauderhaft eingehend daherredende Stöhr niemand anderer als Thomas Mann selbst. Es ist dies eine späte, wenn man will, dekadente Ironie, die gewiß liebenswürdig sein kann, aber in dieser Liebenswürdigkeit durchaus auch vernichtend.

Vieles in den Texten von Thomas Mann vermittelt auch jenes gebrochene Verhältnis zur Sprache, das schon Hofmannsthal konstatierte, wehleidiger indes als der ironische Thomas Mann. Das meiste dieser Sprachironie ist bereits in unser heutiges literarisches Bewußtsein eingegangen. Jegliche umgangssprachliche Redeweise kann derart durch Anführungszeichen als etwas Komisches oder Absonderliches gleichsam an den Pranger gestellt werden. »Er sagte: ›Langen‹ Sie mir einmal das Salz herüber.« Der dieses durchaus gebräuchliche, wenn auch vielleicht etwas saloppe Wort »langen« gebraucht, ist in dem angeführten Satz irgendwie auffällig gemacht worden, sei es als einer, der mit der Sprache zu lässig umgeht, sei es als jemand, dem man gewisse Marotten anlastet, die ihn zu einer komischen Figur stempeln. Der Autor, der Benutzer derartig in Anführungszeichen gefaßter Worte, setzt sich auf diese Weise vom Sprachgebaren der Menge ab, er steht allzeit auf einem Punkt außerhalb der Vulgarität, die er mit dem schiefen Lächeln der Ironie von sich weghält.

Das ist, wie gesagt, eine späte und sehr sublime Form der Ironie, für die man jedoch, mit einiger Großzügigkeit, auch in der Antike ein Vorbild finden kann – wenn Platon in einigen Dialogen, in denen auf höchst abstraktem, sprachanalytischem Niveau gewisse Begriffe untersucht werden, mit einem Mal in den Mythos ausbricht und also mit Sprachbildern veranschaulichen möchte, was doch in der abstrakten Diskussion gerade als nicht mehr anschaulich erwiesen wurde. Es ist schwer zu sagen, in welchem Maße der Mythos bei Platon, oder vielleicht bei Sokrates selbst, ironisch zitiert wird. Man ahnt gleichsam nur, daß bei solchen Zitaten allen Beteiligten ein gewisses ironisches Lächeln um den Mund spielte. Denn indem beim Vordringen in rein semantische Schichten der Sprache, also in ihre entbildlichten Bedeutungsgehalte, mythische Bilder zur Illustration eingebracht werden, findet eine beinahe bühnenhafte Illusionierung statt, die indes durch die abstrakte sprachphilosophische Untersuchung zwangsläufig einer permanenten Desillusionierung anheimfallen muß. Hier stoßen sich zwei unverträgliche Bewußtseinsdimensionen. Denn das war es ja, was, beginnend mit den ionischen Naturphilosophen, Sokrates auf noch viel radikalere Weise einleitete: die Ablösung des Mythos durch rationales Denken.

Aber Rationalität hat Platon und Sokrates nie davon abhalten können, sich der Bilderwelt des Mythos zu bedienen, einmal, um die trockenen Unterredungen zu würzen, zum anderen vielleicht doch aus Bewunderung für die Schöpferkraft des frühmenschlichen Bewußtseins. Im Dialog ›Phaidon‹, in dem man sich während des Aufschubs der Hinrichtung des Sokrates über das künftige Schicksal der Seele unterhält, fragt Sokrates, ob er wohl eine »schöne Erzählung« vorbringen dürfe, nämlich über die unterirdischen Ströme und über die Schicksale der verschiedenartigen Seelen nach ihrem Verdienst. Diese schöne Erzählung ist natürlich ein Mythos und den streicht Sokrates am Ende gleichsam wieder durch, indem er sagt: »Daß sich nun das alles gerade so verhielte, wie ich es auseinandergesetzt, das ziemt wohl einem vernünftigen Mann nicht zu behaupten; daß es jedoch, sei es nun diese oder eine ähnliche Bewandtnis haben muß mit unseren Seelen und ihren Wohnungen, wenn doch die Seele offenbar etwas Unsterbliches ist, das dünkt mich, zieme sich gar wohl und lohne auch, es darauf zu wagen, daß man glaube, es verhalte sich so. Denn es ist ein schönes Wagnis, und man muß mit solcherlei gleichsam sich selbst besprechen. Darum spinne ich auch schon so lange an der Erzählung...«

Ein schönes Wagnis ist also für Platon und den Platonischen Sokrates ein solcher »Rückfall« in den Mythos. Die Ironie des Sokrates liegt aber darin, daß er sich mythisch mit sich selbst bespricht, dieses Selbstgespräch aber doch laut vor den anderen führt. Er verstellt sich, während er erzählt, vor sich selbst, und alle anderen sollen diese – unschuldige – Verstellung durchschauen, was in diesem Falle nicht schwer ist.

Mehr zur bloßen Lust, aber auch schon aus Angst vor allzu warmen und abgenutzten Gefühlen hat dieses Moment der Desillusionierung und damit des abrupten Stimmungswechsels der Spätromantiker Heinrich Heine bevorzugt. So etwa, wenn er seine ›Reisebilder‹ beginnt: »Die Stadt Göttingen, berühmt durch ihre Würste und Universität, gehört dem Könige von Hannover ... Die Stadt selbst ist schön und gefällt einem am besten, wenn man sie mit dem Rücken ansieht.« Solch kalte

Umschläge waren die ironische Stärke Heines, aber es ist klar, daß diese Stärke schnell zur Schwäche wird, weil sie sich über lange Strecken abnutzt. Namentlich unter dem bösen Blick eines späteren, bissigen Ironikers, nämlich Karl Kraus', schmilzt die Heinesche Ironie wie Schnee vor der Sonne. Eine Ironie wird da, so könnte man sagen, durch die andere zum Verschwinden gebracht. Kraus nennt Heine einen Moses, der »auf den Felsen der deutschen Sprache« geschlagen habe, doch was herausgeflossen sei, sei mit der anderen Hand herangebracht gewesen – »und es war Eau de Cologne«. Selbstverständlich gehört es zu den Spielregeln, daß Ironiker einander mit Ironie begegnen und daß dabei mitunter der eine das Opfer des ironischen Skalpells des anderen werden kann. Auch Karl Kraus wurde zur Zielscheibe ironischer Boshaftigkeit – eine Tatsache, die er kaum verwinden konnte. Da setzte seine Ironie aus.

Zielscheibe ironischen Spotts war auch schon der erste Ironiker der Weltgeschichte, Sokrates. Der »Kabarettist« und Komödienschreiber Aristophanes ironisierte in seinem Stück ›Die Wolken‹ unter dem Beifall der Zuschauer die mäeutische Ironie des Sokrates. Für viele unter diesen Zuschauern, die sicher schon einmal in die Fragemühle des Sokrates geraten waren, war natürlich die Aristophanische Satire ein willkommenes Ventil, um ihre Unmutsgefühle ablassen zu können. Aristophanes verstand sich auf diese Art »Häme«, prominente Figuren des öffentlichen Lebens als Hanswurste auf die Bretter zu stellen; ob das wirkliche Ironie war, ist allerdings die Frage. Sokrates hat jedenfalls die Karikierung des Aristophanes idealiter, als geistesgeschichtliche Gestalt, überstanden. Realiter aber, als Bürger von Athen, hat die deftige Ironisierung des Aristophanes zur Verurteilung des Sokrates beigetragen ... Später hat Platon diese historische Ironie auf die Spitze getrieben, indem er nämlich in der »Reportage« des ›Symposion‹, das der reiche Agathon veranstaltet hatte, den Aristophanes als Partygast vergnüglich mit Sokrates plaudern läßt.

Ironie äußert sich vorwiegend nicht in knalligen Pointen, wie etwa bei Heine oder Karl Kraus oder auch bei Aristophanes. Vielleicht sprechen wir schon gar nicht mehr von Ironie, wenn wir sie durch solche Beispiele festzumachen versuchen, vielleicht geht sie darin schon ins Sarkastische über, in die Satire, die Parodie oder auch ins Zynische. Es ist nicht einfach, das Ironische bündig und eindeutig von solchen Stilmitteln oder von solcher literarischer Gestik zu trennen und dingfest zu machen. Ironie, die sich umstandslos auf den Begriff bringen ließe – wäre das noch Ironie? Umschreiben muß man sie ja wohl als ein ungemein verdünntes, luftiges Spurenelement, alles Geradlinige ein wenig krumm machend, und je ungreifbarer, desto ironischer ist sie gewissermaßen. Gleichmäßig und feinkörnig über das Ganze versprüht, spürt man sie zum Beispiel in den Romanen von Thomas Mann. Dort steckt sie im Geist der Sprache, sie ist das Medium, das Charakteristikum der Persönlichkeit des Autors – und muß entschwinden, wenn man sie ins Bild setzen will. Deshalb, nebenbei bemerkt, ist Ironie etwa im Fernsehen oder im Film unglücklich plaziert. Auch in der Musik wirkt Ironie aufgesetzt, dem Musikalischen uneigentlich. Bestenfalls ein Hauch von Ironie liegt darin, wenn ein Starpianist wie Vladimir Horowitz den Marsch ›Stars and Stripes Forever‹ spielt. Dergleichen macht lächeln. Und warum lächelt man? Man lächelt über die Unverhältnismäßigkeit, das Schiefe, das darin liegt, Horowitz und den braven Marschkomponisten John Philip Sousa miteinander verquickt zu finden; und weil ein Gran von Verstellung, von gespieltem Ernst dahintersteckt, wenn Horowitz sich einem patriotischen Marsch widmet – und mit der Verstellung, wenn auch nicht mit ihr allein, tritt Ironie auf den Plan.

Zwanglos sind wir mit diesem höchst provisorischen Beispiel also wieder auf den Begriff Verstellung gestoßen, der ja in erster Linie dem griechischen Wort eironeia zugrunde liegt. Verstellung ist in der Tat das durchgehende Charakteristikum der Ironie, wie sie uns im Laufe der Weltgeschichte begegnet. Vielleicht mit einer Ausnahme: der oft genannten tragischen Ironie. Der Modellfall ist hierfür der ›Ödipus‹ von Sophokles, dessen Konstruktion darauf beruht, daß einer sich aufmacht, Geweissagtes zu verhindern, aber gerade dadurch die Weissagung erfüllt. Am Anfang stand demnach ein Mißverständnis, die unvermeidbar falsche Auslegung einer Botschaft. Will man darauf den Begriff der eironeia als Verstellung anwenden, so könnte man bestenfalls von einer Verstellung und Ironie eines Sehers, eines Orakels oder der Götter sprechen. Der Ironiebegriff ist also hier höchst problematisch, denn sonst ließe sich auch bei unseren demoskopischen »Weissagungen«, die ja häufig eine sogenannte selffulfilling prophecy zur Folge haben, von Ironie reden. Verstellung allein kann deshalb zur Bestimmung des Ironischen nicht ausreichen, denn es gibt Weisen der Verstellung, die mit Ironie nicht das geringste zu tun haben. Es muß ein komisches Moment hinzukommen, das darin liegt, daß sich die Verstellung als solche irgendwie zu erkennen gibt, ohne sich aber dadurch aufzuheben.

So bleibt es bei wenigen Standardtypen der Ironie im Laufe der Geschichte, nämlich der Ironie des Sokrates, und womöglich auch derjenigen Platons, der Ironie der Romantiker, der Ironie Sören Kierkegaards und der Ironie Thomas Manns, die schon damit beginnt, daß er den Urheber, den Künstler, als eine Art Schausteller, Ver-Steller, als einen vom »grünen Wagen« dem Bürger konfrontiert. Haben diese Ironie-Typen auch das Moment der Verstellung gemein, so ist in ihnen die Waffe der Ironie doch mit höchst unterschiedlichen Absichten angewandt. Und natürlich ist eine solche Typologie, wie alle Typologien, immer noch willkürlich und grobmaschig genug; man sollte nicht so tun, als wären alle Ironiker darin unterzubringen: von Sokrates bis Voltaire, von Lukian bis Wolfgang Hildesheimer, von Rabelais bis Aldous Huxley, von Grimmelshausen bis Bernard Shaw, von Molière bis Kierkegaard, von Oswald von Wolkenstein bis Robert Musil – so viele Ironien, man sieht es schon, als da Personen, Autoren sind. Und je mehr Ironie-Typen man aufzuspüren vermeint, um so gefährlicher gleitet der Begriff ins Unverbindliche und Unbestimmte ab. Wir müssen uns deshalb noch einmal, nach einem Durchlauf durch die Verwandlungen, »Verstellungen« des Ironiebegriffs über zwei Jahrtausende, zurückwenden zum »Erfinder« der Ironie, zu Sokrates, und später auch zu seinem Porträtisten Platon.

Eines wäre an dieser Stelle allerdings noch nachzutragen: War Sokrates wirklich der erste Ironiker, oder taucht Ironie schon viel früher auf, als eigentümliche, mutwillige griechische Geistesverfassung, bildhaft geworden in Malereien und Plastiken? Welche Einstellung zum Leben etwa drückt sich in den zahlreichen zotigen, für unsere prüden Moralbegriffe pornographischen Darstellungen der griechischen Vasenmalerei aus, die ja nicht nur die Comic strips der damaligen Zeit waren? Und wie soll man etwa jenes hilflos »archaisch« genannte Lächeln deuten, das auf so vielen typisierten Gesichtern attischer Skulpturen aus dem sechsten Jahrhundert vor Christus liegt? Deuten wir es ganz falsch, wenn darin eine ironische Distanzierung oder ein Überlegenheitsgefühl sich Ausdruck verschafft?

Wie auch immer, für Ironie als Einheit von Leben und Denken haben wir uns an Sokrates zu halten. Schon wie er sein Gespräch mit Menon, im gleichnamigen Platonischen Dialog, beginnt, läßt den, der nie von der Sokratischen Ironie gehört hätte, verstehen, worum es dabei geht. Mein lieber Menon, so eröffnet Sokrates wie üblich sein Gespräch, wieder einmal über die Tugend, bisher seid ihr Thessalier doch immer wegen eurer Reitkunst und eures Reichtums bewundert worden, jetzt aber anscheinend auch noch wegen eurer Weisheit. Das habt ihr, so bemerkt Sokrates mit ironischen Untertönen über einen der Stars der Sophisten, eurem Gorgias zu verdanken. Er hat euch nämlich, so fährt Sokrates dann wörtlich fort, »auch diese Gewohnheit beigebracht, daß ihr ohne Scheu und mit edler Zuversicht antwortet, wenn euch jemand etwas fragt, wie man es ja auch von denen erwarten kann, die etwas wissen. Denn auch der Gorgias selbst ermunterte ja jeden Hellenen, ihn zu fragen, was er nur wollte, und nie ließ er einen ohne Antwort. Hier aber, lieber Menon, steht es ganz entgegengesetzt; es ist geradezu so etwas wie eine Dürre an Weisheit eingetreten, und sie scheint ganz aus unseren Gegenden zu euch fortgezogen zu sein, die Weisheit. Jedenfalls, wenn du hier jemanden so fragen willst, wirst du nicht einen treffen, der nicht lachte und sagte: Fremdling, du scheinst mich ja für glücklich zu halten, daß ich von der Tugend doch wenigstens soviel wissen soll, ob sie lehrbar ist oder wie man sonst dazu gelangt; ich aber bin soweit davon entfernt, zu wissen, ob sie lehrbar ist oder nicht, daß ich nicht einmal richtig weiß, was Tugend überhaupt ist. Und auch mir selbst, Menon, geht es nicht besser. Ich bin in dieser Hinsicht so arm wie meine Mitbürger und muß mich selbst darüber anklagen, daß ich so gar nichts von der Tugend weiß. Weiß ich aber von etwas nicht, was es ist – wie könnte ich wissen, wie es beschaffen ist?«

Nahezu alles, was Sokrates da redet, ist verstellt, hintersinnig, zwiespältig, ironisch. Tatsache war ja, daß im damaligen Athen ein Haufen von Weisheitsaposteln daherstolzierte und sich mit allem möglichen Wissen brüstete. Niemand kannte sich da besser aus als Sokrates. In Wirklichkeit gab es nur einen einzigen in dieser Stadt, der herumlief und scheinbar bekümmert jedem kundtat, daß er gerade nichts wisse, nämlich Sokrates selbst.

Die »Dürre an Weisheit«, die, nach Sokrates, über Athen hereingebrochen sein sollte, entspricht nun in gewissem Sinne durchaus der Wahrheit; aber es ist wiederum Sokrates selbst, der diese Dürre heraufgeführt hat, indem er all diesen neunmalklugen Wanderpredigern klarmachte, wie kläglich es um ihr Wissen bestellt sei. Und recht betrachtet ist diese sogenannte

Weisheitsdürre natürlich eine wahre Fruchtbarkeit; denn sich darüber klarzuwerden, wie wenig man weiß, das war für Sokrates schon der bereitete Boden, auf dem so etwas wie Wissen allererst gedeihen konnte. Und darin lag eben seine besondere, düpierende Ironie, seine Hebammenkunst. Was Sokrates aus jedem Schüler, jedem Handwerker, jedem Müßiggänger, ja jedem Daherkommenden geburtshelferisch herausfragt, ist eben kein gesundes Wissens-Baby, es ist ein Windei, ein Nicht-Wissen. Darüber allerdings wußten nun alle Bescheid, die sich mit Sokrates eingelassen hatten. Mit dieser Null-Weisheit enden alle sokratischen Unterredungen, und so könnten sie auch heute jederzeit wieder beginnen. Die Ironie, mit einem Wort Kierkegaards, »ist das unendlich leichte Spiel mit dem Nichts«.

Aber solch schön gefügte Sentenzen bleiben gleichwohl unbefriedigend, und die Ironie des Sokrates entzieht sich ihnen als ein vielleicht noch viel luftigeres Gebilde. War es ein Glücksfall, oder war es die List des Ironikers Sokrates, daß er keine Zeile geschrieben hat? Denn das ist eine entscheidende Frage: Wie hätte er sich und seine Ironie, selbst schreibend, präsentieren, zu Papier bringen sollen?

Sich selbst expressis verbis als Ironiker vorzustellen, das ist absurd, das würde die Ironie zerstören; es bedarf also eines Vermittlers, eines, der nicht unbedingt selbst sich ironisch geriert, um die Ironie des anderen nun gleichsam unverstellt zum Vorschein zu bringen. Hätte Sokrates geschrieben, dann hätte er seine Ironie als reines Stilmittel vergeuden müssen, sie hätte nur in der Schicht des Literarischen wirksam werden können. Gerade das war es nicht, worum es Sokrates ging, und das war ganz und gar nicht sein ironisches Wirklichkeitsverständnis. Seine Ironie war eine dialogische aus der Einheit von Denken und Sein. Er war die ironische Person schlechthin. So könnte man also sagen, daß Sokrates mit äußerster Schläue den Platon zum Impressario seiner ironischen Existenz verleitet hat.

Natürlich mußte sich Platon auf diese gelebte Sokratische Ironie verstehen. Aber er verstand sich darüber hinaus noch auf seine eigene. Anders nämlich als der historische Sokrates glaubte ja Platon, wie es seine späteren Schriften immer deutlicher machen, ein wirkliches Wissen zu besitzen. Er hat ja eine gediegene Ontologie oder auch Metaphysik, eine Ideenlehre ausgearbeitet, die ein kohärentes philosophisches System bildet. Warum hatte er dieses philosophische System nicht in Form einer referierenden Lehre niedergeschrieben und in Lehrbüchern veröffentlicht? Statt dessen »schrieb« er Dialoge, mit einer zentralen Figur, Dialoge, die wie Protokolle tatsächlicher, improvisierter Gespräche wirken sollten. Platon tut so, als könnten diese Gespräche jederzeit fortgesetzt werden, zwar nicht mehr in ihrer eigenen immanenten Dimension, aber doch zwischen Sokrates, Kallikles, Kritias, Menon, Euthyphron, Gorgias, Polos, kurz der gesamten sokratischen Clique und Gegenclique – und dem Leser dieser Gespräche. Platon »verstellt« sich also, er will uns, seinen Lesern, glauben machen, ihn gingen diese endlosen Unterredungen gar nichts an. Aber in diesen von ihm augurierten fiktiven Dialogen führt er uns, die Leser, allmählich aufs Glatteis seiner Platonischen Ideenlehre, er macht uns unmerklich zu Komplizen seiner Theorie. Das, so hat man festgestellt, könnte die Doppelbödigkeit der Platonischen Ironie noch über oder unter der Sokratischen sein.

Das Denken der Wahrheit, meinte Sokrates, läßt sich nicht in Schrift bannen. Das meinte auch Platon. Ein schriftlich niedergelegter Satz läßt keine Widerrede zu, aber nur durch Widerrede, durch Dialektik, lösen sich, gesprächsweise, starre Sätze und Gegensätze gleichsam in eine Bewegung hin zur Wahrheit auf. Zwar halten die Platonischen Dialoge diese Bewegung widersinnigerweise auf, indem sie schriftlich fixiert sind; aber sie heften doch immer ins Bewußtsein, daß Bewegung ihr Prinzip ist, daß das Gespräch offen bleibt und nach dem gegebenen Muster zwischen den Lesern aller Zeiten fortgeführt werden könnte. Andere, spätere Denker haben sich ebenfalls nach diesem ironischen Muster zu schützen versucht, vor der Erstarrung in dogmatischem, undialektischem Denken.

Kierkegaard, der dänische Theolog, Philosoph und Schriftsteller aus der ersten Hälfte des neunzehnten Jahrhunderts, in die ja auch die Epoche der Romantik fällt, verstand die Sokratische und damit vielleicht auch die Platonische Ironie als eine solche Verflüssigung des Denkens und als den – beinahe gelungenen – Versuch, durch die ironische Unterminierung alles Unverrückbaren, alles Statuarischen einem Ideal – sei's der Gerechtigkeit, sei's der Tugend oder Liebe oder Frömmigkeit – nahezukommen. Kierkegaard entwickelte sich, wenn man so sagen darf, am Leitfaden der Sokratischen Ironie seinerseits zu einem höchst eigenwilligen Ironiker, der das Versteckspiel Platons gewissermaßen potenzierte, um seine private Person durch vielerlei Brechungen »aus dem Spiel zu halten«. Er benutzte in seinen Schriften einen Schleier von Pseudonymen, verbarg sich hinter dem Herausgeber des Herausgebers des Herausgebers, um sich als Autor, als der in Kopenhagen verspottete Gelehrte, unkenntlich zu machen. Damit erscheint er als Mitläufer der romantischen Ironie seiner Zeit. Aber merkwürdigerweise hielt er diese Ironie für abwegig und die Romantiker für die Opfer ihrer eigenen Ironie. Um das zu verstehen, muß man sich zumindest einen beispielhaften Eindruck davon verschaffen, was die romantischen Poeten unter Ironie verstanden. Besser als durch die Schriften oder Romane Friedrich Schlegels läßt sich das durch eine Theaterszene augenfällig machen, die einem Stück entnommen ist, das als Prototyp romantischer, desillusionierender Ironie gilt:

Der Vorhang geht auf, der Blick des Zuschauers fällt auf eine kleine Bauernstube. Der Bauer Gottlieb wendet sich seufzend an eine Katze, die auf dem Stuhl schläft. Sie heißt Kater Hinze.

»Gottlieb: Wir werden uns bald trennen müssen. Da liegt er und schläft ganz ruhig – armer Hinze! – Er sieht mich an, als wenn er mich verstände, es fehlt wenig, so fange ich an zu weinen.

Hinze: (Der Kater richtet sich auf, dehnt sich, macht einen hohen Buckel, gähnt und spricht dann:) Mein lieber Gottlieb – ich habe ein ordentliches Mitleid mit Euch.

Gottlieb: (erstaunt) Wie, Kater, Du sprichst?

Die Kunstrichter (im Parterre): Der Kater spricht? – Was ist denn das?

1. Zuschauer: Unmöglich kann ich da in eine vernünftige Illusion hineinkommen.

2. Zuschauer: Eh' ich mich so täuschen lasse, will ich lieber zeitlebens kein Stück wieder sehen.

Hinze: Warum soll ich nicht sprechen können, Gottlieb?

Gottlieb: Ich hätt' es nicht vermutet, ich habe zeitlebens noch keine Katze sprechen hören.

Hinze: Ihr meint, weil wir nicht immer in alles mitreden, wären wir gar Hunde.

Gottlieb: Ich denke, Ihr seid bloß dazu da, Mäuse zu fangen ...

1. Zuschauer: Welcher Unsinn:

2. Zuschauer: Ich bin wie im Traum.

1. Zuschauer: Still, es wird verwandelt.«

In diesem Kindermärchen in drei Akten des romantischen Dichters Ludwig Tieck, das alle Welt als ›Der gestiefelte Kater‹ kennt, und das natürlich gar kein Kindermärchen ist, geht alles drunter und drüber: Wirklichkeit wird Illusion, Illusion wird Wirklichkeit. Auf der Bühne fängt, zum Erstaunen der handelnden Figur, ein Kater das Reden an, im Parkett macht das »Publikum« zur Verblüffung der wirklichen Zuschauer seinem Unmut über solchen »Unsinn« Luft. Ein Teil des Parketts gehört also selbst zur Scheinwelt des Theaters. Nichts bietet einen Halt mehr, denn das poetische Ich, der Autor Ludwig Tieck, zerstört, wie ein launischer Demiurg, fortlaufend seine eigenen Schöpfungen.

Die außer Rand und Band geratene romantische Ironie hat schnell einen faden Geschmack hinterlassen, ein Gefühl völliger Leere. Dennoch hat sie gerade in unseren Zeiten eine Nachfolge gefunden bis hin zum sogenannten Theater des Absurden, von dem man jedoch behaupten kann, daß es an seiner eigenen Ironie dahingesiecht ist – wenn man will, ist das ein Stück tragischer Ironie; oder aber die Heraufkunft des Zynismus, der auftaucht, wenn die Ironie ihrer selbst müde geworden ist.

Auch Thomas Mann hat noch der Ironie als Durchbrechung der Illusion gehuldigt, vielfach, um die naive Omnipotenz des Autors selbstironisch ad absurdum zu führen. In seinem Roman ›Der Erwählte‹ prunkt er zunächst mit kenntnisreichen Schilderungen von »Ritterschaft und Waidwerk«. Doch hat er seinem Ich ein Erzähler-Ich, einen Chronisten in Gestalt eines Mönches, vorgeschoben. Er bricht, in ironischer Laune, aus der Fiktion aus: »Ich tue nur so, als wüßt ich recht zu erzählen, wie Junker Wiligis gezogen wurde, und wende Worte vor. Nie habe ich ein Gabylot in der Hand geschwungen, noch eine Lanze unter den Arm geworfen; auch habe ich nie auf einem Blatte blasend das Waldgetier betrogen und habe das Wort ›blatten‹, das ich mit solcher Scheingeläufigkeit gebrauche, eben nur aufgeschnappt. Aber so ist es die Art des Geistes der Erzählung, den ich verkörpere, daß er sich anstellt, als sei er in allem, wovon er kündet, gar wohl erfahren und zu Hause.«

Außer dieser ironischen Selbstentlarvung des »Geistes der Erzählung«, verkörpert in Thomas Mann, gibt es in diesem Roman eine Form der Ironie, die man provisorisch die historisierende nennen könnte. Ihre Komik entsteht dadurch – und natürlich ist Ironie eine ätherische Gestalt des Komischen –, daß Veraltetes als frisch serviert wird und das Anachronistische scheinbar ernst genommen wird; so wenn wir heute wieder in die Kostüme unserer Großmütter schlüpfen, Mode, Lebensstil und Sittenkodex der zwanziger Jahre ernsthaft-nostalgisch, aber zwinkernden Auges zugleich, neu aufleben lassen. Bei Thomas Mann sind es, wie man schon sah, häufig die altfränkischen, altertümlichen, pompigen Sprachgewänder, in die er kichernd schlüpft; die abgelegte, barocke Redeweise, die er mit verschlagen feierlicher Mine zelebriert und von der er gewiß sein kann, wie komisch-bizarr sie in den Ohren seiner Leser klingt, zum Beispiel so: »Ein Trügener war er, der ihr verbarg, daß er ein Fundkind gewesen, angeschwemmt von den Ünden und aufgezogen aus kristlicher Erbarmlichkeit, ein Sohn der Sünde, dessen scheinbar wohlbeschaffenen Leib sie nicht hätte liebkosen dürfen...«

Resümierend wäre festzustellen, daß das Allergemeinste – im Doppelsinn des Wortes –, was sich von der Ironie sagen läßt, dies ist, daß durch sie das genaue Gegenteil von dem gesagt wird, was vorgeblich gemeint ist. Freilich ist es entscheidend, daß der Ironiker unter seinesgleichen, unter Eingeweihten ist. Nur unter Eingeweihten wird ja der ironische Hintersinn vernommen, der schauderhafte Ernst, mit dem etwas vorgebracht wird, als Maskerade verstanden. Eben damit ist, wie Kierkegaard es ausdrückt, »die Ironie wieder aufgehoben«. Man könnte es noch paradoxer sagen: Die Ironie muß sich zum Verschwinden bringen, damit sie zum Vorschein kommt. Thomas Manns Ironie beispielsweise weiß sich derart bei seinen verständigen Lesern »aufgehoben«; während Ludwig Tieck eher mit ironischem Hochmut die Zuschauer verwirren, schockieren will. Dies wäre die Ironie als Vornehmheit, wie sie Hegel kritisierte. Diese Ironie dient dazu, sich auszunehmen, die Oberhand zu behalten und den anderen in der Täuschung zu belassen. Hier grenzt Ironie schon sehr an den Zynismus. Sie bleibt gewissermaßen vereinsamt in sich selbst, denn sie setzt den Uneingeweihten, den Nicht-Ironiker, geradezu voraus. In solchen Fällen spielt der Ironiker ganz Zustimmung, er macht mit: Wenn ein Bildungsprotz und Kulturbeutel aufgeblasen daherredet, dann wird ihn der Ironiker durch heftigen Beifall zu immer wilderer Narrheit verleiten; er wird etwa dem gegenüber, der bei jeder Gelegenheit seinen abgestandenen Witz oder seine Standard-Platitüde oder sein stehendes Klassiker-Zitat absondert, den begeisterten Claqueur spielen. Auch diese bösartige Version der Ironie findet sich bei Sokrates – aber meist nur am Beginn seiner Gespräche.

Die soeben skizzierte Ironie kennt noch eine strategische Variante. Dann macht sich der Ironiker gegenüber dem Besserwisser, dem so ungemein Aufgeklärten, bewußt zum Trottel, zum dummen August und gibt damit der borniertierten Selbstzufriedenheit des Besserwissers so lange Zucker, bis dieser bis zur Karikatur entstellt dasteht. Auch so kommt der Ironiker – freilich als einsamer, arroganter Genießer – ans Ziel. Und auch als solchen erkennt man gelegentlich den Sokrates.

Aber ist nicht am Ende das Ironische ein Ziel, aufs innigste zu verwünschen? Sind es nicht letztlich Blasiertheit, Überheblichkeit, Perversion, die den Ironiker motivieren und stimulieren? Huldigt er nicht dem extremsten Individualismus, der jede Zusammengehörigkeit auflösen muß, sogar innerhalb des Vereins der Ironiker? Oder, mit Kierkegaard zu sagen: »Es ist in Wahrheit ebenso wenig Einheit der Gemeinschaft in einem Klüngel von Ironikern, wie in Wahrheit Redlichkeit ist in einem Räuberstaat.«

Noch eine Schattenseite scheint damit an der Ironie aufgedeckt, nämlich das Schadenfrohe, Hämische, Menschenverachtende. Ironie zum Lebensstil erhoben, erschiene dann als das fragwürdige Verfahren, vor dem Ernst des Lebens auszuweichen, über andere hinaus zu sein, sich ein elitäres Bewußtsein zu verschaffen. Mitleidlos hat der Ironiker Kierkegaard den gleichsam abonnierten Ironiker einmal so festgenagelt: »Es war einmal eine Zeit, ... da man auch hierzulande sein Glück machen konnte mit einem Bröcklein Ironie, die dafür allen Mängeln sonst hinreichend Ersatz leistete und einem mit Ehren durchs Leben half, einem das Ansehen gab, gebildet zu sein, das Leben zu kennen, sich auf die Welt zu verstehen, und einen für die Eingeweihten kennzeichnete als Mitglied einer weitverbreiteten geistigen Freimaurerei. Man trifft ab und an noch auf einen Vertreter dieser entschwundenen Zeit, welcher sich dies feine, bedeutungsvolle, zweideutig so viel verratende Lächeln erhalten hat, diesen geistigen Höflingston, mit dem er in seiner Jugend Fortüne gemacht, und darauf er seine ganze Zukunft gebaut hatte, in der Hoffnung, die Welt überwunden zu haben.« Wie aber paßt es zu dem so heimgeleuchteten ironischen Stutzertum, wenn derselbe Kierkegaard schließlich erklärt, ein Leben, das menschenwürdig genannt werden könne, beginne mit der Ironie?

Der wahre Ironiker ist sicher nicht allein zum Scherz ironisch; im Scherz zeigt er das andere seiner selbst, daß er nämlich viel eher ein an der Welt, ihren Unzulänglichkeiten, ihrem falschen Pathos und oberflächlichen Ernst Leidender ist. Und die

Geschichte erweist sich ihm überwiegend als Tragikomödie der Menschheit. Auch ist es die Scheu und Empfindsamkeit des Ironikers, die ihn die Zuchtrute der Ironie schwingen läßt, wie es als erster Sokrates tat. Immer in Gesellschaft, immer unter Freunden, immer mitten unter den Leuten, war Sokrates zweifellos ein einsamer Mensch, ein Einzelgänger. Wir stellen ihn uns immer lächelnd vor, aber dieses Lächeln war seine Mimikry. »Alles, was tief ist, liebt die Maske«, heißt es bei Nietzsche einmal, einem weiteren, freilich bitteren Ironiker.

Sokrates war gewiß nicht bitter, er war in der Tat ein freundlicher, liebevoller Mensch. Und das bringt uns auf die letzte Figur, auf die letzte Maske der Ironie. Was Sokrates antrieb, war der Eros, die intellektuelle Liebe zur Wahrheit. Und so dürfen wir annehmen, daß seine Hebammenkunst, seine Ironie nicht bloß eine bevorzugte Methode unter anderen möglichen Methoden war, sondern eine Erscheinungsweise dieses Eros, eine Vornehmheit, die es sich versagte, das Äußerste direkt herauszusagen. Seine Ironie war die Schamhaftigkeit des Erotikers.

Nachdem Sokrates, wahrscheinlich im Juni des Jahres 399, den Giftbecher genommen hatte, flohen die meisten seiner Freunde, einige vorübergehend, aus Athen, viele nach Megara. Sie gründeten dort keine eigenen Schulen, aber sie fühlten sich als Sokratiker, die die Lehre des Sokrates, die Lehre vom Wissen ums Nichtwissen, über die damalige zivilisatorische Welt verbreiteten. Keiner aber von allen diesen Sokratikern hat sich auf die Ironie des Meisters verstanden.

»Das Nützliche nun, das Gesetz und Brauch als solches bestimmt hat, ist eine Fessel der Natur, dasjenige aber, das aus der Natur kommt, beruht auf Freiheit.«

Antiphon

# Spitzfindige Weisheiten
## Die Provokationen der Sophisten

Ein Epikureer, so hat es sich eingebürgert, ist ein Schlemmer und Lebemann. Ein Stoiker ist fatalistisch und egoistisch. Der Ironiker läßt den Ernst des Lebens vermissen und hänselt seine Mitmenschen. Vollends macht der Zyniker alles herunter, während der Skeptiker ein krankhafter Zweifler und Schwarzseher ist. Alle diese Wörter oder Namen haben im Laufe der Jahrhunderte und Jahrtausende merkwürdigerweise diese mehr oder weniger negativen, abschätzigen Bedeutungen unterschoben bekommen, die ihnen ursprünglich ganz fremd waren und nun ihren Sinn geradezu verkehren. Denn Epikur war der Name eines bedächtigen, maßvollen Denkers, und die Stoiker entwickelten eine Moral und Ethik, die für manche auch heute noch neben der christlichen bestehen kann, ja gelegentlich dieser sogar vorgezogen wird. Selbst die vielverkannten Kyniker übten sich in Entsagung, wenn sie die gelegentlich auch bis zum Exzeß betrieben und dabei alle Kultur heruntermachten. Was die Skeptiker angeht, so stellten sie mit durchaus annehmbaren Argumenten nur in Frage, was andere zu ihrer Zeit selbstgewiß glaubten entscheiden zu können; so war ja auch Sokrates in gewisser Weise ein Skeptiker. Es waren also bedeutende, meist auch angesehene Philosophenschulen, die mit den genannten, jetzt so verzerrten Worten bezeichnet wurden – oder doch ausgeklügelte philosophische Lebenseinstellungen. Gelehrt und demonstriert werden sollte von allen diesen Weisheits- und Tugendlehren die große Kunst einer unabhängigen, anständigen, vernunftgemäßen Lebensart sowie politische Mündigkeit.

In jenen Zeiten – beginnend etwa mit dem fünften Jahrhundert vor Christus, sich teilweise aber noch in die ersten nachchristlichen Jahrhunderte hinüberziehend –, zu Beginn also jener geistig und politisch so ungemein bewegten Zeiten des klassischen und des hellenistisch-römischen Altertums, machte eine Schule oder besser: eine Denkrichtung erhebliches Aufsehen, deren Lehrmeister damals schon in ein allzu schiefes Licht gerieten, später aber geradezu als Ausbünde spitzfindiger, geschwätziger Scheinweisheiten und Überredungskünste galten – die Sophisten.

Noch heute wird an unseren Schulen das Klischee verbreitet,

die Sophisten seien hohle, gewissenlose Wortverdreher gewesen, die den Bestand der attischen Demokratie aufs Spiel gesetzt und die sich ihre Pseudoweisheiten und rhetorischen Mätzchen hätten teuer bezahlen lassen, als wäre das allein schon ganz und gar verwerflich. »Zwischenhändler« und »Krämer mit Kenntnissen von der Tugend« heißen sie bei Platon, auch »Streitkünstler«, die sich den Anschein gäben, alles zu wissen, ohne indes wirklich weise zu sein.

Nun muß man zugeben, daß die Sophisten, die übrigens keine Schule im eigentlichen Sinne bildeten, nicht ganz schuldlos an ihrem schlechten Ruf waren. Sie gerierten sich als in allen Künsten, allen Techniken bewandert, und es ging ihnen anscheinend mehr darum, recht zu behalten, als die Wahrheit herauszufinden; mit dem Versprechen, die schwächere Sache zur stärkeren zu machen, erboten sie sich, die wohlhabenden jungen Leute der Stadt vor allem für die politische Laufbahn fit zu machen. Dabei stellten sie anscheinend Rhetorik, die aufwühlte und ans Gefühl appellierte, Überredungskunststücke also, über Logik und zureichende Begründung, wenngleich sie auch in der Logik mit den abgefeimtesten Tricks zu arbeiten verstanden. Das Wort »sophós«, »weise«, das sie im Schilde führten, klang natürlich recht großspurig, und Platon hielt ihnen entgegen, daß man einen der ihrigen nicht einen Weisen nennen könne, da sie ja in Wirklichkeit nichts wüßten. Ein sophistés, ein Sophist, war für ihn ein Scheinweiser. Im übrigen war man sich lange Zeit nicht einig, ob man die Sophisten überhaupt zu den Philosophen rechnen sollte, denn ein philosophos war ja nur ein Freund, ein Liebhaber der Weisheit, einer, der danach trachtete, nicht aber vorgab, sie schon zu besitzen.

Es ist vorrangig Platons entschiedene Abwertung der Sophisten, die auf uns gekommen ist. Wenn wir heute noch jemanden mit einem Wort als Überredungskünstler, Silbenstecher, spitzfindigen Blender etikettieren wollen, dann nennen wir ihn einen Sophisten. Das aalglatte, effektvolle Debattieren etwa eines Politikers, der sozusagen alles und auch das Gegenteil davon beweist, bezeichnen wir als »sophistisch«. Und von »Sophismus« spricht man, wenn eine zunächst perplex machende, aber nichtssagende Redewendung gemeint ist, deren Hohlheit allerdings oft schwer nachzuweisen ist. Jedenfalls sind die alten Sophisten bis auf den heutigen Tag stellvertretend geblieben für haarspalterisches, eitles Geschwätz.

Der erste Verdacht gegen dieses finstere, unfreundliche Bild der Sophisten regt sich schon, wenn man sieht, welch außerordentliche Mühe sich ihr schärfster Gegner, Platon, in mehreren Dialogen gegeben hat, um sie zu entlarven und zu widerlegen. Platons Sokrates führt ja mit vielen, vor allem aber den bedeutendsten Sophisten ausgiebige Streitgespräche, in denen er gelegentlich nicht weniger sophistisch agiert als seine sophistischen Partner. Und tatsächlich zählte man den Sokrates manchmal zu den Sophisten. Was waren das nun für Leute?

Da war etwa Hippias aus Elis in der nordwestlichen Peloponnes (wo man übrigens den Philosophen aus Begeisterung über ihre Klugheit zeitweise Steuerfreiheit gewährt haben soll), der zur Zeit des Todes von Sokrates, 399, unter den führenden Philosophen rangierte. Er kam, wie manch anderer auch, als Botschafter seiner Geburtsstadt nach Athen und war, wiederum kennzeichnend für viele Sophisten, ein weitgereister Mann, der sich ein Vermögen verdient hatte. Natürlich behauptete auch er, in allen Disziplinen seiner Zeit ein Meister zu sein, in Astronomie, Geometrie, Arithmetik so gut wie in der Musik, der Malerei, der Bildhauerei und auch in der Ethik. Tatsächlich hatten die meisten Sophisten außerordentliche Kenntnisse in den damaligen »Künsten«, namentlich den empirischen Wissenschaften, wie wir heute sagen würden. Aber von Hippias ist uns keine seiner angeblich so zahlreichen Schriften erhalten, und was wir von ihm wissen, beruht, wie bei vielen anderen auch, auf den Skizzen, die Platon von ihm, in zweien seiner Dialoge, gezeichnet hat.

Dann war da Prodikos aus Keos, einer der kykladischen Inseln, der ebenfalls weit in der damaligen Welt herumgekommen war und, wie Hippias, als Botschafter nach Athen kam und dort, wie in anderen griechischen Städten, mit seinen Vorlesungen eine Menge Geld verdiente. Er war etwa um 460 vor Christus geboren und trat in den zwanziger oder dreißiger Jahren in Athen als Rhetor auf. Sokrates hat übrigens einmal eine Vorlesung bei ihm besucht und behauptete sogar, ein Schüler des Prodikos in der Kunst der Synonyme gewesen zu sein. Aus Xenophons ›Erinnerungen‹ wissen wir über eine der Schriften des Prodikos, und von Aristophanes erfahren wir in seinem Stück ›Die Vögel‹ einiges über seine kosmologischen Vorstellungen.

Auch Kritias, der Onkel Platons, der bei Gorgias studiert und eine Zeitlang dem Kreis um Sokrates angehört hatte, um hernach als einer der Übelsten der sogenannten Dreißig Tyrannen mit an der Verurteilung seines Lehrers zu wirken, zählte zu den Sophisten.

Ebenfalls in diplomatischem Auftrag kam der um 480 geborene Gorgias von Leontinoi in Sizilien im Jahre 427 nach Athen und gab hier, aber auch in anderen griechischen Städten, Vorlesungen und »Privatissima«. Manchen galt er mehr als Rhetoriker denn als Sophist, aber er verstand sich doch auch als ein Erzieher von Menschen, der die Kunst der Überredung als ein Mittel für politischen Erfolg lehrte. Er muß darüber hinaus aber an Naturwissenschaften sehr interessiert gewesen sein, was nicht auf alle Sophisten zutrifft.

Der berühmteste aller Sophisten war zweifellos Protagoras aus Abdera, oben an der thrakischen Küste, von wo auch Demokrit stammte. Er war etwa elf Jahre älter als Sokrates und starb ums Jahr 421. Er bereiste viele griechische Städte und gab bezahlte Kurse in politischen Wissenschaften. Natürlich gelangte er auch in Athen zu Ruhm, wo er mit Perikles verkehrte, für den er eine demokratische Verfassung ausarbeitete. Als er erstmals in Athen erschien, gab es einen regelrechten Aufruhr unter der intellektuellen Schickeria. Noch zu nachtschlafender Zeit stürzte Hippokrates, ein Freund des Sokrates, in dessen Schlafzimmer, um atemlos zu vermelden, Protagoras sei in der Stadt, wohne im Hause des Kallias, dem feinsten Athens. Und Sokrates machte sich gleich auf den Weg dorthin. Später soll Protagoras wegen religiöser Delikte aus Athen ausgewiesen worden sein, seine Schriften wurden angeblich öffentlich verbrannt. Er muß zahlreiche Abhandlungen verfaßt haben, aber nichts davon ist erhalten geblieben. Über das, was er geschrieben hat, sind wir hauptsächlich durch Platons ›Theaitet‹, durch Aristoteles und dann durch die späteren Bemerkungen des Arztes Sextus Empiricus unterrichtet.

Das waren also die berühmtesten und gewichtigsten unter einer großen Anzahl unwichtigerer Sophisten, die zur Zeit des Perikles, also der Blütezeit Griechenlands, in Athen lehrten, redeten, vorlasen, stritten und diskutierten, nicht zuletzt mit dem unermüdlichen Diskussionsmeister Sokrates. Sie alle zusammen hielten, das darf man wohl sagen, die Stadt Athen über mehrere Jahrzehnte hin in Atem. Und Athen war der intellektuelle Nabel der damaligen Welt. Man könnte auch sagen, in Athen als der Hauptstadt des attischen Reiches hatte die Weltgeschichte zu ihrer Subjektivität gefunden; die Ideologen, Weltverbesserer und Philosophen jener Zeit waren, Exponenten des griechischen Volkes, zu Führern einer neuen Ära avanciert, die man durchaus als ein Zeitalter der Aufklärung bezeichnen kann.

Wie bewegt, wie lebhaft, wie vibrierend es im Athen der Perikleischen Demokratie und noch in den Jahrzehnten danach, denen des Niedergangs Griechenlands, zuging, in das aus anderen griechischen poleis, Städten, alles, was Rang und Namen hatte, und alles, was sich Rang und Namen machen wollte, kam, das kann man sich heute nur noch schwer vorstellen. Am ehesten stimmt vielleicht der Vergleich mit dem Berlin der zwanziger Jahre. Doch fällt Athen durch eine Besonderheit auf: Hier gründete sich eine einmalige Rede- und Diskussionskultur. Es waren ja neben den Sophisten noch die Sokratiker, dann die Kyniker, hernach die Skeptiker, sowie Schüler und Anhänger von Demokrit, die wiederum neben Rhetoren und Wanderpredigern aller Art das öffentliche Leben in Athen in einen wahren Denktaumel versetzten. Heute sprechen manche Kulturhistoriker vom »griechischen Wunder«, und das ist sicher nicht übertrieben. Als Philosoph, auch wenn man sich nur so nannte, war man in jenen Jahren, vielleicht neben den Politikern und Militärs, so berühmt und populär wie heute die Filmstars. Jacob Burckhardt hat das sicher richtig eingeschätzt, wenn er schreibt: »Nie mehr hat sich die freie Beschäftigung mit geistigen Dingen, amtlos, ohne obligate Berührung mit Staat und Religion, ohne offizielle Schule, ein solches Ansehen von Macht geben können; ihr Auftreten allein schon ist welthistorisch, mit lauter unmittelbarem, persönlichem, bei Lebzeiten der Philosophen fast gar nicht durch Bücher vermitteltem Wirken. Eine abnorme spekulative Begabung der Nation tut sich hier kund, und eine neue Potenz tritt im griechischen Leben auf ... Bedenken wir zu diesem allem noch die konkurrierende Vielheit der Philosophen und ihrer Lehren, den beständigen agon (Wettkampf), der zwischen ihnen stand, ... so werden wir es verstehen, daß, zum Glück für die freie Persönlichkeit, kein Philosoph seine Meinung den übrigen auferlegen konnte, sondern daß alle nebeneinander bestanden.«

Entscheidend dafür war allerdings auch, daß, wie Burckhardt bemerkt, »kein Klerus in der Art der ägyptischen Priester, der Magier und Chaldäer« bestand, der diese Vielfalt unter Berufung auf eine einzige wahre Glaubenslehre hätte dominieren oder unterdrücken können. Aber auch der Staat ließ diese ganze Meinungsvielfalt, alle diese Schulen und Weisheitslehrer gewähren, von einigen Ausnahmen abgesehen, von denen die schlimmste der Fall des Sokrates war. Das Bestechende jedoch und mit unseren Verhältnissen ganz Unvergleichbare war die Art und Weise, waren die äußeren Umstände, wie hier in und um Athen gelehrt und diskutiert wurde. Das geschah in den Stoen, den Säulenhallen, den Periboloi, den Umfriedungen der Tempel, den Gymnasien, aber vor allem auch auf den Märkten, in den Gassen, in den Hainen, den Gärten und den Villen vermögender Weiser oder deren Freunden. Diskutiert und philosophiert wurde also gleichsam überall und im Gehen und Stehen und Liegen, bei den Gastmählern und Gelagen nämlich.

Man müßte sich unseren heutigen akademischen Lehrbetrieb ausgelagert aus den Mauern der Universitäten und transplantiert mitten ins städtische Leben oder in die ländliche Umgebung denken, um eine Vorstellung vom damaligen »Unterrichtsbetrieb« zu bekommen. Einen Reflex des freien athenischen Lehr- und Disputiergebarens vermittelt vielleicht noch der Campus amerikanischer, insbesondere kalifornischer Universitäten. Natürlich ist es hier wie da das günstige Klima, das ein derartiges Freiluft-Philosophieren allererst ermöglicht.

Ohne Zweifel waren es die Sophisten, die das neue Lebensgefühl und den neuen Stil eines selbstbewußten, provozierenden Denkens initiiert hatten. Was sie den Leuten beibringen wollten, war in erster Linie Bildung, areté, Tüchtigkeit und Fähigkeit, namentlich in Sachen der Politik und Rechtssprechung. Und offenbar waren sie die ersten, die sich ihre Erziehungskünste bezahlen ließen. Das wird ihnen, seltsamerweise, bis heute verübelt.

Platon, der sich damals noch gegen die Schule eines gewissen Isokrates durchsetzen mußte – der war Schüler von Gorgias und dessen Schüler Prodikos –, hat sich über das erkleckliche Einkommen der Sophisten bei jeder Gelegenheit so erregt, daß ihn seine oder des Sokrates bewährte Ironie da gänzlich im Stich ließ. Im Dialog ›Hippias der Größere‹ hören wir zu diesem Thema das folgende: »Sokrates: ... Da ist doch jener Gorgias, der Sophist aus Leontinoi, hierher gekommen als Gesandter in öffentlichen Angelegenheiten ... und wußte sich nun nicht nur dadurch, daß er vor dem Volke aufs trefflichste redete, Geltung zu verschaffen; sondern indem er insbesondere Vorträge hielt und den jungen Leuten Unterricht erteilte, hat er sich auch noch große Summen verdient und aus dieser Stadt mitgenommen. Auch unser Freund, dieser Prodikos, wenn du willst..., verdiente auch durch die besonderen Vorträge, mit denen er sich hören ließ, und durch den Unterricht, den er den jungen Leuten erteilte, zum Verwundern große Summen..., von jenen beiden aber hat jeder sich durch seine Weisheit mehr Geld gemacht als irgendein Meister in welcher Kunst auch immer; und so noch früher als jener Protagoras. Hippias: Und dabei weißt du, Sokrates, noch nicht das Schönste dabei. Denn wenn du wüßtest, wieviel Geld ich mir verdient habe, da würdest du dich erst wundern ... Als ich einst nach Sizilien kam, gerade als sich Protagoras dort aufhielt, und großes Lob erntete..., habe ich, obgleich ich viel jünger war, mir in kurzer Zeit weit mehr als hundertfünfzig Minen verdient, sogar in einem einzigen, ganz kleinen Ort... mehr als zwanzig Minen..., und fast glaube ich, daß ich mir größere Summen verdient habe als sonst irgendwelche zwei Sophisten, welche du auch willst, zusammengenommen.«

Die Art, wie der Platonische Sokrates hier den Sophisten Hippias auflaufen läßt, ist bezeichnend für Platons Entrüstung über das große Geld, das die Stars unter den Sophisten machten. Von Gorgias heißt es übrigens, er hätte hernach nur mehr purpurne Gewänder getragen. Die wohlhabenden jungen Männer, die es in die Politik zog, konnten sich die hohen Honorare der Sophisten durchaus leisten, und sie waren bereit zu zahlen, wenn sie dadurch schlagfertiger, überzeugender im Debattieren wurden, und darauf kam es ja auch damals schon an in der Politik. Die sophistische Profitgier war dem Platon zuwider. Freilich hatte er, wie auch sein vermögender, meist adeliger Anhang, dergleichen nicht nötig. Er stammte aus reicher, prominentester Familie. Und Sokrates konnte auf derartige Einnahmen verzichten, einmal, weil er wirklich äußerst genügsam war, zum anderen, weil ihn seine wohlhabenden Freunde zweifellos unterstützten.

Die meisten Sophisten hingegen mußten notgedrungen aus ihren Weisheiten Kapital schlagen. Sie kamen vielfach aus kleineren Städten des griechischen Imperiums und waren in der Regel von Hause aus nicht vermögend. Protagoras beispielsweise soll in Abdera Hafenarbeiter gewesen sein, nach anderen Quellen Holzbündelträger; und von Hippias wird berichtet, daß er sich Schuhe und Kleider selbst anfertigte. Das tat er, in seinen früheren Jahren, sicher nicht nur deshalb, weil er kühn von sich behauptete, er könne und wisse alles.

Die moralische Entrüstung Platons über die Sophisten, die sich bezahlen ließen, ist leicht begreiflich. Geistige Güter und namentlich die Erziehung junger Menschen zur Tugend können nicht durch Geld aufgewogen werden. Das widersprach den moralischen Prinzipien, die man lehrend vermitteln wollte. Das Verdikt Platons – wie seine generelle Verurteilung der Sophisten – gilt selbst uns noch als zu Recht. Das ist um so erstaunlicher, als in unseren Zeiten jeglicher Unterricht selbstverständlich zu bezahlen ist, und sei es auf dem Umweg über Steuern.

Aber natürlich waren es andere, gravierendere Dinge, die Sokrates und später Platon in die Auseinandersetzung mit den Sophisten trieben. Es war eben die Philosophie oder auch Pseudophilosophie der Sophisten, die Platon in allen seinen Schriften bekämpfte. Für den historischen Sokrates war das sicher eine Angelegenheit reiner philosophischer Wahrheitsfindung; und selbstverständlich ging es auch Platon um die Wahrheit. Aber daneben darf man auch nicht übersehen, daß hier ein Konkurrenzkampf der Schulen nicht zuletzt um öffentliches Ansehen stattfand. Vieles, vielleicht sogar das meiste, was wir von den Lehren und Thesen der Sophisten wissen, ist uns durch Platons Schriften, die glücklicherweise erhalten sind, übermittelt. Man darf also, wenn man die Platonischen Porträts der Sophisten studiert, nie aus dem Auge verlieren, daß sie von ihrem ausgemachten Gegner gezeichnet sind. Und das ist ein schweres Handicap für ein gerechtes Urteil über die Sophisten. Wären deren Schriften im nämlichen Umfang wie die Platons erhalten geblieben – die Geschichte der Philosophie wäre womöglich in anderen Bahnen verlaufen.

Denn allmählich, und aufgrund neuester Forschungen, beginnt man die Rolle der Sophisten in der athenischen Demokratie anders, positiver, zu sehen als noch vor wenigen Jahrzehnten. Jetzt werden die Sophisten zu Aufklärern aufgewertet, zu beständigen Kritikern des seinerzeitigen politischen und gesellschaftlichen Status quo oder gar zu Revolutionären auf dem Wege zu einer mündigen Gesellschaft. Das heißt, die Funktion der Sophisten als Schrittmacher gesellschaftlichen Fortschritts gilt nun als gesichert. Solche extremen Pendelschläge in der Deutung geistesgeschichtlicher Bewegungen sind wir seit einigen Jahrzehnten nachgerade gewohnt. Aber da diese interpretatorischen Pendelschläge extrem sind, muß man sich hüten, sie ungeprüft zu akzeptieren. Einige Rehabilitierungsversuche scheinen den Sophisten jene Rolle zuschreiben zu wollen, die unsere Intellektuellen in den USA und in Europa Ende der sechziger und Anfang der siebziger Jahre zu übernehmen gedachten, nämlich die Funktion eines Stoßtrupps im Namen einer heraufzuführenden totalen Demokratie. Alle Normen, alle Verfassungen und Satzungen, alle Werte und Traditionen wurden in jenen Jahren unseres Jahrhunderts von bestimmten Intellektuellen in Frage gestellt, kritisch durchgemustert und anderen Wertsetzungen und Normen konfrontiert.

Das war es, was mit Beginn der zweiten Hälfte des fünften Jahrhunderts auch die Sophisten taten. Aber man darf bei diesem wahrscheinlich gewagten Vergleich nicht übersehen, daß die »Kulturrevolution« unserer Tage im Zeichen einer althergebrachten ideologischen Doktrin stand. Der durch die Sophisten bewirkte Umschwung hingegen war in der Tat etwas Neues, das sich nicht auf ältere Lehren berufen konnte. Im Gegenteil, die Sophistik bedeutete weitgehend den Bruch mit der vorsokratischen, naturphilosophischen Tradition der Ionier. Der frühere Blick in die Außenwelt, in den Kosmos, wurde unvermittelt auf das Ich gerichtet, das sich bis dahin mit Spekulationen über die Natur begnügt hatte. Jetzt trat der Mensch selbst – wie wir es schon bei Sokrates feststellten – ins Zentrum der Überlegungen. Reflexionsbewegungen auf das Bewußtsein, das Erkenntnisvermögen, die Sprache sowie das Verhältnis von Individuum und Allgemeinheit setzten ein.

Eine allzeit beliebte Form der Erklärung solcher Umschwünge oder solchen Umdenkens ist in der Regel der Hinweis auf politisch-gesellschaftliche Wandlungen, die als Auslöser und Movens neuer Philosophien deklariert werden. Die Versuche zur Lösung ganz neuer Problemstellungen sowie das Auftauchen solcher Problemstellungen werden dabei pauschal auf rein gesellschaftliche Einflüsse zurückgeführt. Alle philosophischen Problemlösungsversuche scheinen nur mehr im Rahmen politischer Umschwünge oder Reformbewegungen eine Bedeutung zu finden. Wenn man in einer neueren Untersuchung liest, daß sich die Stadt Abdera »durch einen prominenten Gesandten vertreten ließ: den Hafenarbeiter und Philosophen Protagoras«, oder wenn man weiter liest, daß durch die sophistische Aufklärung »die Jünglinge von der affirmativen Beziehung zu den Verhältnissen in ihren Heimatstädten, von der naturwüchsigen Beziehung zu ihren Verwandten und Mitbürgern, von dem naturwüchsigen Verhältnis von Alten und Jungen entfremdet« werden, daß »sie lernen, neue Einstellungen, Haltungen, Verhaltensweisen an die Stelle der alten Bräuche und Sitten zu setzen«, daß sie schließlich »lernen, täglich besser zu werden in der Wohlberatenheit in eigenen wie öffentlichen Angelegenheiten« und daß »aus Furcht vor (der) Reaktion ... die alten Sophisten sich nicht zu ihrer Absicht, eine Umwandlung zu bewirken, bekannt« hätten – dann muß man glauben, die Sophisten seien eine Art rein politischer Kadergruppe mit festgeschriebenem theoretischem Programm gewesen, mit der »Basis«, der Masse der Bevölkerung auf ihrer Seite. Zwar verfolgten die Sophisten durchaus gesellschaftlich-politische Ziele – sie vertraten zum Beispiel, wenn auch vielleicht recht unreflektiert, die Idee der Gleichheit, sie wandten sich gegen die Sklaverei und wollten ja ihre Hörer geschickter für politische oder juristische Debatten machen –, aber sie produzierten sich doch auch als Künstler und Weise auf allen möglichen Gebieten, die nichts mit Politik zu tun hatten, und hier prostituierten sie sich oftmals als reine Provokateure, die durch ausgefallene Fangfragen und gewagte Thesen ihre Zuhörer verblüfften und verwirrten.

Die gesellschaftsgenetische Erklärung der Sophistik – nach dem Muster: Reflexion aufs Subjekt als Folge politisch-kolonialer Expansion oder auch gesellschaftlicher Spannungen – hat meist etwas Gezwungenes, Modisches, etwas allzu Plausibles und Oberflächliches. Sie gilt in einem begrenzten Maße; mindestens ebensoviel zählt das einfache Faktum, daß sich philosophische Interessen wandeln, daß alle möglichen Zufälligkeiten, die oft aus rein philosophischer Problematik resultieren, den Blick in eine andere Richtung lenken und daß eine solche Richtungsänderung dann einfach »ankommt«.

Und der Eindruck, den manche neuere Arbeiten entstehen lassen, daß die Sophisten für die Massen gewirkt und die Massen den Sophisten akklamiert hätten, ist irreführend. »Eine solche Deutung«, daß nämlich die aufklärerischen Thesen der Sophisten unmittelbarer Ausfluß der Denkweise aufstrebender Unterschichten gewesen seien, »geht an der Tatsache vorbei, daß die latente Opposition gegen die Sophistik und ihre ... Ausstrahlung mindestens ebensosehr von ›unten‹ kam und daß sich die Gönner und Kunden dieser berufsmäßigen Wanderlehrer vor allem aus Kreisen des Adels und des gehobenen Bürgertums rekrutierten. Auch sollte die Tatsache, daß einige Sophisten liberale und im modernen Sinne des Wortes ›demokratische‹ Ideale progagierten ... nicht zu der Vorstellung verführen, daß die Sophistik im damaligen Athen einfach als prodemokratische Kraft wirkte. Dies war nicht der Fall«, so heißt es in einer der jüngsten Untersuchungen. Daß die Sophisten eine Stütze in der »Arbeiterklasse« hatten, ist ausgeschlossen. In den Persiflagen des Aristophanes werden sie offenkundig »im Namen des Volkes« als Spinner und Wortverdreher auf die Bühne gebracht. Insbesondere die einfachen Leute mußten sich ja über die logischen Tricks, die Spielereien mit sprachlichen Zweideutigkeiten, die Wortverdrehungen und Spitzfindigkeiten ärgern, mit denen gerade die mittelmäßigen Sophisten sich als unschlagbare Weise vor ihnen aufspielten.

Was zum Beispiel sollten sich »Normalbürger« dabei denken, wenn Gorgias erklärte, alles, was man behaupte, sei von vornherein falsch. »Der Hund ist ein Säugetier«, so etwas, zeigte Gorgias, sei ein in sich widersprüchlicher Satz, denn darin würde der Hund ein anderer als er selbst. Man könne von etwas nur dieses selbst aussagen: Der Hund ist ein Hund. Und einige Sophisten genierten sich auch nicht, ihren Zuhörern reine Puzzlefragen zu stellen, wie »welches Korn macht den Haufen?«, um dann zu demonstrieren, daß es unmöglich sei, aus einzelnen kleinen Teilchen ein zusammenhängendes Ganzes herzustellen.

Seien es auch nur Anekdoten, so bleibt doch immer der Verdacht, daß man sie nicht von ungefähr bestimmten sophistischen Redekünstlern anhängte. Natürlich läßt sich selbst noch hinter sprachlichen Mätzchen oder Vexierfragen ein ernsthafterer philosophischer Kern ausmachen, der bei den Sophisten darin bestand, überkommene, scheinbare Gewißheiten und Wahrheiten in Frage zu stellen, die vermeintlich Wissenden, ganz wie Sokrates, zu verunsichern. Sie wollten ja vorgeblich, wie gute Ärzte, die Leute »bessern«, sie in die Lage versetzen, gleich ihnen selbst, über alles kompetent mitsprechen zu können.

Es war in der attischen Demokratie Brauch geworden, daß jeder im Rat oder in der Volksversammlung ein Amt übernehmen und damit politische Entscheidungen treffen konnte, ja mußte. Mit der Entmachtung des sogenannten Archontats, einer neunköpfigen Ratsversammlung, und der Einführung des Loses war eine für uns kaum mehr vorstellbare Form totaler Demokratie installiert worden. Das Volk übte unmittelbar die Gewalt aus und repräsentierte sich selbst in der ekklesia, der Volksversammlung. Es herrschte Redefreiheit. Eine Art geschäftsführender Ausschuß dieser Volksversammlung war der Rat der Fünfhundert, die boulé. Auch dessen Mitglieder wurden durch das Los gewählt. Damit auch jeder Bürger im Namen der isonomia, der Gleichheit aller freien attischen Bürger, an den Staatsämtern teilhaben konnte, also auch die Handwerker und Arbeiter, die »Berufstätigen«, verfügte Perikles 461 eine Besoldung der öffentlichen Ämter, so daß schließlich auch die berufstätigen Besucher von Volksversammlungen – wie auch von Theateraufführungen – einen ausgleichenden Lohn aus der Staatskasse erhielten. Es gab, wenn man so will, eine höchst direkte, plebiszitäre Demokratie und eine gänzliche Politisierung der Massen, die übrigens im Attika der Perikleischen Zeit etwa dreihunderttausend Menschen ausmachten, in Athen allein zwischen neunzig- und hunderttausend (wie gesagt: diese Angaben differieren erheblich bei den Historikern). Durch das Losverfahren kam also jeder freie Bürger irgendwann einmal mit politischen Geschäften in Berührung.

Was das bedeutete, macht etwa die folgende Schilderung des Historikers Alfred Heuss anschaulich: »Wenn man in der Stadt Athen oder im Piräus spazierenging, dann war es schwierig, unter den vielen einfachen Bürgern jemanden ausfindig zu machen, der nicht gerade einem öffentlichen Geschäft nachging oder dessen Gesichtskreis nicht mit solchen Dingen ausgefüllt gewesen wäre, auch wenn er im Moment damit nicht befaßt war. Daß er sich auf dem Wege zur Volksversammlung befand oder eine öffentliche Ansprache anhörte, war beinahe noch das wenigste. Aber schon die Wahrnehmung des Richtergeschäftes hielt jährlich eine Schar von sechstausend Leuten in Gang. Wir sehen, wie sie in den ›Wespen‹ des Aristophanes am frühen Morgen, noch in der Dämmerung, sich mit ihrem Lämpchen auf den Weg zum Gerichtslokal machten. Wer nicht zu ihren Scharen gehörte, hatte bestimmt in den unzähligen anderen Ämtern etwas zu tun ... Der Eindruck, die männliche Bürgerschaft Athens sei ein Volk von Politikern und Funktionären, wäre also nicht unberechtigt gewesen.«

Diese totale Mitbestimmung aller – aller Freien, nicht natürlich der Sklaven und auch nicht der Frauen – über alles in der attischen Demokratie zu Zeiten des Perikles wurde freilich nicht von jedem gutgeheißen, und diejenigen, die sie kritisierten, waren deshalb nicht ohne weiteres Sympathisanten einer Oligarchie oder gar Tyrannei. Auch die Sophisten, die im Prinzip mit dieser Art von Mitbestimmung einverstanden waren, und die übrigens, wie namentlich Protagoras, das faktisch bestehende Recht auch als geltendes Recht anerkannten, sahen insofern einen Mangel an dieser Demokratie, als man die Teilnehmer daran noch »zu bessern« hätte, als man ihnen eben größere Fertigkeiten in der politiké téchne, der Kunst der Politik, beizubringen habe; und zwar nicht nur durch Redegewandtheit, sondern auch durch tiefere Einsichten in die Begründung von Rechtsnormen.

Sokrates und die Sokratiker hielten solche Vorstellungen offenbar für utopisch und absurd. In diesen Kreisen setzte man ja immer auf die Kompetenz einzelner für gewisse Tätigkeiten, und das politische Geschäft schien ihnen viel zu wichtig, als daß jedweder ohne politische Begabung und Kenntnis daran teilhaben könnte. Für Sokrates war politische Tätigkeit untrennbar mit den Fragen der Sittlichkeit und Tugend verbunden, von denen, wie er meinte, so leicht keiner etwas zu lehren wüßte, auf jeden Fall nicht die Sophisten. So hält er, im Gespräch mit Protagoras, den Ambitionen der Sophisten das folgende entgegen: »Ich halte nämlich... die Athener für gescheite Leute, und nun sehe ich, daß sie, wenn wir zur Volksversammlung zusammentreten und der Staat dann im Bauwesen etwas auszuführen hat, die Bauverständigen als Ratgeber hinzuziehen, und wenn im Schiffsbauwesen, die Schiffsbaumeister, und ebenso in allen anderen Dingen, die sie für lehr- und lernbar halten..., mit allen Dingen also, welche nach ihrer Meinung Sache der Kunst sind, verfahren sie in dieser Weise. Wenn es sich dagegen darum handelt, über die Staatsverwaltung Beschlüsse zu fassen, dann tritt auf und erteilt ihnen darüber seinen Rat in gleicher Weise der Zimmermann und der Schmied, Schuster, Kaufmann und Schiffsreeder, Reich und Arm, Vornehme und Geringe, und niemand macht ihnen dann dies zum Vorwurfe..., daß er (ein solcher Laie), ohne dies irgendwoher gelernt oder irgendeinen Lehrmeister hierin gehabt zu haben, dennoch hierüber Rat zu erteilen sich unterfängt, offenbar doch, weil alle dafürhalten, daß dies kein Gegenstand des Lernens und Lehrens ist.«

Protagoras entgegnet dem Sokrates darauf zunächst mit der Erzählung eines Mythos, wonach Zeus entschieden habe, daß anders als die anderen Kunstfertigkeiten Gerechtigkeit und Scham unter alle Menschen gleich verteilt werden sollen. Danach gibt er noch zwei rationale Begründungen, die darauf hinauslaufen, daß die athenischen Mitbürger durchaus die Tugend für etwas halten, was gelehrt und erworben werden könne, und daß folglich jeder mit Recht an der »bürgerlichen Tüchtigkeit« teilhabe, wenn überhaupt Staaten bestehen sollen. Die Ironie dieses Disputes liegt darin, daß Sokrates anfangs von der These ausgeht, Tugend sei nicht lehrbar, daß er sich also nach bewährter Weise verstellt, denn daß sie lehrbar sei, war ja geradezu seine fixe Idee. Sokrates will auf diese Weise, indem er nämlich den Protagoras die Lehrbarkeit der Tugend verfechten läßt, diesem schließlich zu verstehen geben, daß er, wie alle anderen, nicht einmal einen Schimmer davon haben kann, was Tugend ist, daß er aber gleichwohl unbekümmert, wie alle diese Sophisten, herumläuft und junge Leute in Tugend und bürgerlicher Tüchtigkeit unterrichten will.

Sokrates, wie wir schon sahen, trat als Aufklärer auf den Plan, er »zersetzte« Scheinwissen und überkommene, nachgeplapperte Auffassungen. Alles das taten nun eigentlich auch die Sophisten, nur wurde ihre Autorität, ihre »Lehramtsberechtigung«, von Sokrates und später von Platon – und auch von Aristoteles – entschieden in Frage gestellt. Es war nicht bloß Äußerliches, etwa die rhetorischen Maschen und Tricks, die sie an den Sophisten abstießen, es waren doch auch schwerwiegende sachliche Gründe, die sie in Opposition zu den sophistischen Wanderlehrern brachten. Allem Anschein nach predigten die Sophisten einen ethischen Relativismus; Sokrates und Platon hingegen standen für eine Art ethischen Absolutismus. Und die Sophisten hielten offenbar nur das Phänomenale, das, was man durch Wahrnehmung vor sich sah, was »Hand und Fuß« hatte, für wirklich; Sokrates dagegen blieb bei der Faktizität bloß sinnlicher Erscheinungen nicht stehen, und Platon setzte sogar hinter dieser Welt der Erscheinungen die »wirkliche Wirklichkeit« als Welt der Ideen fest.

Das Maß, das man gleichsam an die sophistischen Theorien selbst anzulegen hat, ist der berühmte oder berüchtigte homomensura-Satz des Großmeisters der damals in Mode gekommenen Eristik, der Streitkunst, Protagoras. Dieser Satz besagt, daß der Mensch das Maß aller Dinge ist. Vielleicht entsprach das dem damaligen, neuen griechischen Selbstbewußtsein, aber nach einem Jahrhundert, in dem ausschließlich die Natur zum Gegenstand und Mittelpunkt der Betrachtung gesetzt worden war, und angesichts des immer noch lebendigen Götterglaubens mußte ein solcher Satz in den Ohren der griechischen Bürger verwegen und umstürzlerisch klingen, so wie er heute noch für viele Christen frevelhaft klingt. Übrigens erklärte Protagoras in seiner Schrift ›Über die Götter‹ wörtlich: »Über die Götter vermag ich nichts zu wissen, weder, daß sie sind noch daß sie nicht sind, noch wie sie an Gestalt sind. Denn vieles gibt es, was mich daran hindert, die Nichtwahrnehmbarkeit und die Kürze des Lebens.« Es heißt zwar, Protagoras sei deswegen der Asebie, der Gottlosigkeit, angeklagt worden, aber das läßt sich nicht hinreichend bestätigen.

Des Protagoras' anstößiger Satz nun vom Menschen als Maß aller Dinge lautet wörtlich und komplett so: »Der Mensch ist das Maß aller Dinge, dessen, was ist, daß (wie) es ist, dessen, was nicht ist, daß (wie) es nicht ist.« Die bis auf den heutigen Tag andauernden Schwierigkeiten, diesen Satz auszuloten, liegen vor allem in einem einzigen Wörtchen, nämlich dem »daß« in den Satzteilen »daß es ist« und »daß es nicht ist«. »Daß«, im Griechischen »hos«, bedeutet dort nämlich auch »wie«. Übersetzt man »hos« mit »daß«, dann hätte Protagoras ein Urteil über die reine Existenz oder Nichtexistenz der Dinge gemacht: »daß es ist« beziehungsweise »daß es nicht ist«. Der Mensch wäre zum Richter über das Sein oder Nichtsein der Dinge erhoben. Das wäre dann eine Art radikaler Subjektivismus, wie ihn mehr als ein Jahrtausend später der Bischof Berkeley mit der Formel »esse est percipi«, »Sein ist Wahrgenommenwerden«, festgelegt hat; wenn und solange etwas nicht von einem Subjekt wahrgenommen wird, existiert es auch nicht. Aber war Protagoras ein solch subjektiver Idealist?

Übersetzt man nun das Wörtchen »hos« mit »wie«, dann hieße der letzte Satzteil »... dessen, was nicht ist, wie es nicht ist«. Aber würde sich Protagoras dahin verstiegen haben, von Dingen, die nicht sind, zu sagen, wie sie sind?

In einem dritten Interpretationsversuch ließe sich das Wörtchen »hos« in beiderlei Bedeutung verstehen, also sowohl als »daß« wie auch als »wie«. Dann, so hat man geschlossen, brauchte man den Begriff »Dinge« nicht unbedingt als »einzelne konkrete Dinge« aufzufassen, sondern etwa als Sachverhalt, als Tatsache. Doch dergleichen sprachphilosophische Unterscheidungen haben wohl die Sophisten, bei all ihrer Finesse im Umgang mit der Sprache, doch noch nicht gemacht.

Man muß sich wieder darauf konzentrieren, daß Protagoras vom Menschen ausging, von dessen Wahrnehmung, von dem, was ihm erscheint. Zu bedenken wäre bestenfalls noch, ob Protagoras nicht mit »der Mensch« die Gattung Mensch statt des individuellen Menschen gemeint haben könnte. Damit geriete man in die Nähe des Kantschen Transzendentalismus, wonach wir die Dinge immer nur in unserer angeborenen Anschauungsweise erkennen können und sie uns nur in dieser

Weise erscheinen, so daß wir eben deshalb »das Maß« der Dinge sind.

Aber alles spricht dafür, daß Protagoras den einzelnen Menschen meinte und daß die Dinge das sind und so sind – oder nicht sind –, wie sie den einzelnen Menschen erscheinen; Qualitäten an sich hätten sie keine. Müssen folglich den Dingen zahlreiche, ja alle möglichen Qualitäten zugeschrieben werden – denn alle möglichen können ja von den verschiedensten Menschen daran wahrgenommen werden –, dann müssen auch die entgegengesetztesten Qualitäten irgendwie an ihnen wirklich sein. Aber verletzt man mit dieser Annahme nicht den Satz des Widerspruchs, wonach kontradiktorisch einander entgegengesetzte Urteile nicht beide zugleich wahr sein können? Doch sagt denn der Protagoreische Satz, daß jede Qualität an den Dingen, oder, vom Menschen aus gesehen, jedes, was ihm erscheint, wahr ist? Nämlich ein und demselben Menschen zur gleichen Zeit? Oder besagt der Satz nicht vielmehr, dem einen Menschen erscheint dasselbe Ding so, dem anderen aber so? Immer noch müssen demnach alle Qualitäten bestehen und alle Wahrnehmungen oder Erscheinungen wahr sein, und die landläufige Ansicht, es gebe eine absolute Wahrheit und der eine Mensch wüßte sie, hätte recht, der andere wüßte sie nicht, hätte nicht recht, wäre ein großer Irrtum. Es gibt demnach sozusagen so viele Wahrheiten, wie es Menschen gibt, nur wissen die einen es etwas besser, die anderen weniger gut. Aber der weise sophistische Hexenmeister bringt, wie ein guter Arzt, den weniger Wissenden bei, wie sie zu »Besserwissern« werden, wie man die schwächere zur stärkeren Sache macht, zumindest – so raunten die Gegner der Sophisten – dem Schein nach.

Aber was heißt, für Protagoras, »besser« oder »schlechter« oder auch »schöner« oder »gerechter«? Wenn alle Wahrnehmungen oder Erscheinungen gleich wahr sind, können dann, etwa im moralischen oder ästhetischen Bereich, einige Einsichten des vom sophistischen »Doktor« in Kur genommenen »Patienten« wirklich besser oder gerechter oder schöner sein? Oder auch nur so scheinen? Offenbar mußte hier Protagoras eine Ausnahme von seiner Regel, dem homo-mensura-Satz, machen. Und da nagelten ihn denn auch seine Gegner fest, namentlich der – Platonische – Sokrates.

Mehrfach in Platons Schrift ›Theaitetos‹ kehrt Sokrates – in einer sogenannten peritrope, einer Umwendung – die Argumente des Protagoras und seinen berühmten Satz gegen ihn selbst. Den hatte nämlich Protagoras zuvor auf eine ganze Menschengruppe ausgedehnt, indem er behauptete, was einer Stadt rechtens erschiene, sei auch Recht, solange es der Stadt so schiene. Sokrates, im Gespräch mit dem gleichaltrigen Protagoras-Freund und Lehrer des Theaitet, Theodoros, dreht die Sache nun so um:

»Sokrates: Wie ist es aber mit dem Protagoras selbst? Wird er nicht gestehen müssen, daß, wenn er selbst nicht glaubte, der Mensch sei das Maß aller Dinge, noch auch die Leute, die es ja auch wirklich nicht glauben – daß dann diese ›Wahrheit‹ für niemanden wäre, die er geschrieben hat? Und wenn er es glaubt, die Leute es aber nicht mit ihm glauben, so weißt du doch zuerst, daß sie dann um so mehr nicht ist als ist, je mehrere nicht so vorstellen, statt so vorstellen?

Theodoros: Allerdings, da sie ja gemäß den einzelnen Vorstellungen auch sein wird und nicht sein wird.

Sokrates: Danach ist doch dies das Schönste bei der Sache: Er gibt gewissermaßen zu, daß die Meinung der entgegengesetzt Vorstellenden über seine Meinung, wonach sie dafür halten, er irre, wahr ist; indem er doch behauptet, daß alle vorstellen, was ist.

Theodoros: Allerdings.

Sokrates: So gäbe er also zu, daß seine eigene falsch ist, wenn er eingesteht, daß die Meinung derer wahr ist, die behaupten, er irre?

Theodoros: Notwendig.

Sokrates: Die anderen aber geben von sich nicht zu, daß sie irren?

Theodoros: Ganz und gar nicht.

Sokrates: Von allen also, beim Protagoras angefangen, wird bestritten werden, oder vielmehr von ihm doch zugestanden, wenn er dem, der das Gegenteil von ihm behauptet, zugibt, der stelle richtig vor – dann muß auch Protagoras selbst einräumen, daß weder ein Hund noch auch der erste beste Mensch das Maß ist auch nicht für eine Sache, die er nicht erlernt hat. Ist das nicht so?

Theodoros: So ist es.

Sokrates: Wenn das also von allen bestritten wird, so wäre sie ja für niemanden wahr, die ›Wahrheit‹ des Protagoras, weder für irgendeinen anderen noch auch für ihn selbst.«

Der Beweisgang des Sokrates ist also, abgekürzt, der folgende: Protagoras lehrt, daß das, was einem Menschen wahr zu sein scheint, für den, dem es so scheint, auch wahr ist. Damit sagt Protagoras, daß alle diejenigen, die die Lehre des Protagoras für falsch halten (denen sie als falsch erscheint), das Wahre meinen.

Die relativistischen Thesen, beispielsweise des Protagoras, versetzten die Denker und Diagnostiker der damaligen Zeit, wie wir sahen, in große Aufregung – so wie der Relativismus allzeit beunruhigend wirkt, wie ein Erdrutsch. Man möchte am liebsten sofort gegen ihn einschreiten, bevor er sich auszubreiten beginnt. Doch tatsächlich haben wir uns heute in vielen geistigen Zonen mit dem Relativismus eingerichtet. Einen absoluten Zeitbegriff hat uns beispielsweise die Relativitätstheorie ausgeredet, und ob es noch einen Sinn macht, von einer absoluten Wahrheit zu sprechen, ziehen die Philosophen heutzutage in Zweifel, wenn sie auch die Rede von einem Wahrheitsrelativismus vermeiden. Und in den jüngsten Elaboraten der modernen Kunst oder den Geräuschskalen der neuen Musik glaubt wohl kaum jemand mehr generell und objektiv geltende Maßstäbe für den Betrachter oder Hörer ausmachen zu können. Mehr denn je bleibt alles den diversen Geschmäckern überlassen, über die man zwar durchaus streiten kann, doch nur bis zu jener Grenze, wo der Relativismus endgültig Schranken setzt. Auch in der Ethik oder Moral hofft wohl keiner mehr, global verbindliche Normen begründen zu können – in einer Zeit planetarischer Expansion, in der durch die Raumfahrt Begriffe wie »oben« und »unten« ihren genau angebbaren Sinn verloren haben.

In einem weniger weltweiten Maßstab, aber nicht geringer spürbar, wurde der Relativismus der Sophisten, der die antike Welt erschütterte, zweifellos durch den Imperialismus Griechenlands, durch die Erfahrungen, die man als Weltmacht in der Einflußsphäre rund um die Ägais und im Westen über Sizilien bis nach Südfrankreich machte: daß es nämlich vielerlei Völker, vielerlei Menschen mit den unterschiedlichsten Lebensarten und Gebräuchen und oftmals einander widersprechenden sittlichen Anschauungen gab, mochten auch die meisten Nichtgriechen, »Barbaren«, sein. Schon im Brennpunkt von Hellas, in Athen, trafen ja zu jener Zeit die verschiedenartigsten Menschen mit den ausgefallensten Ansichten täglich aufeinander. Und wenn es ums Denken ging, welche Schulmeinung, welche Theorie oder welche These unter so vielen aufeinanderprallenden sollte da etwa die gültigste sein? Für alles gab es, so fanden wenigstens die Sophisten und andere auch, ein Pro und Contra, für jedes zwei entgegengesetzte Meinungen, logoi, zweifache Argumente, dissoi logoi. In der Realität des Intellektuellen-Babel Athen gab es noch viel mehr Disparates. Selbst unter den Sophisten bestanden noch genügend Meinungsverschiedenheiten; sie bildeten ja, wie schon erwähnt, keine geschlossene Schule mit einem festgeschriebenen Meinungskanon.

Alle diese Individuen, Gruppen, Schulen oder auch Klüngel mit ihren gediegenen, ernstzunehmenden oder auch marktschreierischen, effekthaschenden Parolen oder Lehren lebten in ständigem, manchmal fairem, manchmal auch verleumderischem Wettstreit nebeneinander und miteinander, alle gleichsam relativ zur gesuchten Wahrheit. Jedes ihrer Schulhäupter, jeder ihrer Mentoren war seine eigene Mitte. Und obwohl da ketzerische, gefährliche neue Dogmen und Doktrinen ausprobiert wurden, obwohl so viel antiautoritäres Denken hätte beunruhigend wirken können, mischte sich der Staat selten ein. Er maßte es sich vor allem nicht an, etwa eine dieser zahlreichen Schulmeinungen zur Staatsphilosophie zu erheben – wie wir es von modernen, sei es »christlichen«, sei es sozialistischen Staaten kennen – oder gar unbequeme Meinungen gänzlich zu unterdrücken. Man konnte sich freilich, wenn man in religiösen Belangen zu freizügig redete, leicht einen Asebie-Prozeß einhandeln; und das Sykophantentum, das Denunziantentum als Schattenseite der demokratischen Gleichheit, trieb häßliche Blüten. Aber im großen und ganzen war die Staatsmacht ihren Intellektuellen gegenüber erstaunlich liberal.

Bedrohliche Folgerungen, zersetzende Wucherungen gewisser sophistischer Spitzfindigkeiten waren für die Außenstehenden, etwa die laienhaften Volksversammlungsmitglieder, ja auch kaum voraussehbar. Wenn beispielsweise dieser Gorgias in einer Schrift mit dem Titel ›Über die Natur‹ schlankweg erklärte, »nichts sei«, aber wenn etwas existiere, dann könne man es nicht erkennen, und selbst wenn man es erkennen könne, ließe es sich anderen nicht mitteilen – wen sollten solche skeptischen oder nihilistischen Späßchen erschrecken? Waren das nicht bloß Fingerübungen, intellektuelle Turnübungen und, wie wir heute sagen würden, braintwisters übermütiger Denk- und Sprachkünstler, erdacht für ihre müßiggängerische Klientel, die gelangweilte Intelligentia? Daß Gorgias mit seiner Sentenz denn doch Ernsthafteres als ein bloßes Sprachspielchen im Sinn hatte, geht zunächst daraus hervor, daß an seinen Thesen noch in der modernsten einschlägigen philosophischen Literatur herumgerätselt und herumdiskutiert wird. Zu vermuten ist nämlich, daß Gorgias mit seinen Sätzen die Philosophie des starren, unveränderlichen Seins, die Parmenides aus Elea in Unteritalien ungefähr hundert Jahre zuvor verkündet hatte, unterhöhlen wollte. Gorgias operiert dazu geschickt mit den verschiedenen Bedeutungen von »ist« und »sein«, derart, daß ein Nicht-sein ja eben durch das Wort »sein«, also »existieren«, auch zum »Seienden« gehöre. Gilt aber Nichtsein als Sein, dann kann es kein Sein geben. Also ist nichts, es sei denn, Sein und Nichtsein wären dasselbe. Wären sie aber dasselbe, dann ist ohnehin nichts, denn andererseits soll ja das Nichtseiende nicht sein; dann ist aber auch das Seiende nicht, sofern es dasselbe ist wie das Nichtseiende.

Gäbe es aber etwas, ein Seiendes, und wir könnten es erkennen, es ließe sich dennoch nicht mitteilen, so schließt Gorgias seine Gedankenkette. Zwischen unseren Begriffen und den Dingen besteht eine ebenso unüberbrückbare Kluft wie zwischen den Gedanken und Empfindungen zweier Menschen. Nicht einmal derselbe Mensch empfindet genau dasselbe zu verschiedenen Zeiten, ja sogar zur selben Zeit nicht, sofern Hören und Sehen Verschiedenes sind. Derselbe Wind – um bei einem klassischen Beispiel zu bleiben – wird demselben Menschen, je nachdem, wie er sich gerade fühlt, jetzt warm und hernach kalt vorkommen, und von zwei Personen mag der eine den Wind als kalt, der andere ihn als warm empfinden. Das heißt aber, daß wir letztlich über die Dinge, wie sie wirklich sind, nichts aussagen können, und daß wir schon gar nicht unsere Wahrnehmungen oder Empfindungen von ihnen anderen mitzuteilen in der Lage sind. Die Dinge, die Phänomene besitzen einen von uns Menschen unabhängigen Status. Und jeder einzelne Mensch, so ließe sich, protagoreisch nun, fortfahren, ist in seiner eigenen Welt eingeschlossen, deren »Maß« er ist.

Unter solch buchstäblich verrückten Perspektiven hatte der einfache, »werktätige« Grieche oder Athener, den die Rhetoren und Sophisten ja auch nicht ausließen, sich selbst und die Welt gewiß noch nie betrachtet, und man kann ihm nachfühlen, wie bestürzt er über ein derart labyrinthisches Denken gewesen sein mußte. Und wenn ihn dieser Schock nicht gerade zum Nachdenken brachte, so hat er doch sicher sein Selbstbewußtsein und sein Lebensgefühl umgepflügt. Im Licht solcher Aufklärung ahnte man jedenfalls, daß alles auch anders sein könnte – vielleicht sogar, daß man vieles selbst verändern könnte.

Man sieht also: Die vielfach nur aus Originalitätssucht vorgetragenen logischen Spielereien warfen, durchaus beabsichtigt, einen ganzen Rattenschwanz schwerwiegender philosophischer Probleme auf – so wie ja übrigens scheinbare mathematisch-logische Spielereien, etwa mit Paradoxen, in unserem Jahrhundert die Antinomien der Mengenlehre aufdeckten und dadurch die Grundlagenkrise in der Mathematik auslösten. Die zunächst rein logischen oder erkenntniskritischen Späße der großen Sophisten zeitigten hingegen schwerwiegende weltanschauliche Konsequenzen. Denn ließ sich das Überkommene derart in Frage stellen, dann beruhte es offenbar bloß auf Ansichten, Übereinkünften und Gewohnheiten. Meinung und Konvention, doxai und nomoi, also auch die von Menschen gemachten Gesetze und Regeln, waren demnach veränderlich, und wenn sie so leicht zu unterminieren waren, konnte man sie ja wohl durch bessere oder richtigere ersetzen.

Dieses neue Wissen bewirkte einerseits und zunächst einmal Verunsicherung, deretwegen man ja diesen herumreisenden und redenschwingenden Sophisten nicht sonderlich gewogen war. Andererseits aber, und das spürte man doch auch, bewirkten die Frechheiten und Respektlosigkeiten der neuen Weisen eine Befreiung vom Bann der vielen, einengenden, unbefragt geltenden »Wahrheiten«, Absolutheiten und Allgemeinplätze. Denn die herrschenden Meinungen oder konfusen Glaubenshaltungen, teils von den schon bröckelnden Mythen geprägt, waren höchst uniform und dirigierten ganz und gar das Alltagsleben. Gegenüber diesem Konservativismus und Konformismus, derentwegen sich die ungenügend ausgearbeiteten Rechtskodices und Staatsverfassungsnormen naturwüchsig fortschleppten – dazu zählte auch die »Rechtsnorm« der Sklavenwirtschaft –, machten die Sophisten die Bürger hellhörig und kritisch. Beigebracht bekamen sie unter anderem erstmals, selbst Fragen zu stellen und nichts mehr voreilig als selbstverständlich hinzunehmen.

Das Staunen, mit dem die Philosophie anhebt, teilte sich ein wenig auch den griechischen und athenischen Zeitgenossen mit. Dabei zogen gerade die prominenten Sophisten die alten, vorsokratischen Philosophien wieder ans Licht und benutzten sie als Übungsstoff für ihre Streitgespräche. Gorgias zum Beispiel muß ein Kenner und Liebhaber der Naturwissenschaften gewesen sein; erst später verlegte er sich ganz auf die Rhetorik. Und Hippias beschäftigte sich intensiv mit der Lösung mathematischer Fragen. Auch Protagoras orientierte sich an der Mathematik und kannte sich in der Naturphilosophie, Physiologie und Kosmogonie des großen Demokrit aus, mit dem er in Abdera, von wo ja beide herkamen, persönlichen Umgang gehabt hatte.

Doch diese Beschlagenheit in vielerlei Disziplinen, mit der sich die Sophisten als Weise schmückten – Gorgias soll einmal gesagt haben: »Nie geht mir der Redestoff aus« –, wollten sie nur nutzen, um als Ärzte des Volkes zu praktizieren. Zuallererst machten sie die Leute stutzig, und dadurch setzten sie ihnen sozusagen den Floh der Skepsis, des Zweifels und Suchens ins Ohr. Danach erfolgten die relativistischen Lektionen, die die Leute lehrten, daß es andere auch nicht viel besser wissen konnten. Man durfte also ungeniert in allen öffentlichen Angelegenheiten das Wort ergreifen. Hier, wo es um handfeste Politik ging, sei dann, wie es bei Gorgias heißt, auf Beweise und Begründungen wenig zu geben, hier, meinte er, käme es darauf an, mit der Rede die Gefühle der Hörer richtig anzusprechen und anzuheizen, um die gewünschte Wirkung zu erzielen. Gorgias, der in seinem langen Leben – nach den meisten Zeugnissen ist er mindestens hundert Jahre alt geworden – einige Erfahrungen mit politischer Redekunst gesammelt hatte, entpuppt sich hier, wie so viele andere Sophisten, als ein krasser, ja sogar zynischer Realist und Pragmatiker. Zu seiner »Entlastung« läßt sich vielleicht anführen, daß in der Politik allerdings Argumente wenig ausrichten. Selbst in den Wissenschaften, so hat es ein amerikanischer Philosoph unserer Tage, Thomas S. Kuhn, behauptet, setzen sich neue Theorien weniger durch Argumente als durch Überredung und Propaganda und schließlich durch den Tod der Anhänger der alten Theorie durch.

Der sophistische Kunstgriff, die schwächere Sache zur stärkeren zu machen, gewinnt aber vor diesem Hintergrund doch auch eine fatale Seite. Dergleichen mochte zunächst einmal als denksportliches Training gelten, aber, auf moralische Fragen oder Situationen angewandt, muß eine solche Einstellung verheerende Folgen haben. Sie mündet unweigerlich im Postulat vom Recht des Stärkeren. Der Gorgias-Schüler Kallikles zum Beispiel setzte »würdiger«, »besser« und »stärker« in eins; Tugend bedeute, zur äußersten Zügellosigkeit imstande zu sein.

Der Extremist Polos, ein anderer Gorgias-Schüler, versuchte zu beweisen, daß Unrechttun glücklich macht.

Nun war allerdings das Recht des Stärkeren im damaligen Griechenland – und freilich auch anderswo – das tatsächlich geltende Recht. Wenn sich die Sophisten darauf beriefen, dann stellten sie also realistisch nur Tatsachen fest. Aber man kann sich schlecht am nackten Stand der Dinge orientieren, das Bestehende einfach hinnehmen, zugleich aber mit seinen Rezepten und Heilpraktiken die »Patienten«, die Bürger, »besser«, »gesünder« machen wollen; es sei denn im Gebrauch ihrer politischen Ellbogen. Die Berufung auf bestehendes Unrecht als Legitimation für eigenes Unrechttun ist ja wohl nicht Aufklärung, und die Bestärkung, kräftig mitzumachen, entspricht einer Dschungelmentalität. Darin liegt die nicht wegzudiskutierende Zwieschlächtigkeit, das Zwielichtige der sophistischen Ethik: In der Theorie, in ihren Reden – etwa in ihren dyo logoi oder dissoi logoi – decken sie schonungslos und scharfsinnig bestehende Mißverhältnisse auf und machen den guten Glauben an die Einmaligkeit und Unveränderbarkeit gängiger Denk- und Handlungsmuster zu Recht suspekt; in ihrer öffentlichen Alltagspraxis jedoch überreden diese Ärzte der Nation die Leute dazu, sich innerhalb der herrschenden Weltanschauung rücksichtslos zu »profilieren« und wenn nötig, Korruption durch noch ausgeklügeltere Korruption zu übertrumpfen.

Nur wenn man vor einem derart krassen Machtdenken und einer so ungewöhnlichen Art von Demagogie die Augen verschließt, kann man die Sophistik als einen vertretbaren Ansporn verstehen, sich selbst zur Geltung zu bringen, Zutrauen zu sich selbst zu fassen. Unter den günstigen Vorzeichen der Isonomie, der Gleichberechtigung aller – außer der Sklaven –, konnten Privilegien der Geburt, des Standes oder der Klasse aufgehoben werden. Und alle Urteile – das frappierte wohl am meisten die Jugendlichen, ob arm oder reich – durften, solange sie nicht kritisch überprüft waren, als Vorurteile gelten. Auch die Urteile über die Religion, die bis dahin tabu gewesen war.

Daß die Weisen, die Philosophen, Ortsbestimmer, Sittenprediger und Rhetoren, die das damalige Athen bevölkerten, die mythische Götterwelt, die zu einer laxen Staatsreligion avanciert war, ernst nahmen, kann man wohl ausschließen. Aber erst unter den Sophisten regte sich Religionskritik. Prodikos aus Keos, bei dem Sokrates einmal eine Vorlesung besucht hatte – eine der preisgünstigeren, wie er ironisch vermerkt –, vermutete, daß die Vorfahren alles, was die Natur ihnen Nützliches gewährte, zu Göttern erhoben; deshalb bestritt er die Existenz dieser Götter, entlarvte sie als Produkte menschlicher Projektion. Protagoras, und auch das war gewagt, erklärte, über die Existenz oder Nichtexistenz der Götter könne er nichts wissen. Kritias, der antidemokratische Onkel Platons, nannte, zynischer schon, die Religion eine schlaue Erfindung der Herrschenden, um die Untertanen gefügig zu halten. Auch Platon fand, selbst wenn er gelegentlich Mythen zur Illustration zitierte, den herrschenden polytheistischen Götterkult albern, aber, diplomatischer als die Sophisten, kritisierte er die Religion niemals öffentlich, denn er wollte bei seinen politischen Plänen auf sie als Ordnungsmacht keineswegs verzichten, wie man in seinen Büchern ›Der Staat‹ und namentlich ›Die Gesetze‹ lesen kann.

Aufklärerisch – ganz im Kantschen Sinne eines Erwachens aus selbstverschuldeter Unmündigkeit – wirkten die Sophisten zweifellos auch, indem sie energisch bestritten, daß die herrschenden Verhaltensweisen, der Sittenkodex und das, was als gut oder schlecht, gerecht oder ungerecht angesehen wurde, etwas »Natürliches«, Naturgegebenes sei. Offenbar, so fanden sie, galten die meisten Normen, auch die der Rechtssprechung, nur als thesei, nach Übereinkunft, oder nomo, als von Menschen Gesetztes, Satzung, und nicht physei, nicht als etwas Naturgemäßes. Die bei den vorsokratischen Philosophen noch unbefragt geltende Einheit von physis und nomos, von Natur und Gesetz, brach mit den Sophisten auseinander. Die meisten Gesetze und Satzungen, die in Hellas galten, empfanden sie als widernatürlich, namentlich die Sklaverei. Es kam den Sophisten mit ihrer kritischen Differenzierung von Natürlichem und durch Übereinkunft Gesetztem nicht darauf an, Satzungen, Normen, Verhaltensmuster und Bräuche pauschal außer Kurs zu setzen, weil sie bloß menschliche Institutionen waren; sondern ihre Kritik richtete sich gegen die Verabsolutierung der Gesetze und Satzungen. Sie wollten die geltende Moral als willkürliche Setzung begreiflich machen, um sie dann allererst naturgemäß zu restituieren (für sie waren Sklaven naturgemäß den freien Bürgern ebenbürtig). Sie waren also, wie man sagen könnte, ethische Naturalisten oder naturalistische Ethiker.

Den Gegensatz von Natur und Gesetz, den die Sophisten aufgespürt hatten und dann vielleicht einseitig zugunsten der »Natur« verschärften, versuchten später die Stoiker zu überwinden.

Daß aber zumindest eine Differenz zwischen Natur und Gesetz bestand und daß sie ein schwieriges Problem darstellte, das haben die Sophisten erstmals deutlich vor Augen geführt. Es ist, nebenbei bemerkt, bis heute nicht gelöst, denkt man nur an die Kontroverse zwischen Naturrechtlern und positiven Rechtsdenkern, oder, in der modernen Ethik, an die alte – eben sophistische – Fragestellung, ob und inwieweit moralische Normen aus »der Natur« ableitbar und begründbar sind. Und selbst in der modernen Psychologie ist die Kontroverse Natur oder Satzung in der Variante nature-nurture, Natur oder Umwelt (Erziehung, Bildung, Lernen), gerade in diesen Jahren wieder neu entbrannt: als Disput darüber nämlich, in welchem Maße die menschliche Intelligenz angeboren und vererbt ist oder durch die Umwelt geprägt und bedingt.

Außerhalb der Natur, in den menschlichen Satzungen und Konventionen, war für die Sophisten alles beliebig deutbar, relativistisch in höchstem Maße. Ihre Hypostasierung der Natur bei diesen Fragen haben sich zu jener Zeit und danach die Kyniker zueigen gemacht, dabei aber in ihrer demonstrativen Lebenspraxis diesen Zug der sophistischen Lehre ins Extrem, ins Farcenhafte getrieben.

Wie also die Dinge nach Ansicht der Sophisten zu liegen schienen, konnte man über moralische Begriffe wie gut und schlecht, auch wahr und falsch, gerecht und ungerecht, die ja schon in dem einen Lande so, im anderen anders galten und ausgelegt wurden, zweierlei Meinung sein und sie mittels dyo logoi, einer Pro- und Kontra-Logik, wie sie Protagoras pflegte – Platon nannte sie »Antilogik« – mal so, mal so deuten. Eine Schrift, allerdings von einem ziemlich naiven, unbekannten Autor mit dem Titel ›Dissoi Logoi‹, ist uns überliefert, bei der man zumindest einen Begriff von dem, was da gemeint war, gewinnt. Bei Protagoras hieß es ja schon, jede Sache habe zwei Seiten, oder, man könne über alles und jedes entgegengesetzter Meinung sein. Hier, beim erwähnten Anonymus, heißt es so: »Zweierlei Auffassungen gibt es bei den Philosophen in Hellas von Gut und Übel. Die einen sagen, das Gute sei etwas anderes als das Übel, die anderen, es sei beides dasselbe, aber für die einen Menschen gut, für die anderen übel oder auch für einen und denselben Menschen bald gut, bald übel. Den letzteren stimme auch ich zu . . .«

Die Schwierigkeiten, vor denen sich der junge »alte« Grieche da sieht, sind uns heute – oder den heutigen Philosophen – nur schwer begreiflich. Aber wir konnten sie eben erst, nach so langer Zeit, beheben, nachdem die Griechen diese Schwierigkeiten als erste aufgedeckt hatten. Der anonyme Schreiber versteht offenbar die beiden Ausdrücke »gut« und »übel« als Namen für Dinge, etwa das »Ding Gut« und das »Ding Übel«. Woher sollte man wissen, ob nicht die beiden so benannten Dinge ein und dasselbe Ding sind? Erst wenn man »gut« und »übel« als Prädikate versteht, kann man sie auch ein und demselben Ding, ein und derselben Sache zuschreiben – aber nicht zugleich oder im selben Hinblick. Bei dem antithetischen Begriffspaar »recht« und »unrecht« ist allerdings auch dieses naive Jonglieren mit der Sprache noch verblüffend genug, und man weiß aus unserer Rechtspraxis, welch vertrackte, widersprüchliche Situationen sich ergeben können.

Von Recht und Unrecht gibt es, so fährt unser Autor fort, die nämlichen zwei Auffassungen wie von Gut und Übel. Er stellt sich zunächst auf die Kontraposition, um durch deren Widerlegung die Proposition – Recht ist etwas anderes als Unrecht – zu beweisen: »Zuerst will ich ausführen, daß lügen und täuschen recht ist ... Wenn Vater oder Mutter ein Arzneimittel nehmen soll und es nicht will, ist es dann nicht recht, es ihnen in einer Suppe oder einem Getränk zu geben, ohne zu sagen, daß es darin ist? Also ist es recht, die Eltern zu belügen und zu täuschen.« Hier sieht man noch einmal deutlich, wie es überhaupt zur Vexierfrage, Recht und Unrecht seien ununterscheidbar oder »dasselbe«, kommen konnte: Recht ist es, Unrecht zu tun (zu belügen und zu täuschen), Recht und Unrecht sind also dasselbe.

Sophistische Scherze, Spielereien, Puzzles – hinter denen aber Überlegungen standen, die später zum Aufbau einer formalen Logik und einer Ethik beitrugen und die darüber hinaus ein relativistisches und historisches Denken in Gang setzten, das, wenn man so will, die Geschichte in Bewegung brachte und die Angst vor der Freiheit, die Platon bedrückte, ein wenig minderte.

Auf die Sklaverei in Griechenland, auch noch im Goldenen Zeitalter des Perikles, war schon mehrfach hingewiesen worden – als einen der schlimmsten Makel, neben Imperialismus und rücksichtsloser Ausbeutung annektierter Länder, die Athen als strahlendem Kulturzentrum anhafteten.

Die Intellektuellen – nennen wir die Philosophen, Rhapsoden, Sophisten, Rhetoren und Heilsverkünder aller Art im fünften und vierten Jahrhundert vor Christus einmal so – führten ein Leben wie etwa in den zwanziger Jahren unseres Jahrhunderts die Caféhaus-Literaten um den Ku'damm und die Friedrichstraße in Berlin oder, früher, die Dichter und Kritiker um das Wiener Café Griensteidel. Im sonnigen Athen war das »Herumschlendern« – ein ganzer Abschnitt in Jacob Burckhardts griechischer Kulturgeschichte steht unter diesem Titel – in der Stadt, und natürlich außerhalb, in den Gymnasien, im Lykeion, in den Hainen oder auch der Hafengegend, noch viel reizvoller. Wie Sokrates, so waren wohl auch die anderen Rede- und Streitkünstler von morgens bis abends auf den Beinen. Bei Regen fand man sich in den Geschäften, Handwerksstätten oder bei den Barbieren nahe der agora, dem Markt, zu gescheiten Plaudereien oder zu heftiger Disputation ein, abgesehen natürlich von den großen Symposien in den Villen der Reichen, jenen Partys, die sich meist zum Gelage auswuchsen.

Das war der Müßiggang, den die Philosophen damals für sich und ihre Denkbeschäftigung in Anspruch nahmen. Diese Intellektuellen waren über alles, was in der Stadt und im attischen Reich vor sich ging, auf das beste unterrichtet; sie brauchten keine Zeitung – sie selbst waren die Zeitung; denn sie waren vielfach eitel und ruhmsüchtig, gierig auf politischen Einfluß, ganz abgesehen davon, daß ja, wie wir schon wissen, jeder Bürger irgendwie und irgendwann einmal in politische Geschäfte verwickelt wurde. Ihr professioneller, kritischer Verstand übersah die Mißstände im Staat keineswegs, und viele waren sich der Tatsache wohl bewußt, daß der Reichtum in der Stadt, samt ihrem eigenen müßiggängerischen Leben, außer durch den üppig aufblühenden Außenhandel – dank einer mächtigen Schiffahrtsindustrie und dem planvollen Ausbau der Häfen – durch die Sklavenhalterwirtschaft ermöglicht wurde. Den meisten war freilich die Sklaverei etwas Gewohntes oder sogar Natürliches, schon weil sie eine »natürliche« Überlegenheit der griechischen »Rasse« über die »Barbaren« voraussetzten. So dachte auch der konservative Platon. Die Menge dachte freilich nicht anders, denn sie profitierte von den Steuern und Abgaben, die die reichen Unternehmer und Sklavenhalter zu zahlen hatten. Das »Proletariat« war sich da einig mit der besitzenden Klasse, man war zufrieden mit der Sklaverei.

Es waren die Sophisten, die auch hier weiter, humanistischer dachten. Sie fanden, daß die moralisch verwerfliche Sklaverei nur durch Gesetze (nomo) verordnet sei, während von Natur aus (physei) zwischen einem Freien und einem Sklaven kein Unterschied bestehe, und daß folglich dieser ganze Teil der staatlichen Ordnung rein auf Gewalt (bia) beruhe. Das äußerten die Sophisten vielfach auch öffentlich. So setzte sich der Rhetor Alkidamas, ein Schüler von Gorgias, in einem Aufruf für die Abschaffung der Sklaverei ein. Denkt man an die Situation der Schwarzen in den USA, die erst vor wenigen Jahren ihre Bürgerrechte wirklich durchsetzen konnten, oder an die Situation im heutigen Südafrika, dann läßt sich ermessen, wie fortschrittlich die Sophisten damals in Fragen der Menschenrechte waren.

Die Wahrnehmungswelt, die Welt, wie jeder sie hier und jetzt erlebt und wahrnimmt, also auch die Welt der bloßen Meinungen (doxai), die es zu bessern gilt – das war die Welt, mit der sich die Sophisten mit all ihrem Scharfsinn und ihren Überredungskünsten auseinandersetzen wollten; es war nicht die Welt Platons, die dahinterliegende, »wahre« und ewig ruhende Ideenwelt. Für die Sophisten lagen die Rätsel allen unmittelbar vor Augen. Daraus ergibt sich das realistische, pragmatische Element in ihren Denk- und Handlungsweisen. Wenn auch manches davon unannehmbar für uns erscheint und wir deshalb heute das Wort »sophistisch« gedankenlos ausschließlich im pejorativen Sinn verwenden, so sollte man doch nicht verheimlichen, daß ein Schuß Sophistik auch unser Alltags-, Berufs- und Politik-Geschehen durchzieht. Sind es nicht in der Regel unsere ganz persönlichen Wahrheiten, an die wir uns halten? Und halten wir uns nicht, gottlob, innerhalb gewisser Grenzen für den Maßstab dessen, was wir als angenehm oder wünschenswert empfinden? Verläßt man sich, etwa in der Rechtspraxis, allein auf Argumente und Beweise, oder gelten nicht auch hier glänzende Rhetorik und Überredungskunst als legitim, erfolgversprechend und klug? Wissen wir nicht nur zu gut, daß in der Politik Überzeugungskraft eher das Mögliche wirklich macht als der auf den Verstand setzende Versuch, alle auf eine Wahrheit einzuschwören? Und welcher Geschäftsmann nützte nicht weidlich alle Tricks der Überredung, um seine Ziele zu erreichen? »Sophisten« sind wir also ein gut Teil unseres Lebens, und wir müssen es sein. Eine Gesellschaft, die auf »Sophistik« ganz und gar glaubt verzichten zu können, wäre ein Engelstaat der Utopisten. So gesehen, kommen uns heute die Glücks- und Tugendlehren etwa der Stoiker oder der Epikureer als biedere Hausarztrezepte vor, wie gutgemeinte Ratschläge vom Briefkastenonkel, verglichen mit der realistischen – und gewiß auch machiavellistischen – kritischen Säure, die die Sophisten verspritzten. Oder liegt das nur an unserer modischen Vorliebe fürs Kritische in jedweder Form?

Ein Sophist selbst, der spätere einflußreiche letzte Schulgründer aus der Riege der Sophisten, namens Isokrates – er etablierte sich um das Jahr 390 –, hat in einer Schrift ›Gegen die Sophisten‹ und ihr »Geschwätz« unverblümte Selbstkritik geübt. Daß manches in der sophistischen Philosophie blanke Lust am Sprachwitz, am Dupieren und am logischen Paradoxon war, wurde schon festgestellt. Mit einer Anekdote, die diese List und diese Lust an Fangschlüssen bestätigt, können wir uns in diesem Kapitel von den Sophisten verabschieden: Der große Protagoras soll einmal seinem Schüler namens Euathios zugebilligt haben, er brauche ein vereinbartes Honorar für Unterricht in Rechtskunde, den er diesem gegeben hatte, erst dann zu zahlen, wenn er einen Prozeß gewonnen habe. Aber Euathios führte nie einen Prozeß und folglich gewann er auch keinen. Da drohte Protagoras, der nicht mehr länger auf sein Geld warten wollte, seinem Schüler seinerseits mit einem Prozeß. Er würde, so schrieb er, auf jeden Fall zu seinem Geld kommen. »Bekomme ich vor Gericht recht, dann mußt du zahlen«, ließ er den Euathios wissen, »bekommst aber du recht, dann mußt du zahlen, weil du deinen ersten Prozeß gewonnen hast.« Damit schien die Angelegenheit geklärt. Dennoch sah Protagoras kurz darauf von der beabsichtigten Klage ab. Denn sein Schüler Euathios erwies sich als höchst gelehriger Eleve seines sophistischen Meisters Protagoras. »Geben die Richter mir recht«, so schrieb Euathios zurück, »dann brauche ich aus eben diesem Grunde nicht zu zahlen. Verurteilen sie mich aber, dann habe ich meinen ersten Prozeß verloren und brauche, vereinbarungsgemäß, nicht zu zahlen, o Protagoras.«

Prodikos, der so viel Geld mit seinen rhetorischen Künsten gemacht hatte, hat einmal die Sophisten als »Zwischenstücke zwischen dem Philosophen und dem Politiker« charakterisiert. Damit traf er wohl den Nagel auf den Kopf.

Alexander zu Diogenes: »Ich bin Alexander, der große König!«
Diogenes: »Und ich bin Diogenes, der Hund.«

                Diogenes von Sinope

Mit zynischem Lächeln
Die Kyniker als Hippies der Antike

In diesem Kapitel kann man sich von philosophischen Spitzfindigkeiten etwas erholen. Denn bei der folgenden Glücks- oder Tugendlehre handelt es sich weniger um eine Schule als um eine Lebenshaltung oder eine Protestbewegung. Sie ist vorwiegend durch einen Kranz von Anekdoten belegt.

Die Kyniker, das ist zunächst festzuhalten, verhalten sich zur Philosophie im engeren Sinne wie, in unserer Zeit, die Existenzialisten um das Café de Flore in Paris zu den existenzphilosophischen Theorien Kierkegaards, Husserls und Heideggers; oder, noch jüngeren Datums, wie die Protestler und Chaoten zur Theorie von Marx. Wie alle diese, wollten auch die Kyniker die Philosophie »verwirklichen«.

Im Blick aus der Ferne der Zeiten sehen wir meist das klassische Altertum als eine besonnte Welt vor uns liegen, bevölkert mit heiter-unbeschwerten Menschen, die es verstanden, das Leben auch denkend zu genießen. Aber schon mit dem vorangegangenen Kapitel sollte klar geworden sein, daß diese Idylle trügt. Mit den Kynikern bewegen wir uns von der Mitte des fünften Jahrhunderts zur Wende ins vierte Jahrhundert. War schon der Sophismus teilweise Ausdruck der Kritik an den Zuständen der attischen Demokratie, so verschärft sich diese Kritik bei den Kynikern zur verächtlichen Abwendung vom Staat und der Politik. 429 war Perikles an der Pest gestorben, das gloriose Perikleische Zeitalter war zu Ende. Für die klassisch-griechische Welt zieht die Abenddämmerung auf. Mit dem Jahre 404, der Kapitulation Athens, und der folgenden Vorherrschaft Spartas ist auch das Ende der polis nahe. Dennoch blüht in dieser Verfallszeit das geistige Leben in den poleis und insbesondere in Athen weiter, ja gelangt noch, mit Platon, Aristoteles und anderen Philosophenschulen – die Künste müssen wir hier aussparen – zu einer Klimax. Umdüsterung, wie sie Jacob Burckhardt schildert, und exzessive geistige Mobilität halten sich die Waage.

Wie auch immer die Lebensstimmung im damaligen Griechenland gewesen sein mag – feststeht, daß es in jener Epoche des Niedergangs eine auffällige Menge an Tugend- und Weisheitslehrern, Wanderpredigern und Originalen gegeben hat, die gerade jetzt ihren Landsleuten klarmachen wollten, wie das Leben gelassen, in Mäßigung und mit Anstand zu leben sei. Immer scharte sich um diese »Gurus« oder Heilsbotschafter eine beträchtliche Anhängerschaft. Es bildeten sich organisierte Schulen, die in einigen Fällen die Jahrhunderte überdauerten und selbst heute noch ihre Anhänger finden. Das anhaltende Fragen nach der richtigen, angenehmsten und gerechtesten Lebensweise zeigt uns jedenfalls, daß die Menschen zur damaligen Zeit nicht mehr mit sich zurechtkamen, daß sie beunruhigt und auf der Suche waren.

Die Suche nach der besten Lebensart inkarnierte sich in einem bemerkenswerten, vielen verrückt und einigen gefährlich erscheinenden Mann namens Sokrates. Wer irgendwie mit dem Denken, mit der Philosophie, mit dem Fragen nach dem Wahren und Guten zu tun hatte, kam um ihn nicht herum, wie wir sahen. Er lag ständig im Wortstreit mit anderen Verkündern anderer Weisheiten, zum Beispiel den Sophisten, die ihre dialektischen Künste gegen klingende Münze unter die Leute brachten.

Ungefähr ein Jahrhundert später gründete dann einer von der Insel Samos mit Namen Epikur eine Schule, in der man lernen sollte, wie das Leben wahrhaft zu genießen sei. Ein paar Jahre danach tat sich in einer Säulenhalle nahe dem Marktplatz von Athen eine weitere Schule auf, die sich nach dem Namen für diese Halle »Stoa« nannte. Auch derem Begründer, einem Mann aus Zypern namens Zenon, lag es am Herzen, seine von den Wirren der Gegenwart gebeutelten Mitmenschen darüber aufzuklären, wie das kummervolle Dasein mit »stoischer Ruhe« zu überstehen sei. Noch Jahrhunderte nach Zenon bekannten sich viele andere, der Staatsmann und Dichter Seneca und der römische Kaiser Marc Aurel, zur stoischen Lehre. Natürlich verfolgten die Stoiker nicht unbedingt ein asketisch-freudloses Lebensideal, so wenig wie die Epikureer nur dem Genuß lebten. Das sind grobe Verfälschungen, deren sich spätere Jahrhunderte schuldig gemacht haben. Auch die wandernden Glücksbringer, die wir jetzt vorstellen wollen, betrieben Askese nicht als mönchische Lebensverneinung oder Triebunterdrückung.

Gegen Ende also des fünften und zu Beginn des vierten vorchristlichen Jahrhunderts kam diese andere, kleinere Gruppe, oder vielleicht besser Sekte, auf, die von den Geschichtsschreibern und den Philosophen meist nur am Rande erwähnt wird, die aber zweifellos größere Aufmerksamkeit verdient. Unter anderem darum, weil die Jünger dieser Sekte vieles mit unseren Hippies oder auch mit den heutigen »Grünen« gemein haben. Diese Hippies der Antike hießen Kyniker.

Die Kyniker waren natürlich die Zyniker. Aus dem griechischen K (Kappa) wurde im Lateinischen ein C, das später, im Deutschen jedenfalls, als Z gesprochen wurde. Die Kyniker waren, wie es sich gehört, auch »zynisch«. Aber ihr Zynismus war doch etwas ganz anderes als das, was wir heute unter dem Wort verstehen.

Für uns ist ein Zyniker jemand, der verächtlich, ja höhnisch auf die anderen und ihr Treiben herabblickt. Oft fordert er durch seine Gefühlskälte und Mißachtung die Mitwelt offen heraus. Aus seiner Skrupellosigkeit macht er kein Hehl, und zu seinen Boshaftigkeiten pflegt er maliziös, zynisch zu lächeln. Während der Ironiker sich hinter seiner Zweideutigkeit versteckt und den Scherz liebt, läßt der Zyniker spöttisch die Maske fallen. Da er in der Regel die Menschheit für dumm und schlecht hält, glaubt er sie schamlos hintergehen zu dürfen. Seine Lust holt er daraus, die Schwächen anderer bloßzustellen und sich an ihrer Schmach zu delektieren. Ein Zyniker würde etwa in afrikanischen oder indischen Elendsgebieten den Hungernden grinsend zurufen: Hunger ist der beste Koch. Wo er kann, raubt er den Menschen ihre Illusionen, von denen er sich frei fühlt. Er glaubt, »die Welt« als eitel und verworfen durchschaut zu haben, und handelt entsprechend. Und – der Zyniker ist intelligent, aber es ist eine Art verzweifelter Intelligenz.

Als einer der größten Zyniker der Weltgeschichte gilt gemeinhin Machiavelli, der ein Buch ›Il principe‹ schrieb, das der Gewalt in der Politik das Wort redet und moralische Bedenken ausschaltet, wenn es dem Machtstreben dienlich ist – darin übrigens auch ein Nachfahre gewisser Sophisten. Die Dummheit der Menschen sollte systematisch und eben zynisch ausgenutzt werden. (So zynisch indes, wie man Machiavelli üblicherweise darstellt, war er in Wirklichkeit nicht. Er war vielleicht eher ein Realist. Aber Realismus und Zynismus stehen in einem engen Zusammenhang.) Im achtzehnten Jahrhundert war der französische Schriftsteller und Philosoph Voltaire für viele ein Ausbund an Zynismus. Aber Voltaire war eher ironisch als zynisch, obwohl die Übergänge gleitend sind. Den Ruf des Zynikers hatte Voltaire seiner spitzen Feder zu verdanken, mit der er, gleichsam sardonisch grinsend, seine Widersacher erbarmungslos aufzuspießen verstand. Zynisch bis zum Sadismus – und eigentlich, mangels Intelligenz, nur sadistisch – waren in unserer Zeit fraglos die Nazis, die ihre Opfer verhöhnten, wenn sie über einem Vernichtungslager die Inschrift anbrachten »Arbeit macht frei«.

Fast alles, was wir gegenwärtig so obenhin zynisch nennen oder als Zynismus bezeichnen, hat, wie gesagt, mit dem, was die alten griechischen Kyniker im Sinn hatten, kaum etwas zu tun. In einem Buch aus unseren Tagen ist versucht worden, die Unterschiede zwischen dem alten kynismos und dem gegenwärtigen Zynismus schärfer herauszupräparieren und das Zynische geradezu zu einem Bewußtseinszustand unserer Zeit zu stempeln. »Zynismus«, so schreibt der Autor dieses Buches, Peter Sloterdijk, »ist das aufgeklärte falsche Bewußtsein. Es ist das modernisierte unglückliche Bewußtsein, an dem Aufklärung zugleich erfolgreich und vergeblich gearbeitet hat ... Psychologisch läßt sich der Zyniker der Gegenwart als Grenzfall-Melancholiker verstehen, der seine depressiven Symptome unter Kontrolle halten und einigermaßen arbeitstüchtig bleiben kann ... Dem diffusen Zynismus gehören längst die Schlüsselstellungen der Gesellschaft, in Vorständen, Parlamenten, Aufsichtsräten, Betriebsführungen, Lektoraten, Praxen, Fakultäten, Kanzleien und Redaktionen. Eine gewisse Bitterkeit untermalt sein Handeln.« Der moderne Zyniker wäre nach dieser vorläufigen Analyse ein grämlich-illusionsloser Pessimist oder das Remake eines Nihilisten, der gleichwohl überall aktiv, überall dabei ist. Er fühlt sich so, als hätte er alles schon hinter sich, was die dummen anderen noch vor sich haben. Dagegen hält der Autor zu Recht die sozusagen frische Frechheit, die subversive Potenz der alten Kyniker, die das Leben vor sich sahen und für sich und die anderen noch etwas daraus machen wollten.

Ihr Zynismus war weniger hochmütig. Wenn ein heutiger intellektueller Zyniker sich brüstet, am Fernsehen fasziniert ihn nur noch Sendungen wie ›Zum blauen Bock‹, dann drückt sich darin, neben einer masochistisch-sadistischen Lust, hauptsächlich Hochmut aus, der nur aufrechtzuerhalten ist, indem man die anderen bewußtseinsmäßig vernichtet und zu Idioten degradiert. An diesem Idiotischen verlustiert sich dann unser moderner Zyniker bis zur Raserei.

Die Alten hießen übrigens, ähnlich wie die Stoiker und andere, nach ihrem Versammlungsort Kyniker, nämlich dem Gymnasium Kynosarges in Athen. Höchstwahrscheinlich spielten sie selbst aber außerdem noch auf das griechische Wort kyon an, das »Hund« bedeutet; denn die Kyniker führten, wie wir sehen werden, ganz absichtlich eine Art »Hundeleben«. Heutzutage nennen sich ja ebenfalls einige, die aus unserer Gesellschaft »ausflippen«, stolz »underdogs«, also Unterprivilegierte. Auch hier also, in der modernen Weltsprache Englisch, muß das Wörtchen »Hund«, »dog«, herhalten. Und wie sich die amerikanischen underdogs vehement für die volle Gleichberechtigung der Schwarzen in den USA einsetzten, so waren die alten Kyniker natürlich offen gegen die Sklaverei.

Dank Wilhelm Busch kennen wohl alle einen der alten griechischen Kyniker, ohne sich vielleicht darüber klar zu sein, daß dieser Mann Hauptfigur einer Sekte war; gewöhnlich hält man ihn nämlich für eine Karikatur oder für das Urbild des weltabgewandten Philosophen. Gemeint ist Diogenes in der Tonne. Man kennt ihn auch mit der Laterne auf der Suche nach dem »Menschen«. In ihm war in der Tat der antike Kynismus in der reinsten Form verkörpert.

Diogenes, der um 412 geboren wurde und 323 in Korinth starb, kam von Sinope am Schwarzen Meer nach Athen – wie es heißt, weil er oder sein Vater in Sinope Falschmünzerei betrieben hatte. Auf alle Fälle war er ein armer Flüchtling, der so sparsam wie möglich leben mußte – woraus er eine Tugend machte und seine Wohnung in einem Faß aufschlug. Um sich abzuhärten, soll er sich im Sommer im glühheißen Sand gewälzt und im Winter die eiskalten Bildsäulen umarmt haben. Von ihm heißt es auch, er habe auf dem hainartigen Sportplatz Kraneion vor Korinth, seinem Lieblingsaufenthalt außerhalb Athens, in der Sonne gelegen, als der große Alexander auf ihn zutrat und ihn einen Wunsch äußern ließ; darauf habe Diogenes nur entgegnet: »Geh mir aus der Sonne.«

Ob dies, wie vieles andere, was über ihn erzählt wird, nur anekdotisch ist oder nicht – feststeht, daß dieser Diogenes ein Kauz, ein Original war, der die Athener Bürger, die doch einiges gewohnt waren, wie auch die Leute in anderen poleis, mit seiner Hundelebensweise und seinen skurrilen Einfällen herausfordern wollte. Verbürgt soll immerhin sein, daß er sich mitten auf dem Athener Marktplatz gewisse Obszönitäten leistete, nämlich dort schlankweg onanierte. Dabei sagte er: »Könnte man doch den Bauch ebenso reiben, um den Hunger loszuwerden.« Er bettelte auch die Passanten um einen Obulus an, und wenn sie knausrig waren, pißte er sie gelegentlich an. Als er einmal bei dem zu dieser Zeit schon vielbeachteten Philosophen Platon eingeladen war, habe er, so will es der Klatsch, auf dessen Teppichen herumgetrampelt und dabei gerufen: »Ich trete Platons Aufgeblasenheit mit Füßen.« Schlagfertig habe Platon darauf erwidert: »Ja, mit einer anderen Aufgeblasenheit, Diogenes.« Zweifellos hatte es Diogenes darauf abgesehen, sich über die, wie er meinte, spießigen, »kapitalistischen« und genußsüchtigen Athener Bürger um jeden Preis lustig zu machen, und dazu müssen ihm pausenlos neue Späße und Sticheleien eingefallen sein, wenn man der Überlieferung glaubt. Gelegentlich spielte er auch den politischen Propheten. Zum Beispiel soll ihn einmal jemand gefragt haben, wie er begraben werden wolle. »Auf dem Gesicht liegend«, sagte Diogenes, und auf die verdutzte Frage nach dem Grund, gab er zur Antwort: »Weil in kurzer Zeit das Unterste zu oberst gekehrt werden wird.«

Waren das nur die Flausen eines unheilbaren Narren, eines Bürgerschrecks von Beruf – wie in unseren Tagen die Clownerien eines Fritz Teufel –, oder steckte hinter des Diogenes frechem Gebaren eine Weltanschauung, eine Philosophie? Natürlich. Diogenes, der eine Menge geschrieben haben soll, von dem aber nichts erhalten geblieben ist – zu dem es freilich auch gepaßt hätte, wenn er dem Papyros keine Zeile anvertraut hätte –, drückte mit seinem Sarkasmus, seinem verwahrlosten Äußeren, seiner »alternativen« Lebensweise handgreiflich die kynische Lehre sozusagen in nuce aus. Und nach dieser Lehre waren die bestehende Gesellschaft, ja Kultur und Zivilisation, so weit man sie damals so empfand, überhaupt entschieden abzulehnen. Sie mußten zynisch ad absurdum geführt werden. Denn der Mensch, so meinten alle Kyniker, sei von Hause aus, physei, bedürfnislos, gut und mit sich selbst in Einklang. Die Gesellschaft hingegen, die staatlich-städtische Ordnung mit ihren falschen Sitten, Konventionen und Zwängen, die eben nur thesei oder nomo, also in Verordnungen bestehe, lege ihm Gesetze auf, mit denen er nichts zu schaffen habe; sie verschütte sein Wesen durch Gerede, Kunst und Kultur und den ganzen »Plunder der Zivilisation«; und sie deformiere mit gekünstelten Sitten sein gesundes Empfinden. Mit all dem lenke die zivilisierte und nun auch brutalisierte Gesellschaft den Menschen von ihrem wahren Ziel ab. Das wahre Ziel aber war für die Kyniker – wie für alle anderen Heilslehrer ja auch – ein tugendhaftes Leben. Und was verstanden sie, so wie sie sich gebärdeten, unter einem tugendhaften Leben? Sie meinten damit eben, man müsse »ökologisch« nach der Natur leben, frei und unabhängig von den Zwängen menschlicher Konventionen. Der Gegensatz der Kyniker zum späten Platon springt hier ins Auge: Auch Platons Ziel war das tugendhafte Leben, aber dazu forderte er gerade mehr Staat, ja eine Art totalen Staat. Die Kyniker hingegen sahen sich gleichsam als anarchistische Internationale, und die einzig wahre Staatsverfassung lag für sie im Weltall. »Ich bin Weltbürger«, soll Diogenes auf die Frage nach seinem Heimatort geantwortet haben. Er fühlte sich als Kosmopolit.

Die Kyniker waren demnach extreme Moralisten, mehr Tugend- als Weisheitslehrer, die ernst mit der Tugend machen wollten und die es gut mit den Menschen meinten. Bei all ihrer zynischen Bitterkeit waren sie Philanthropen. Sie waren also alles andere als »zynisch« in unserem Verstande. Daß es im Laufe der Geschichte dazu kommen konnte, daß man sie in einem anderen Lichte sah und daß aus den alten Kynikern unsere bösartigen Zyniker wurden, hängt natürlich damit zusammen, wie die Kyniker ihre Lehre, ihre Ideologie, an den Mann brachten.

Vergegenwärtigen wir uns einmal, wie sie einem ordentlichen fleißigen Bürger im Athen jener Jahre begegneten. Alle ließen sich Bärte wachsen, waren ungewaschen, trugen zottiges langes Haar, an dem sie sich, nach damaligem Brauch die fettigen Hände abwischten. Der eine wohnte gar in einer Tonne! Ihre Kleidung war verlottert – sie trugen, Sokrates kopierend, den faltbaren Philosophenmantel, den Tribon, ein rechteckiges Tuch aus kratzigem, grobem Wollstoff – und meist wandelten sie mit Stock und Rucksack umher. Denn eine feste Bleibe hatten sie in den seltensten Fällen, und sie zogen, wie Stadt- oder Landstreicher, von polis zu polis. Sie ließen sich gehen und befriedigten hemmungslos öffentlich ihre elementaren Bedürfnisse. Wo sie konnten, zogen sie ätzend über die kulturellen und sozialen Institutionen oder »Errungenschaften« her, auf die der brave Athener Bürger immer noch stolz war, und wollten offenbar die Gesellschaft und den Staat »kaputtmachen«. Und diese Hippies, diese Aussteiger wollten Tugendlehrer sein! Antisthenes, der nachher vorgestellt wird, soll einmal wegen seines Umgangs mit solchen »Typen« zur Rede gestellt worden sein. Darauf habe er erwidert: »Auch die Ärzte sind mit ihren Patienten zusammen, ohne Fieber zu bekommen.«

Wir können es heute den Athenern, und den Einwohnern anderer griechischer Städte, nachfühlen, wenn sie sich von den

Kynikern abgestoßen fühlten und hinter ihrer verwilderten Lebensweise keine Spur von Tugendhaftigkeit entdecken konnten. Allerdings waren sie bei vielen doch auch beliebt, vielleicht am ehesten bei den Jugendlichen. Die konnten sich stellvertretend durch die Kyniker ihres Verdrusses an der Welt und an den »Zuständen« Luft machen. Aber beim Bürger fanden sie sicher keinen Anklang. Hinter der provozierenden Gammleruniform unserer heutigen Kyniker, die oft wie Hirten herumlaufen, der Hippies also und Alternativen, finden die meisten von uns ja auch keine Tugend, keine Moral und keinen Sinn. Und doch gibt es auch bei denen einen moralischen Kern, der von der Lehre der alten Kyniker gar nicht so verschieden ist. In beiden Fällen soll der wahre und gute Mensch unter der dicken Kruste von Zivilisation und Kultur wieder zum Vorschein gebracht werden. Der Mensch soll frei – ohne »Konsumterror«, ohne Zwänge – seinen eigenen natürlichen Trieben und Bedürfnissen nachleben können. Er soll in dieser Besinnung und Beschränkung, oder auch Selbsteinschränkung, zu sich kommen. Und das sind, wie man zugeben muß, durchaus wünschenswerte Ziele.

Aber, wie fast immer in der Geschichte, entarten solch kompromißlose, fanatische Tugendlehren in der Praxis zu ihrem eigenen Zerrbild. Denken wir nur an einen Mann wie Rousseau, der vom Ideal des »edlen Wilden« schwärmte und, wie die Kyniker, seine Zeitgenossen »zurück zur Natur« führen wollte; in der fernsten Vergangenheit, da soll das Paradies gelegen haben. Rousseaus Lehren inspirierten nachhaltig die Französische Revolution, die ihrerseits die wahre Menschennatur aus der Knechtschaft feudalistischer Zwänge befreien wollte – und in einem Blutrausch endigte. Der Ruf nach dem natürlichen Leben, das allein den Menschen zur Tugend zurückführe, ist also nicht ungefährlich. Ein Philosoph unserer Tage, Karl Popper, hat vor diesem romantischen Blick zurück einmal mit den Worten gewarnt: »Es gibt keine Rückkehr in einen harmonischen Naturzustand. Wenn wir uns zurückwenden, dann müssen wir den ganzen Weg gehen – wir müssen zu Bestien werden.«

Die Kyniker des Altertums waren vergleichsweise harmlos, aber sie waren bereits auf dem Wege der Verwilderung und des Anarchismus. Nach der Natur leben hieß ihnen alsbald, allen ihren Trieben freien Lauf lassen. Ihr Individualismus degenerierte zu krassem Egoismus. Die Gemeinschaft wurde ihnen mehr und mehr gleichgültig, ja verachtenswert. Kunst, Theater,

Literatur – dergleichen Kulturgüter machten sie mit wüsten Zoten herunter. Diogenes hielt offenbar auch vom Sport nichts. Die dionysischen Wettkämpfe nannte er große Wunderwerke für Narren. Musik, Geometrie und Astronomie, erklärten er und andere, könne man als nutzlos beiseite schieben. Und wenn der Sittenprediger Diogenes Geld brauchte, ließ er es sich von seinen Freunden geben; er betrachtete deren Geld aber nicht als »Gabe«, er nannte es »Rückgabe«. Der »Kommunismus« der Kyniker war offenbar ein höchst eigenwilliger.

Allmählich war das »Programm« der kynischen Sekte nur noch negativ, und man fragt sich, warum sie sich überhaupt in Athen und anderen Städten herumtrieben und nicht der von ihnen so verachteten Gesellschaft den Rücken kehrten. Sie hätten ja eigentlich ein Einsiedlerdasein führen müssen. Aber, auch da fehlen die Vergleiche zur Gegenwart nicht, die Kyniker brauchten diese Gesellschaft, von der sie letztlich lebten, um sich an ihr zu reiben, um ständig das Negativbild zu ihrer vermeintlichen Tugendhaftigkeit vor Augen zu haben. Im übrigen war es ja keineswegs so, daß sich die Kyniker um des einfachen, tugendhaften Lebens willen ihrer etwaigen Güter und ihres Besitzes entledigten. Sie hatten vielmehr niemals etwas besessen, sie waren arm, philosophierende Proletarier, wie man sie einmal genannt hat. Und deshalb hört man aus ihren gewiß einfallsreichen Schmähungen der Kultur, des Besitzes und des Wohllebens oft genug auch so etwas wie Neid heraus. Als Krateros, ein wohlhabender Bürger, einmal den Diogenes zum Essen einlud, soll der gesagt haben, er würde lieber in Athen Salz lecken, als an der prunkvollen Tafel des Krateros sitzen. Das klingt nun doch fatal nach dem falschen Stolz des Habenichtses; es ist die alte Geschichte vom Fuchs und den Trauben, die er zu sauer findet, weil sie ihm zu hoch hängen.

Diogenes selbst war zweifellos ein ehrenwerter Mann, der um der Tugendhaftigkeit willen ein asketisches, höchst bescheidenes Gammlerleben führen wollte. Und er hielt es offenbar fast an die neunzig Jahre so aus. Gestorben ist er 323, im selben Jahr wie der wildgewordene Eroberer Alexander, der Schüler des Aristoteles gewesen war. Mit vielen seiner Sprüche und seinem Gebaren setzte die Pervertierung des Kynismus bereits ein. Hintersinnig soll er erklärt haben, die Verachtung gerade der Lust gewähre die allergrößte Lust.

Diogenes war wahrscheinlich, wenn nicht Schüler, so doch »Kumpel« eines anderen Meisters der »Ökoszene« und nicht der Begründer der kynischen Lehre. Aufgebracht wurde nämlich diese Lebenslehre von dem Athener Antisthenes, der etwa von 444 bis 368 lebte, also auch immerhin über fünfundsiebzig Jahre alt wurde. Er galt als hochbegabt, und seine Schriften, von denen uns ebenfalls nichts erhalten geblieben ist, sollen zehn Bände umfaßt haben. Auch er ging mit Bart und Stock umher und benutzte seinen alten Mantel als Schlafsack. Er ließ sich haplokyon nennen, was »bloßer Hund« heißt. Gestorben soll er an Kräfteverfall sein, nach gewissen Quellen neunzigjährig. Während seiner Krankheit, so heißt es, habe ihn Diogenes besucht und »zynisch« gefragt: »Du brauchst doch nicht etwa einen Freund?« Und als der kranke Antisthenes ein andermal ausrief: »Wer kann mich wohl von meinen Qualen erlösen?«, soll Diogenes seinen Dolch vorgezeigt und gesagt haben: »Der da.« Demnach müssen Kyniker auch unter sich nicht gerade zimperlich gewesen sein.

Antisthenes war anfangs ein Schüler des berühmten Redekünstlers und Sophisten Gorgias. Später schloß er sich dem Sokrates an, den er für den Größten hielt. Er wurde auch als Sokratiker bezeichnet, was übrigens auch andere Kyniker gerne von sich hörten. Des Sokrates' Kunst des Ausfragens machte er sich zu eigen, vor allem aber hielt er die Ethik, die Tugendlehre für das wichtigste, und wie Sokrates hielt er die Tugend für lehr- und lernbar. Nur durch diese moralische Tugend, die areté – die gemeinhin im Griechischen ja auch noch Tüchtigkeit, Können und Fähigkeit bezeichnete –, sei das höchste Ziel des Lebens zu erreichen, die eudaimonia, die Glückseligkeit. Antisthenes wohnte zu jener Zeit im Piräus, der Hafengegend von Athen, und soll täglich den Weg von siebeneinhalb Kilometern zur Stadt zurückgelegt haben, um den Sokrates zu hören. 399, also im Todesjahr des Sokrates, eröffnete er seine eigene Schule im Gymnasium Kynosarges, außerhalb der Stadtmauer von Athen.

Um die persönliche Glückseligkeit, um die Selbstfindung, ging es damals allen philosophischen Schulen und Sekten, auch den Sophisten, an deren Lehren Antisthenes ebenfalls anknüpfte. Und diese Glückseligkeitslehren waren gewiß nur der Reflex dessen, was alle Menschen im Griechenland dieser Tage suchten – wieder ein Hinweis darauf, daß Jacob Burckhardt die Stimmung im damaligen Griechenland richtig geschildert hat: daß die Menschen damals, gegen Ende griechischer Großartigkeit, keineswegs unbekümmert oder glücklich waren, daß sie vielmehr ununterbrochen und unter Einsatz aller Verstandeskräfte herauszufinden suchten, wie man als einzelner glücklich und zufrieden werden könne. Das, so hatte Sokrates verkündet, und so auch die Kyniker, könne nur durch Tugendhaftigkeit geschehen. Aber was war denn nun Tugend, was tugendhaft? Wenn Tugend glücklich machen soll oder sogar selbst das Glück ist, dann muß sie uns, so folgerte Antisthenes, von den Dingen der Welt so unabhängig wie möglich machen. Autarkie und Autonomie, darum ging es. Vor allem von den Begierden mußte man sich frei machen. »Lieber verrückt werden, als der Lust erliegen«, so rief Antisthenes. Also ist Tugend, auf einen Nenner gebracht, vor allem Bedürfnislosigkeit. Diese macht glücklich. Dazu gehört natürlich auch, daß man sich ganz unabhängig macht vom Überlieferten, vom Herkömmlichen, vom Menschenwerk.

So kam es, daß die Kyniker alles Menschengemachte, alle Zivilisation und Kultur als überflüssig und verstümmelnd abwiesen. Das alles war ihnen adiáphoron, gleichgültig, »wurscht«. Diese Gleichgültigkeit ist der Kynismus. Nur solche Bedürfnisse galt es zu befriedigen, die die Natur unabweislich gesetzt hatte, und das waren die elementaren Bedürfnisse Hunger und Liebe. Ein bißchen Essen also und ein wenig Sex, so würden wir heute unverblümter sagen, mehr Triebe braucht der Mensch nicht zu stillen. Auch er selbst werde sich verlieben, gab Antisthenes von sich, vor allen Dingen darum, weil der Weise allein wisse, wen man lieben dürfe. Und er werde heiraten um der Nachkommenschaft willen, wobei seine Wahl auf die schönsten Frauen fallen werde. Aber, wenn er auch hier polygamistisch oder männlich-chauvinistisch von »den Frauen« spricht, so fand er doch, im Namen der Gleichberechtigung, daß für Mann und Frau die Tugend die gleiche sei.

Mit der Tugend der Bedürfnislosigkeit waren die Kyniker ganz von selbst beim Ideal eines Naturzustandes angelangt, in dem sich so glücklich leben ließ, wie die Tiere es taten. Also führten die Kyniker allen sichtbar ihr »Hundeleben«. Was die »hündischen« Kyniker vom Leben ihrer tierischen Genossen anfangs dennoch unterschied, war, daß sie die Begierden glaubten zügeln zu müssen. Leidenschaftslosigkeit, apátheia, und Seelenruhe, ataraxia, das waren Schlüsselworte der späteren Stoiker, scheinbar nahe verwandt der Gleichgültigkeit, adiáphoria, der Kyniker. (Adiáphoria, Gleichgültigkeit, ist ein Begriff, den anders dann später auch die Stoiker verwendeten.)

Diese beiden Begriffe, apátheia und ataraxia, bestimmten bis in die römische Zeit hinein die Lehren der Sittenprediger und das Verhalten ihrer Schüler. Sie wurden von anderen Schulen, auch von den Epikureern und Skeptikern, aufgegriffen und nach Gutdünken abgewandelt.

Der Begriff apátheia, Unabhängigkeit von pathos, vom Leiden und den Affekten und auch von Krankheit, war allerdings, das muß ergänzt werden, in der Zeit der kynischen Anfänge noch nicht in Gebrauch. Vermutlich ist dieser Begriff als Terminus, als Fachwort, erst durch Aristoteles in Umlauf gebracht worden. Im übrigen sind die Freiheit von Leidenschaften, auch der Gleichmut, doch etwas anderes als die Zügelung von Begierden. Sie sind deren Resultat. Doch allein schon die These von der Kontrolle der Begierden hätte den Kynismus vor ein theoretisches Problem stellen müssen. Denn ein »hündisches«, naturgemäßes Leben ist ja gerade eines, das den natürlichen Trieben und Emotionen freien Lauf lassen sollte. In ihrer täglichen Lebenspraxis, in allen griechischen Städten, demonstrierten die Kyniker jedenfalls genau das: Sie ließen sich gehen.

Eher schon ist der Begriff der ataraxia, der Unerschütterlichkeit, der auf den großen Zeitgenossen Demokrit zurückgehen soll, mit Theorie und Praxis der Kyniker vereinbar. Unerschütterlich waren die Kyniker zumindest im Hinblick auf die Meinung, die sich die Öffentlichkeit von ihnen machte. Unerschütterlich gegenüber ihrem Triebleben aber blieben die Kyniker eigentlich nur insoweit, als sie es unerschütterlich auslebten.

Hinter der Libertinage der Kyniker schimmert dennoch das asketische Lebensideal durch, das noch das Leben christlicher Mönche leitete; und die Vorstellung, daß ein einfaches, bedürfnisloses Leben, das ja auch immer irgendwie als »natürlich« gilt, gottgefälliger sei und der Tugend näher stehe, beginnt auch unser heutiges Denken, angesichts des Luxus der reichen Industrienationen, der künstlichen Bedürfnisweckung, des verschwenderischen Umgangs mit den Gütern der Natur und womöglich bald deren Zerstörung, wieder zu beherrschen. (Bereits in den späten fünfziger Jahren kam bei uns das Wort von der »Konsumaskese« auf.) Und diejenigen, die mit dem Finger auf unsere Verschwendungssucht zeigen, die unsere technische Zivilisation als Bedrohung von Mensch und Umwelt empfinden und ihr den Rücken kehren, die nennen die Etablierten unserer Gesellschaft »zynisch«. Aber nicht sie sind es eigentlich, sondern jene »Realisten«, die vorhin als die Intellektuellen mit dem aufgeklärten, falschen Bewußtsein definiert wurden.

Die alten Kyniker gingen vielleicht noch weiter als die heutigen Alternativen. Sie gaben sich unverhüllt als egozentrische Anarchisten. Antisthenes verlangt zum Beispiel vom Weisen, daß er sich um Politik nicht kümmere, daß er sich an die bestehenden Gesetze nicht zu halten brauche, sondern allein nach den Richtlinien der Tugend oder dem, was ein Kyniker darunter verstand, zu handeln habe. Das war natürlich ein erster Schritt, jede gemeinschaftliche Ordnung und den Staat zu untergraben. Von der Lehre des Sokrates, der den Staat und die Gesetze zwar kritisierte, sie aber sehr wohl respektierte, sogar bis in den Tod, hatten sich die Kyniker damit sehr weit entfernt. Ihren Lehrsätzen zufolge mußte jede Gesellschaft in eine Anhäufung isolierter Individuen zerfallen, deren jedes sich nur um seine eigene Glückseligkeit, seine private Tugendhaftigkeit sorgte. Eine solche Moral- und Lebenslehre war freilich nicht dazu geeignet, eine, sagen wir, revolutionäre Gruppe zusammenzuhalten, ebenso wenig wie sie den nötigen Anklang bei den »werktätigen Massen« fand. Als Partei wäre ein solches Konglomerat bald auseinandergefallen, wie man das heute ewa bei der Gruppierung der »Grünen« beobachten kann. Als ernstzunehmende Schule waren die Kyniker zu närrisch, zu exaltiert. Der athenische Stadtstaat und auch die anderen Städte nahmen sie offenbar nicht für voll und schritten deshalb nicht gegen sie ein, wie ja damals, bei aller Voreingenommenheit der Träger öffentlicher Ämter, gleichwohl für Intellektuelle größte Freizügigkeit und Narrenfreiheit herrschten; während man an einem einzelnen, einzigen, dem Sokrates nämlich, glaubte ein Exempel statuieren zu müssen – und ihn zum Tode verurteilte.

Diogenes und Antisthenes waren mit ihrer Kritik an Staat und Gesetzen, an der Demokratie, alles andere als zurückhaltend. Den Athenern gab Antisthenes einmal den Rat, die Esel durch Abstimmung für Pferde zu erklären. Als sie das als unsinnig zurückwiesen, meinte Antisthenes: »Bei euch kann man ja auch Feldherr werden, ohne etwas gelernt zu haben – einfach durch Handaufheben.« Das war natürlich eine unverhohlene Kritik an den Gerichtsverfahren, bei denen praktisch ausschließlich Laien als Richter und Beisitzer fungierten. Und es war auch ein Hieb gegen das allgemeine Los-Verfahren, durch das jeder zu einem Amtsträger ernannt werden konnte. Hier hatten sich die Kyniker wohl vor allem die Aversionen des Sokrates und später Platons gegenüber der athenischen »Volksdemokratie« zueigen gemacht. Es zeigt sich außerdem, daß man die Kyniker bei all ihrer konfusen, präpotenten Weltauffassung keineswegs als Chaoten und Irrationalisten abtun kann. Es steckte hinter ihrer auffälligen Lebensweise doch auch Methode. Wenn er, sagte Diogenes einmal, Traumdeuter und Seher nebst ihrem gläubigen Anhang betrachte, dann erscheine ihm nichts erbärmlicher als der Mensch. Natürlich spielten Theorien bei den Kynikern gleichsam nur die Rolle von Initialzündungen zu einer entsprechenden Lebensweise. Das unendliche Theoretisieren, Vortragen und Vorlesen der übrigen Schulhäupter langweilte sie. Als ein solcher Gelehrter einmal eine lange Abhandlung vorlas und endlich an einem nur halb beschriebenen Blatt erkenntlich wurde, daß jetzt gleich Schluß sein werde, sagte Diogenes zu den Zuhörern: »Mut, ihr Männer, ich sehe Land.«

Diogenes, der ganz offenbar, wie alle Kyniker, Klassen- und Rassenschranken verwarf, meinte auch, man müsse die Gerechten höher schätzen als die Verwandten, und auf seine Feinde müsse man wohl achten, denn niemand bemerke unsere Fehler eher als sie. Selbstkritik schloß der kynische way of life nicht aus.

Am eindrucksvollsten an der kynischen Lebensphilosophie ist aber letztlich doch dies, daß sie uns vor Augen führt, wie ehrenwerte Prinzipien und Maximen in ihr Gegenteil umschlagen, wie aus der Tugend eine Farce werden kann. Die Gleichgültigkeit gegenüber den Konventionen und »Fortschritten« der Menschheit trieb die Kyniker zunächst in einen Nonkonformismus, hernach in einen Libertinismus, der dem Nihilismus gefährlich nahe kam. Wenn man das Gute oder Güter außerhalb einer inneren Tugendhaftigkeit nicht mehr gelten lassen will, dann ist man auf dem Weg zum Schmock, zum blasierten Weltverächter und zynischen Pessimisten. Naturgemäß leben – ja, warum nicht! Und dann vegetierten die Kyniker wie die Hunde. Seinen Begierden Einhalt gebieten – auch das ist vernünftig und menschenwürdig. Doch da befriedigen die Kyniker öffentlich und unausgesetzt das, was sie die natürlichen Triebe nannten. Der Weise ist sich selbst genug – auch darin liegt eine Wahrheit. Doch die Kyniker nutzen sie, um sich als Clochards der Gemeinschaft, von der sie doch profitierten, zu entziehen und ihrem Egoismus zu frönen. Verantwortung kannten sie schließlich bestenfalls noch den selbstgesetzten Maximen und Geboten gegenüber.

In dem Moment, so kann man vielleicht sagen, in dem die Kyniker ihre begreiflichen Aversionen und ihre im Kern zweifellos gültige Morallehre demonstrativ und im Extrem öffentlich allen anderen vorzuexerzieren versuchten, mußten diese Parolen verlogen erscheinen und das Gegenteil bewirken. Daß man mit der Tugend nicht prunken kann, daß sie die öffentliche Zurschaustellung nicht verträgt – das hatten die Kyniker nicht erkannt. Wenn es stimmt, was berichtet wird, dann hatte Sokrates diese Gefallsucht, dieses Protzen mit der Armut, völlig durchschaut. Antisthenes soll einmal ein Loch in seinem Mantel, seinem Tribon, besonders auffällig hervorgekehrt haben. Sokrates, der das merkte, sagte daraufhin zu ihm ironisch: »Deine Eitelkeit, Antisthenes, blinkt mir aus deinem Mantel entgegen.«

Doch immer da, wo ausschweifender Lebensgenuß zum Höchsten wird, der Kulturbetrieb sich, ohne Augenmaß, zum letzten Daseinszweck aufbläht und die Zivilisation der Natur in den Rücken fällt oder sie schließlich zubetonieren will, sind scharfe, gallige, säurehaltige Gegenmittel angezeigt, damit man wieder zur Besinnung kommt. Eine Prise Kynismus ist da angebracht. So hat sich denn der Kynismus, wenn auch in einem mehr literarischen Gewand, als subkulturelle Lebenseinstellung bis ins sechste nachchristliche Jahrhundert erhalten. Und genau genommen lebt er heute noch.

Eines Kynikerlebens, wie es in der Nachfolge des Diogenes geführt wurde, soll hier aber zum Abschluß noch gedacht werden. Man wird leicht den Modellcharakter für heutige alternative Lebensformen darin entdecken.

Ein Schüler des Diogenes war Krates von Theben, der natürlich, wie alle Kyniker, ein unstetes Wanderleben führte. Er muß indes ein Mann von ausgeglichener Wesensart und großer Wohltätigkeit gewesen sein, und man nannte ihn damals, etwa um 300 vor Christus, den »Toröffner«. Alles, was Krates geschrieben hat – nichts davon ist auf uns gekommen –, trug parodistische, zynische Züge. Vielleicht den kynischen Utopismus selbst, jedenfalls aber die damalige Mode, Idealstaaten auszutüfteln, wozu man ja auch Platons ›Staat‹ rechnen kann sowie dessen Spekulationen über die sagenhafte Insel Atlantis, karikierte Krates in seinem Buch ›Pera‹, einem utopischen Paradies der Kyniker. Auch an dem großen Gesetzgeber und Reformator zu Beginn des sechsten Jahrhunderts vor Christus, Solon, soll er seinen zynischen Witz geübt haben. Lebte er heute, er hätte sicher zynisch die marxistischen Utopien oder auch die neokynische Modell-Lebensgemeinschaft des amerikanischen Psychologen B. F. Skinner, ›Walden two‹, persifliert.

Bemerkenswert ist das Leben des Krates vor allem auch wegen der Lebensgemeinschaft, die er mit einer reichen, adeligen und schönen Thebanerin namens Hipparchia einging. Diese sagte sich von ihrer Familie los, um gemeinsam mit Krates ein kynisch-philosophisches Wanderleben zu führen. Und offenbar war sie selbst eine merkenswert kluge Frau und eine der ganz wenigen Philosophinnen dieser Zeit. Die Eltern der Hipparchia redeten anfangs dem Krates dringend zu, ihre Tochter von ihren verrückten Plänen abzubringen, und Krates gab sich alle Mühe, das auch zu tun. Schließlich legte er alles, was er bei sich trug, vor ihr nieder und sagte: »Hier steht dein Bräutigam, dies ist seine Habe, danach fasse denn deinen Entschluß.« Hipparchia aber entschied sich für ihn, sie »emanzipierte« sich von den Eltern – damals sicher ungewöhnlich –, zog die gleiche Kleidung an wie er, also den groben Tribon ohne Unterwäsche, zog mit ihm umher und wohnte im Freien mit ihm. Es gibt unzählige Legenden über diese auch für damalige Zeiten gänzlich unkonventionelle Ehe oder Partnerschaft. Der Stoiker Zenon, von dem im letzten Kapitel ausführlich die Rede sein wird, wurde übrigens Schüler des Krates.

Solche Marginalien machen die Nähe des Kynismus zu unserer jüngsten Gegenwart vielleicht noch auffälliger.

»Kurzum, wenn weder durch Lernen Belehrung noch von Natur aus die sogenannte Lebenskunst sich in jemandem bildet, dann ist die bei den Philosophen so vielgerühmte Lebenskunst unauffindbar.«

Sextus Empircus

Von Zweifeln geplagt
Die harte Schule der Skeptiker


Im siebten, sechsten und frühen fünften Jahrhundert vor unserer Zeitrechnung fingen in Griechenland, vor allem in den Kolonisationsgebieten Kleinasiens, einige Männer an, sich ernsthaft und verhältnismäßig systematisch Gedanken über die Welt, in der sie lebten, zu machen. Was ihnen in den bildhaften Mythen überliefert war, schien ihnen zwar einigermaßen sinnvoll, aber sie fanden darin nicht die Erklärung, die sie suchten. Sie fragten sich jetzt zum Beispiel, ob nicht die ganze Vielfalt der Welt mit all ihren Erscheinungen womöglich aus nur wenigen Elementen bestehe. Waren nicht, so dachten sie, Wasser, Luft, Feuer oder Erde die Grundstoffe, aus denen sich alles, was man fühlte, sah, schmeckte oder roch, letztlich zusammensetzte? Und war die Welt fest und unverrückbar oder änderte sie sich ständig, war alles in Bewegung? War sie unbegrenzt oder hatte sie einen Anfang, war das Unbegrenzte, das apeiron, selbst der Ursprung? War sie im letzten Grunde etwas rein Geistiges oder stofflich, etwas Materielles? Aber das Materielle, fanden sie später, die festen Körper und selbst die Seele, müssen aus kleinsten Teilchen zusammengesetzt sein, solchen, die selbst nicht mehr teilbar sein konnten; aus Atomen im leeren Raum.

Solche Gedanken über die Welt, den Anfang, das Sein oder das Werden hatten sich die ionisch-milesischen Naturphilosophen oder die sogenannten Vorsokratiker gemacht, wie Thales, Anaximander oder Anaximenes, alle aus Milet, Heraklit aus Ephesos oder Anaxagoras aus dem kleinasiatischen Klazomenai, Parmenides aus Elea in Unteritalien und, schon in die klassisch-griechische Zeit hineinragend, Demokrit aus Abdera in Thrakien. Sie alle hatten im Laufe der Jahrhunderte und Jahrzehnte ein beträchtliches Wissen von der Natur und ihren Erscheinungen angehäuft. Ihr Wissen entstand aus dem Staunen, und sie waren sich sicher, daß die Erklärung der Natur eine lohnenswerte Anstrengung sei.

Um das vierte Jahrhundert traten dann andere Denker in Griechenland auf, die ein solches kosmologisches Wissen von der Natur nicht für besonders belangvoll hielten. Aber sie eigneten es sich immerhin an. Doch setzte mit ihnen ein radikaler Wechsel der Perspektive ein. Der denkende Mensch wurde sich selbst zum aufregendsten Gegenstand der Betrachtung. Was er, der Mensch sei, vor allem, wie er handeln solle, was gut und gerecht sei, wie man glücklich leben könne – das zu wissen galt von nun an fast ausschließlich als bedenkenswert. Diese neuen Philosophengenerationen, repräsentiert in mehreren Schul- und Denkrichtungen, wähnten nun den Menschen zu kennen, Bescheid zu wissen über seine Bedürfnisse und Ziele. Bis auf einen, Sokrates, trumpften sie mit teilweise naiven Vorschriften und Rezepten auf, wie man tugendhaft oder auch gut angepaßt zu leben habe und dadurch sein Glück und seine Seelenruhe fände. Einige glaubten hingegen in der zynischen Verachtung herkömmlicher Sitten und gesellschaftlicher Formen den naturgemäßen Weg zum Heil entdeckt zu haben.

Das akkumulierte neue Wissen um das Seelenheil war beachtlich und die Selbstzufriedenheit und Wortgewalt, mit der ihre Verkünder posierten, beeindruckend. In gut zwei Jahrhunderten hatte sich hier in Griechenland die Menschheit anscheinend aus einer kindhaften Befangenheit in mythischen Bilderwelten zur Helle der Rationalität befreit.

Aber es war auch nicht zu übersehen, daß dieses Wissen kein homogenes Gebilde darstellte, sondern sich gegenseitig vielfach im Wege stand, daß die Lehrsätze und Sentenzen einander widersprachen und die Heilswege auseinanderliefen. Vor allem die Sophisten deckten die zuwiderlaufenden Erklärungen und Glücksversprechungen der verschiedenen Sekten und Schulen auf und machten klar, daß jede der diversen Weltdeutungen nur höchst eingeschränkt und relativ gelten könne. Und dann begann Sokrates sämtliches vermeintliche Wissen, einschließlich das der Sophisten, fragend zu durchlöchern, mit dem Ergebnis, daß man eigentlich ganz neu, gleichsam von der Pike auf, zu philosophieren anfangen müsse. Die großen dialektischen Rekonstruktionen des Wissens und der Erkenntnis führten dann Platon und Aristoteles durch, wobei sie Gedankengebäude errichteten, deren Reflexionsplateau die Nachwelt bis heute nicht überboten hat. Zu Zeiten des Sokrates und der Sophisten versuchte eine Randgruppe, die Kyniker, den Sokratischen Kritizismus auf eigene Faust in die Tat umzusetzen: Sie lebten »hündisch«, provozierten Staat, Konventionen und Gesellschaft als lebende, unübersehbare Fragezeichen. Alles, was bis dahin als sicher und gesichert erschien, begann nun brüchig zu werden. Nicht ganz drei Generationen nach dem Tod des Sokrates – wir können als Stichjahr ungefähr 320 festsetzen – mischte sich noch eine weitere Schule oder auch Sekte in das hektische Treiben, die nach ihrem Initiator Pyrrhon die Pyrrhonische genannt wurde. Ihre Philosophie hießen diese Umstürzler die skeptische.

Wie für die Sucht der Sophisten, alles Überkommene zu relativieren, scheinen auch für die Destruktionsarbeit der viel weniger lautstarken Skeptiker die äußeren Umstände ein Anlaß gewesen zu sein: der schier endlose Peloponnesische Krieg, die allgemeine politische Umbruchszeit mit dem Ende der griechischen Vorherrschaft, die Verarmung Athens, die düsteren Zukunftsaussichten. Doch diese historische Situation allein erklärt nicht die Heraufkunft eines anderen Denkstils. Einleuchtendere Gründe dafür bieten die weltanschaulichen Devisen, die, so könnte man sagen, von den verschiedenen rivalisierenden Schulen wie Dogmen, wie Glaubenssätze, buchstäblich auf den Markt gebracht wurden.

Ungeachtet des politischen und wirtschaftlichen Niedergangs zu Zeiten des Hellenismus blieb Athen die philosophische Metropolis, der wichtigste Umschlagplatz für Kulturgüter und für die Verarbeitung importierter geistiger Waren. Das Griechische war nach wie vor identisch mit Lebensart schlechthin. Als mit Pyrrhon die skeptische Version des Philosophierens aufkam, also etwa 330, war Platon zwar bereits siebzehn Jahre tot, aber seine Schule, die Akademie, bestand erfolgreich weiter.

Platon hatte die Akademie um 385 gegründet. Sie war nach dem Hain des Heros Hekademos, einem baumreichen Gymnasium, benannt und lag im Nordwesten der Stadt. Die Akademie war eine Art mönchische Lebensgemeinschaft mit sexueller Enthaltsamkeit – Platon war übrigens Junggeselle –, kurzen Schlafzeiten und vegetarischer Kost. Nach dieser Akademie hießen Platons Anhänger Akademiker. Die Kyniker gaben nach wie vor der Stadt ihren pittoresken Farbtupfer, und Diogenes, der Mann in der Tonne, starb hochbetagt erst 323. Der Peripatos, die Schule des Aristoteles, mischte sich mit Strenge und unüberhörbar ins Stimmengewirr der Sekten.

Aristoteles gründete seine eigene Schule im Jahre 335 im nordöstlich der Stadt gelegenen Bezirk Lykeion. Dort, in den Laubengängen des Gartens, pflegte er ungewöhnlicherweise im Auf- und Abgehen, peripatein, zu unterrichten und zu diskutieren. Daher der Schulname Peripatos oder die Bezeichnung der Schüler als Peripatetiker. Hinzu kam jetzt, in den nämlichen Jahren, eine weitere Denkerschule, die Lehranstalt des Epikur, die sich als eine der wirkungsvollsten erweisen sollte, obwohl sie eher esoterisch und hermetisch war, abgeschieden von der Öffentlichkeit. Die Stoiker um Zenon und Kleanthes machten mehr und mehr auf sich aufmerksam. Kurz, wir sehen uns einem üppig wuchernden rhetorischen und philosophischen Sekten- und Schulenwesen gegenüber. Es war eine ungeheure, permanente Diskussionsveranstaltung, die gerade deshalb um so vitaler und erregender war, je heftiger die Meinungen aufeinander prallten. Dieser Meinungspluralismus wahrte erstaunlicherweise das Gleichgewicht, eigentlich dominierte keine dieser Strömungen die andere. Die alles in den Schatten stellende, weltumspannende Wirkung von Platon und Aristoteles steht um diese Zeit noch aus.

Zurückblickend auf diese fernen und doch so nahen Zeiten ergibt sich für uns das Bild eines zwar heftigen, aber letztlich freundschaftlichen agonalen Philosophierens, eines »ausgewogenen« Wettstreites der Meinungen. Aber dieses Bild ist trügerisch. Die Schulen und ihre Anhänger bekämpfen sich von nun an erbitterter, mit einer Gehässigkeit, der häufig alle Mittel recht sind. Immer frecher mischt sich in die sachliche Kritik die persönliche Diffamierung, die auch vor der übelsten Nachrede nicht zurückschreckt. Wenn man gewissen Berichten Glauben schenken darf, kam es gelegentlich sogar zu tätlichen Auseinandersetzungen. Offenbar war auch die Technik des Totschweigens schon bekannt.

Aristokles zum Beispiel – der Philosoph, der später, entweder seines breiten Redeflusses oder seiner breiten Stirn wegen, Platon hieß – hat in all seinen Schriften seinen dreiunddreißig Jahre älteren Kollegen Demokrit mit keinem Wort erwähnt. Einmal wohl, weil dessen naturphilosophische Theorie außerhalb der philosophischen Interessensphäre Platons lag, zum anderen aber, weil er in ihm dennoch den großen Konkurrenten witterte. Das ging so weit, daß Platon alle auffindbaren Schriften des Demokrit zu verbrennen beabsichtigte; durch zwei Pythagoreer sei er davon mit dem Hinweis abgehalten worden, die Bücher des Demokrit seien bereits so verbreitet, daß es nutzlos sei, sie nun vernichten zu wollen. Mit Platons unausgesetztem Reden von der Tugend läßt sich seine Mißgunst nur schwer vereinbaren.

In diese Situation heftigster Schulstreitigkeiten platzte nun ein Mann namens Pyrrhon, dessen Thesen alle kursierenden Schulmeinungen und Lehrsätze in Zweifel zogen und ihnen das Wasser abzugraben drohten.

Bevor man sich von Pyrrhon und seinen Nachfolgern ein Bild macht, sollte man sich darüber klar sein, was mit den Wörtern »Skeptiker«, »skeptisch« oder auch »Skeptizismus«, die durch ihn in Umlauf kamen, gemeint war – Begriffe, die uns ja vordergründig geläufig sind und die wir beinahe täglich verwenden. Fast alle diese Begriffe, die aus dem Altertum auf uns gekommen sind, etwa »sophistisch«, »ironisch« »zynisch«, »stoisch« oder »epikureisch«, haben aber im Laufe von zwei Jahrtausenden einen erheblichen Bedeutungswandel durchgemacht, der sie zu kaum mehr verständlichen Schlagworten entstellt hat. Das Wort »skeptisch« hat vielleicht die geringste Deformation erlitten. Wenn wir heute jemanden einen Skeptiker nennen, dann meinen wir einen Menschen, der grundsätzlich an allem zweifelt, aber so, daß er stets das Negative, das Ungünstigere für wahrscheinlich hält. Der moderne Skeptiker scheint ein enger Verwandter des Pessimisten zu sein. »Er beurteilt die Aussichten eines Abrüstungsübereinkommens skeptisch«, so sagt man, und das soll heißen, daß dieser »er« bezweifelt, daß ein solches wünschenswertes Abkommen herbeizuführen ist; er glaubt eher, daß es zum Scheitern verurteilt ist. Ein Münchener, der ein bedenkliches Gesicht macht und sagt: »Ich bin skeptisch, ob der FC-Bayern gegen den HSV *verlieren* wird«, den hingegen wird man kaum als einen Skeptiker bezeichnen, eher als konfus und mit dem Sprachgebrauch nicht vertraut. Der Zweifel, die Skepsis, richtet sich also prinzipiell auf Hoffnungen, nicht auf Befürchtungen, und darum haftet dem Skeptizismus dieser Zug von Pessimismus an. An etwas zu zweifeln bedeutet dann schon beinahe so viel wie verzweifeln. In totalitären Staaten wird übrigens Skepsis bereits als Opposition verdammt.

Dem Wort Skepsis in seiner altgriechischen Bedeutung ist ein solcher Pessimismus nicht anzuhören, schon darum nicht, weil die alten Skeptiker sich als Lohn ihrer Zweifel ein Glücksgefühl versprachen, nämlich die Seelenruhe, die ataraxia. Denn auch die so systematisch betriebene Skepsis war für ihre Gründer primär eine Glückslehre; in diesem »Prinzip Glück« waren sie sich mit anderen Schulrichtungen einig. Der heutige Begriff Skepsis ist aus dem griechischen Wort »skeptomai« oder »skopeo« abgeleitet, was soviel wie »umherspähen«, »suchen« oder »prüfen« heißt. Was die Skeptiker prüften, das waren die großen Wahrheiten, die von den Schulhäuptern und Sektenführern, namentlich von den stoischen Weisen und von den Epikureern, so unbekümmert, so dogmatisch festgesetzt wurden. Die Skeptiker bezweifelten derartige Wahrheiten entschieden, hielten sie jedenfalls für unbegründbar.

Sie selbst blieben unentwegt auf der Suche und maßten sich niemals an, etwas gefunden zu haben. Und sie bezweifelten darüber hinaus, daß sich überhaupt etwas über die Wirklichkeit, so wie sie »wirklich« ist, sagen ließ. So säten sie ihre Zweifel an den umherschwirrenden Lehrmeinungen aus, enthielten sich selbst aber jeden Urteils. Diese skeptische Haltung wirkt zunächst recht steril, auch ein wenig kleinmütig oder verzagt; tatsächlich aber war sie das Produkt eines neuen Lebensgefühls des Überdrusses an den vielen naiv proklamierten Lehrmeinungen. Der Skeptizismus war eine Desillusionierung radikalster Art.

Pyrrhon hatte den skeptischen Standpunkt natürlich nicht erfunden. Schon der Relativismus der Sophisten sowie ihre Problematisierung aller übrigen philosophischen Lehren entsprang ja einem Skeptizismus, dem die Überzeugung von eindeutigen und begründbaren Urteilen abhanden gekommen war. Auch die Sophisten meinten, alles hinge vom Standpunkt des Betrachters ab, und man könne über jede Sache so oder so reden. Nur wähnten sie sich mit ihren relativistischen Verdikten im Besitz eines lehrbaren, sicheren Wissens. Ihrer Weisheit entging, daß sie fortwährend mit provozierender Selbstgewißheit die Relativierung aller Gewißheit betrieben. Pyrrhon nun formulierte die Relativismen behutsam zu skeptischen Verhaltensmodi um, die vor allem geboten, daß man sich mit seinen Urteilen peinlichst zurückzuhalten habe, wollte man nicht selbst in die Rolle des Dogmatikers verfallen. Spätere Skeptiker, vor allem der Akademiker Karneades im zweiten vorchristlichen Jahrhundert, früher schon Timon, ein Schüler Pyrrhons, und Ainesidem entwickelten den Pyrrhonischen Skeptizismus, insbesondere in der Kritik an der stoischen Schule, zu einem messerscharfen Instrument.

Eine Schule im engeren Sinne aber bildete der Skeptizismus nicht; er war mehr eine Kunst- oder Lebensform, eine intellektuelle Einstellung oder, wie in mancher Gestalt der Ironie, eine Art beständigen Vorbehalts. Eine solche intellektuelle Haltung ließ sich durchaus mit ganz andersartigen philsosophischen Überzeugungen vereinbaren, Überzeugungen, die man durch ein Gran Skeptizismus sich gleichsam dennoch vom Leibe hielt. So war Cicero seiner Überzeugung nach Stoiker, aber er hielt es insoweit auch mit dem Skeptizismus, als er sich letzter Urteile über eine hinter den Erscheinungen liegende Wirklichkeit enthielt.

Da der Skeptizismus weder eine Schule bildete noch eine Lehre darstellte, es sei denn die, daß es philosophisch nichts zu lehren und zu lernen gebe, hatte Pyrrhon folglich auch nichts Schriftliches hinterlassen. Wir müssen uns, was seine skeptischen Formeln betrifft, auf die Darstellung verlassen, die Jahrhunderte später ein griechischer Arzt namens Sextus Empiricus von den antidogmatischen Ideen der Pyrrhoniker verfaßt hat.

Auf fast alle Schulhäupter, Weisheitsapostel, Menschheitsbeglücker und umherziehenden Wanderprediger, die seinerzeit Griechenland zum Glanz eines geistigen Weltzentrums verhalfen, mußte der Zweifel der Skeptiker lähmend und aufschreckend zugleich wirken; denn alle die Thesen und Appelle, die diese Vaterfiguren vortrugen und zu Maximen ihrer praktischen Lebensführung erhoben hatten, hingen, nahm man die skeptischen Einwände ernst, in der Luft und konnten »um nichts mehr« gelten – eine typische skeptische Redewendung – als irgendwelche gegenteiligen Proklamationen. Die Nachfolger des Sokrates zum Beispiel – und auch die anarchistischen Kyniker zählten sich dazu – setzten ja bedingungslos auf das gerechte, tugendhafte Handeln; und gerecht und tugendhaft handeln ließ sich dank eines wirklichen Wissens um die Tugend. Ethik mußte, nach des Sokrates Meinung, eben deshalb möglich sein. Freilich zögerte auch Sokrates, wenn es um solches Wissen ging, mit den Antworten. Als Suchender war er in einem gewissen Maße auch Skeptiker. Aber er fällte doch immerhin das Urteil, er wisse zumindest das eine, daß er nichts wisse. Nicht einmal mehr ein solches Wissen des Nichtwissens maßten sich die Skeptiker an. Ohne selbst etwas Positives, etwas Haltbares zu äußern, beschränkten sie sich allein darauf, die Aussagen, die angeblichen Erkenntnisse der konkurrierenden Lehrmeister als unbeweisbar, widersprüchlich und verworren zu entlarven. Sie sahen »ihre Aufgabe ununterbrochen darin, den Lehrsätzen der Sekten sämtlich den Garaus zu machen«. Für die Skeptiker war es auch kein Wunder, daß die Leute, die solchen Lehrsätzen anhingen, oft so törichte, ja gefährliche Dinge taten. Folglich verzichteten die Skeptiker auch auf eine tätige Lebensweise, die sich an vermeintlich unerschütterlichen, positiven Grundsätzen orientierte. Natürlich mußten auch sie handeln, etwas tun, sich entscheiden; aber sie handelten gleichsam der Not gehorchend, sie taten, was unumgänglich war und was die Konvention nun einmal verlangte.

Aus dieser Zurückhaltung namentlich in ihren Urteilen – epoché genannt – machten die Skeptiker ganz wörtlich eine Tugend. Wenn über nichts Wesentliches etwas wirklich Gewisses auszumachen ist, dann tut man gut daran, sich im Reden und Handeln zurückzuhalten. Mit dieser Zurückhaltung machte der Skeptiker eine ganz neue Erfahrung: Es überkam ihn die »Meeresstille der Seele«, die Unerschütterlichkeit des Gemüts. Seelenruhe aber, ataraxia – darin kamen ja so viele Tugend- und Weisheitslehren zu Zeiten des Hellenismus überein –, war das höchste Glück, nach dem es zu streben galt und dem nun auch der Zweifel dienen sollte.

Wer nur oberflächlich die Denkzüge, die »Tropen«, der Skeptiker betrachtete, konnte sie leicht als mutwillige Auflösung all der Prinzipien oder Lehrsätze mißverstehen, um die sich bis dahin so viele Weise, Rufer in der Wüste und Philosophen gemüht hatten. Diese trachteten nach einem gesicherten Wissen, an dessen Leitfaden sich das Leben ein wenig glücklicher leben ließ. Solche Absichten schienen jetzt geradezu der Lächerlichkeit preisgegeben. Nun war man jeden Haltes beraubt, namentlich des guten Rates der »professionellen« Ratgeber, die jetzt als verantwortungslose Optimisten dastanden. Was sollte man nun tun? Welchen Sinn sollte die Beteiligung an den öffentlichen Angelegenheiten, der Politik, noch haben, welche Verhaltensregeln sollte man aufstellen und beachten, wenn sie alle gleich viel und gleich wenig, das hieß de facto gar nichts, galten?

Man hätte erwarten können, daß die Machthaber oder der Rat der Stadtstaaten gegen solche, das Gemeinleben bedrohende, lähmende Lehren energisch eingeschritten wären. Doch das Gegenteil war der Fall. In seiner Vaterstadt Elis auf der Peloponnes kam Pyrrhon zu hohen Ehren und wurde sogar zu einer Art Oberpriester erwählt; um seinetwillen gewährte die Stadt Elis allen Philosophen Steuerfreiheit! Um solche Liberalität und Toleranz damaliger Politiker oder Volksvertreter ganz begreiflich zu machen, muß man seine Phantasie schon weit schweifen lassen: Man müßte sich vorstellen, jemand, der in unserer Zeit mit dialektischen Künsten die Wissenschaften als rein oberflächliches Wissen abtäte, moralische Grundsätze als beliebig bloßstellte und Enthaltsamkeit von öffentlich-politischer Tätigkeit empfähle (etwa: nicht mehr wählen), würde mit dem Bundesverdienstkreuz ausgezeichnet und zum Ehrenbürger seiner

Heimatstadt ernannt. An solchen Fiktionen sieht man, wie schwer es ist, sich in die Zustände damaliger Demokratie und das Lebensgefühl ihrer Bürger hineinzuversetzen.

Allerdings sollte einem über diesem Erstaunen nicht entgehen, daß die ausgeklügelten Lehrstücke der Skeptiker ziemlich hoch über der Alltagswirklichkeit schwebten, wie sich ja alle fundamentale Philosophie nicht unmittelbar auf die praktische Lebenserfahrung auswirkt. Die Skeptiker hatten nämlich immer betont, daß ihre philosophischen Ansichten alles das berücksichtigten, was die Natur nun einmal vorschreibe, was zwangsläufig erlebt werde, was Überlieferung, Gesetze und Sitten verlangten. Sie waren keineswegs weltfremd. Sie machten jedoch eine deutliche Zäsur zwischen Philosophie und alltäglichem Leben. Was derzeit Philosophen über das »Sein« ausmachen, berührt unsere Alltagspraxis auch kaum; oder, einleuchtender, das Raum-Zeit-Kontinuum der Relativitätstheorie tangiert unser alltägliches Bewußtsein nicht im geringsten, obwohl diese Theorie die »wahrere« ist; für unser übliches, »normales« Denken und Handeln bleibt weiterhin das Newtonsche Raum- und Zeitverständnis verbindlich und hinreichend. Erst mit der Reflexion auf die Bedingungen unseres Weltverständnisses setzt man sich, damals wie heute, über den Horizont sinnfälliger Erfahrungen hinweg.

Pyrrhon, der erste konsequente Skeptiker oder auch Aporetiker, also Entdecker von Ausweglosem, war 360 vor Christus in Elis geboren, der Stadt in der Küstengegend der nordwestlichen Peloponnes, woher Wein und Korinthen auch heute noch kommen. Er soll neunzig Jahre alt geworden sein und lebte, wie er dachte: ungebunden, aber rücksichtsvoll. Nach einer Zeit als Maler schloß er sich 334, ein Jahr übrigens, nachdem Aristoteles seine Schule, den Peripatos, gegründet hatte, Alexander dem Großen als eine Art Hofphilosoph an und zog mit ihm bis nach Indien. Von den dortigen Gymnosophisten und Magiern soll er stark beeindruckt gewesen sein; aber auch von einem griechischen Landsmann, den er bei Alexander traf, Anaxarchos, den man »den Glücklichen« nannte und der ein Anhänger Demokrits war, muß er in Fragen der Lebensgestaltung einiges gelernt haben. 323, nach Alexanders Tod, kehrte Pyrrhon ohne alle Habe nach Elis zurück. Hier begann er dann mit seinen Vorlesungen vor einem großen Schülerkreis. Einer seiner Schüler, der satirisch begabte Timon aus Phlios, widmete seinem Lehrer die folgenden begeisterten Verszeilen: »Pyrrhon, würdiger Greis, wie glückt' es dir, frei dich zu machen / von der Sophisten Meinungsgewirr und Hirngespinsten / und die Fesseln zu lösen der Täuschung und gleißenden Rede?«

Daß sich ein Skeptiker wie Pyrrhon ganz besonders gegen die als große Weise sich aufspielenden Sophisten wenden mußte, versteht sich fast von selbst. Die Aufklärungsarbeit, die die Sophisten gleichwohl durch ihre Dialektik und durch das Infragestellen des Gewohnten geleistet hatten, wollten die Pyrrhoniker offenbar ihrerseits nicht unbefragt gelten lassen. Die entscheidenden Differenzen zwischen den Skeptikern und den Sophisten lagen darin, daß die sophistischen Redekünstler allenthalben mit dem Anspruch eines gesicherten Wissens auftraten und sich zu Lehrmeistern kluger Lebensart sowie politischer Agilität aufwarfen. Sie waren die großen Besserwisser der Zeit und in den Augen der Skeptiker reine Dogmatiker. Der Kodex oder Leitfaden für den skeptischen way of life, die agogé, die rechte Lebensführung, war demgegenüber auf Zurückhaltung und Abwarten ausgerichtet. Natürlich propagierten sie eine solche Lebensform nicht als allgemeinverbindliche Norm oder Doktrin; sie empfanden sie eher als persönliche, private Geschmackssache oder Neigung.

Die skeptische Lebensweise mit dem Ziel der Seelenruhe war das plötzliche, unerwartete Ergebnis theoretischer Überlegungen, die später zunächst in zehn, dann in noch weiteren fünf sogenannten Tropen, »Argumenten«, »Wendungen« – salopper oder moderner formuliert, könnte man tropos mit »Dreh« übersetzen –, kodifiziert wurden. Pyrrhon selbst hat seine Erkenntnisse wahrscheinlich nicht in diese Form von Lehrsätzen gebracht und schon gar nicht schriftlich fixiert. Er war offenbar mehr ein Mann der Lebenspraxis, der seine Prinzipien in entsprechenden Verhaltensweisen demonstrativ realisierte. Das Ziel, die Seelenruhe, stand ihm näher als der Weg dorthin, als die theoretisch analysierende Methode. Danach sind auch die Geschichten, die man sich von ihm erzählt. Als einmal auf einer Seefahrt die Mitreisenden durch einen Sturm in Panik gerieten, blieb Pyrrhon ganz ruhig und ermutigte die Passagiere dadurch, daß er auf ein Schwein, welches auf dem Schiff sein Futter verzehrte, mit den Worten hinwies, diese Unerschütterlichkeit sei ein Muster für das Verhalten des Weisen.

Der Katalog der insgesamt fünfzehn Tropen wurde anscheinend um die Mitte des ersten Jahrhunderts vor Christus von Ainesidemos aus Knossos zusammengestellt, der in Alexandria lehrte. Ainesidemos hat dabei vermutlich die ausgefeilten skeptischen Thesen von Karneades, dem Schulhaupt der sogenannten Mittleren Akademie im zweiten Jahrhundert vor Christus, benutzt. Nichts davon ist erhalten. Wir kennen die skeptischen Tropen vorwiegend aus dem Werk eines viel Späteren, nämlich dem des Arztes Sextus Empiricus, griechisch Sextos Empeirikos, der etwa in der Zeit zwischen 200 und 250 nach Christus in Alexandrien und Athen als Leiter einer skeptischen Schule wirkte. Die eine seiner Schriften mit dem Titel ›Pyrroneioi Hypothésis‹, ›Pyrrhonische Grundzüge‹, ist das einzige Buch, das uns einen zuverlässigen Überblick über die Geschichte und die Grundgedanken der Pyrrhonischen Skepsis liefert. (Er schrieb auch noch ein Buch gegen die Mathematiker, die er als Erzdogmatiker verdächtigte.) Wie so oft beim Studium der hellenistischen Philosophie, sind wir auf Quellen angewiesen, die um Jahrhunderte hinter dem eigentlichen Geschehen zurückliegen. Wenn also im folgenden von Pyrrhon, Ainesidemos oder auch Karneades die Rede ist, dann zumeist nach der Lesart des Textes von Sextus Empiricus.

In den ersten zehn Pyrrhonischen Tropen wird uns zunächst klargemacht, daß nichts wirklich gut oder schlecht, schön oder häßlich, groß oder klein, süß oder sauer, nah oder fern, auch gerecht oder ungerecht genannt werden kann. Denn die verschiedenen Lebewesen haben aufgrund ihrer artspezifischen Wahrnehmungsapparate ganz unterschiedliche Empfindungen des Schmerzes, der Lust oder des Geschmacks und sehr auseinanderdriftende Vorstellungen. Zum Beispiel, so heißt es einmal, kann man nicht sagen, »Laub schmeckt gut« oder »Laub schmeckt schlecht«, denn für die Ziege ist das Laub genießbar, für den Menschen nicht. Auch die Menschen unter sich sind verschieden, und was dem einen nutzt, schadet dem anderen. Ferner gibt es unter den Menschen höchst unterschiedliche Lebensweisen, Gesetze und Glaubenshaltungen. Und auch die Dinge unserer Umgebung sehen wir nur in eingeschränkten Verhältnissen. »Derselbe Turm«, stellen die Pyrrhoniker fest, »erscheint aus der Ferne rund, aus der Nähe viereckig.« Und wie sollte man bestimmen, ob etwas seiner Natur nach rechts ist, wo »rechts« doch nur im Verhältnis zu »links« vorkommt; so wie ein Vater nicht ohne Sohn denkbar ist und umgekehrt.

Mit diesen Tropen, deren oberste Gattung die Relativität ist, beziehen sich die Skeptiker deutlich auf die Dinge, wie sie uns erscheinen oder wie wir sie uns vorstellen und denken. Wenn man die erscheinenden oder die gedachten Dinge einander entgegensetzt oder auch, wenn man die gedachten den erscheinenden Dingen entgegensetzt, dann läßt sich nichts vor dem anderen auszeichnen, alles ist gleichwertig, alles ist einerlei. Beispielsweise werden Gedanken gegen Gedanken gesetzt, »wenn wir demjenigen, der die Existenz einer Vorsehung aus der Ordnung der Himmelskörper beweist, entgegenhalten, daß es den Guten häufig schlecht, den Schlechten dagegen gut geht, und daraus auf die Nichtexistenz einer Vorsehung schließen«. Wie die Dinge als solche, wie sie an sich sind, das ist uns durch die Gleichwertigkeit ihrer Erscheinungen und unserer widersprechenden Gedanken darüber verborgen.

Die Skeptiker gelangten gleichsam unbeabsichtigt zu ihrer typischen skeptischen Seelenruhe. Sie begannen zu philosophieren, so heißt es bei Sextus Empiricus, »um die Vorstellungen zu beurteilen, um zu erkennen, welche wahr sind und welche falsch, damit er (der Skeptiker) Ruhe finde. Dabei geriet er in den gleichwertigen Widerstreit, und weil er diesen nicht entscheiden konnte, hielt er inne. Als er aber innehielt, folgte ihm zufällig die Seelenruhe in den auf dogmatischem Glauben beruhenden Dingen. Wer nämlich dogmatisch etwas für gut oder übel von Natur hält, wird fortwährend beunruhigt.«

Die uns erscheinenden Dinge stehen sich also gewissermaßen gegenseitig im Wege, und die Gedanken, die Urteile über sie müssen einander deshalb widersprechen, haben damit aber den gleichen Anspruch auf Geltung. Zu jedem Satz gibt es einen gleichwertigen Gegen-Satz. Ein Entscheidungsgrund, ein Kriterium, das einen Satz vor seinem Gegen-Satz auszeichnete, ist nicht aufzufinden, denn dazu müßten wir die Dinge jenseits ihrer Erscheinungen, die »Wahrheit« der Dinge kennen. »Um nichts eher« hieß eines der Schlagworte der Skeptiker. Damit drückten sie aus, daß »nicht eher dieses als jenes« gelte, also die Gleichwertigkeit, das Gleichgewicht der gegensätzlichen Dinge. In ihrer Scheu, dogmatisch zu werden, gingen die Skeptiker sogar so weit, dieses »um nichts eher« seinerseits als um nichts eher gelten zu lassen.

Von der Wahrheit läßt sich nach alledem nichts sagen. Doch auch dieser Satz, daß die Wahrheit unerkennbar sei, darf kein Urteil sein, denn er könnte mit sich selbst in Gegensatz geraten, so daß das Urteil sich durch sich selbst aufhöbe. Solche Urteile, meinten die Skeptiker, müssen gleichsam sofort wieder vergessen werden, im selben Moment negiert, in dem man sie ausspricht. Sicherlich ein heikles Manöver, das die Skeptiker schlau mit dem Gleichnis von den Purgierungsmitteln umschrieben, die, nachdem sie ihre Wirkung getan und die schädlichen Stoffe aus dem Körper herausgetrieben haben, sich auch selbst mit ausscheiden und vernichten. Dieses Gleichnis, diese Ausrede, wenn man so will, taucht in einem philosophischen Buch unseres Jahrhunderts in ähnlicher Form, wenn auch in ganz anderem Kontext auf, nämlich in dem berühmten ›Tractatus Logico-Philosophicus‹ von Ludwig Wittgenstein. Da ist es am Schluß »die Leiter«, die der Leser wegwerfen soll, nachdem er auf ihr hinaufgestiegen ist. Und der Zurückhaltung, zu welcher der Skeptiker durch seine Suche angehalten wurde, entspricht bei Wittgenstein das Schweigen: »Wovon man nicht sprechen kann, darüber muß man schweigen.«

Die Beispiele, die die zehn Tropen bieten, nehmen sich für uns ziemlich naiv aus, der Zweifel an der Gültigkeit der Wahrnehmungen und Erscheinungen entspringt überwiegend der Erfahrung einer durchgehenden Relativität. Alles hängt vom Standpunkt des Betrachters ab, alles läßt sich lediglich unter Berücksichtigung von Perspektiven, Ansichten, Gewohnheiten, Sitten oder Vorlieben bestimmen. »Der Mensch ist das Maß aller Dinge«, so hatte der Sophist Protagoras das Absolute relativiert – oder das Relative, den Menschen, absolut gesetzt.

Die Simplizität der Beispiele, mit denen in den Tropen der dogmatische Standpunkt als unhaltbar bezweifelt werden soll, darf uns jedoch nicht davon abhalten, sie ernst zu nehmen. Da ist etwa einmal die Rede von Fröschen, die aus Schlamm, Regenwürmern, die aus Matsch oder Mistkäfern, die aus Eseln entstehen. Dergleichen entsprach eben dem Stand damaligen Wissens. Wir können ihn leicht durch Fälle aus unserer Wissenschaftspraxis ergänzen. Denken wir nur an die moderne Medizin, wo nahezu wöchentlich eine »Erkenntnis«, eine Therapie, eine Applikation den vorigen und anderen »Erkenntnissen« zuwiderläuft, und wo immer häufiger Medikamente aus dem Verkehr gezogen werden müssen, die bis gestern aufgrund »wissenschaftlicher Forschungen« anempfohlen wurden. In diesem Bereich wäre etwas mehr »skeptische Zurückhaltung« in der Tat angebracht. Wenn es hingegen bei Sextus Empiricus heißt, die Skeptiker würden nie eine Behauptung wie »die Welt ist kugelrund« aufstellen, dann glauben wir uns nun doch zu einem überlegenen Lächeln berechtigt. Wir sind es aber nicht. Denn zu Zeiten der Skeptiker war die Kugelgestalt der Erde tatsächlich etwas Unbekanntes, und zwar insofern, als niemand in der Lage war, diese Kugelgestalt zu beweisen. Wenn ferner die Skeptiker zugestanden, daß das Feuer brenne, sie es aber dahingestellt sein ließen, ob es in Wirklichkeit so etwas wie Brennkraft gebe, dann könnten wir uns mit den Erkenntnissen der modernen Chemie über diese Zweifel der alten Skeptiker lustig machen. Doch wiederum zu Unrecht. Denn wir erklären nur gewisse Wirkungen, über die »dahinterstehenden« Kräfte wissen wir nichts, so wenig wie über die »Kraft« in unserer Physik oder über das »Wesen« der Elektrizität. »Daß dieses da süß ist«, heißt es ein andermal in den skeptischen Tropen, »behaupte ich nicht, wohl aber gebe ich zu, daß es süß scheint.« Auch hier wissen wir Heutigen, daß es bestimmte Partikel in Stoffen sind, die die Süße bewirken. Aber sind diese Partikel selbst süß? Oder bringen nur wir die Empfindung des Süßen hervor? Womit? Wie wirklich ist dann diese Empfindung »süß«?

Es ist also klar, daß die Antiquiertheit der Beispiele in den Tropen der Skeptiker die Gültigkeit ihrer Argumentation keineswegs beeinträchtigt. Geht es um die wirklichen Dinge und um sogenannte wahre Urteile über sie, geht es um das, was dann mit Aristoteles Metaphysik genannt wurde, dann »passen« die Skeptiker aus höchst überzeugenden Gründen. Diese Skepsis gegenüber der Metaphysik ist vor allem in unserem Jahrhundert wieder neu erwacht, nämlich bei den sogenannten Neopositivisten; die aber haben ihre Skepsis wie eine Gewißheit, wie ein Dogma vorgetragen und mußten deshalb scheitern.

Doch wirklich ernst wird es erst mit den fünf weiteren Tropen (der Zurückhaltung) jüngerer Skeptiker. Deren Zweifel richteten sich nämlich überwiegend auf die Logik der Erkenntnis selbst. Etwas wirklich erkennen heißt, so führten sie aus, auch den Beweis dafür beizubringen. Es läßt sich aber nichts wirklich beweisen. Denn jeder Beweis stützt sich auf einen weiteren Beweis und der wieder auf einen weiteren und so fort bis ins Unendliche. Der Beweisversuch mündet in einen sogenannten unendlichen Regreß. Entgegnet man diesem skeptischen Argument, es gäbe doch Voraussetzungen, die selbst keines Beweises bedürfen, so pariert der Skeptiker mit einem anderen Tropus, der Frage nämlich, ob man beweisen könne, daß es solche selbstverständlichen Voraussetzungen gebe. Ferner, so argumentiert der Skeptiker mit einem weiteren Tropus, dem der sogenannten Diallele oder des Zirkels, würden die meisten Leute das als Beweis anführen, was gerade selbst bewiesen werden müsse. Endlich, so schlossen sie, sei gar nicht auszumachen, wann ein Beweis vorliege. Denn dafür benötige man wieder einen Beweisgrund, ein Kriterium, für das man wiederum Beweise heranziehen müsse und so fort. Kurz, die Sinne und der Verstand unterliegen in jedem Fall dem Zweifel, und deshalb kann es keine wahre, bewiesene Erkenntnis geben. »Wir bestimmen nichts«, so lautet schließlich der Slogan der Skeptiker, und folgerichtig enthielten sie sich jeden Urteils, betrieben epoché, verharrten gleichsam in einem Stillstand des Denkens. Im übrigen, so konnten die Skeptiker jederzeit einwenden, dürfe man selbstverständlich von ihnen beim besten Willen keine Beweise verlangen, denn, wie gezeigt wurde, seien für sie alle Beweisverfahren ungültig. Beweise von ihnen zu fordern, käme der absurden Aufforderung gleich, sie sollten sich freiwillig in Selbstwidersprüchen verfangen. Sie, die Skeptiker, bezweifelten lediglich, den anderen aber, den Opponenten, obliege fairerweise die Beweispflicht für ihre Behauptungen. Der Skeptiker, so könnte man sagen, befindet sich in einer ebenso »günstigen« Situation wie der Musik- oder Theaterkritiker, dem ja auch niemand abverlangt, er solle gefälligst besser machen, was er moniert. Der Kritiker als Kritiker darf natürlich seinerseits nicht damit auftrumpfen, es besser machen zu können.

Aber die Dogmatiker, diejenigen also, die die Erkenntnis der Wahrheit für möglich hielten und das auch in Lehrsätzen kundtaten, also etwa die Sophisten oder die Epikureer oder später die Stoiker, warfen den Skeptikern dennoch vor, sie hätten sich mit den raffinierten logischen Gedankengängen ihrer Tropen unbemerkt schon auf Beweisverfahren eingelassen und demnach »zweifellos« dogmatische Behauptungen aufgestellt. Ja, selbst wenn sie sagten, sie bestimmten nichts, oder für jeden Satz gebe es einen gegenteiligen Satz, dann bestimmten sie damit eben doch etwas; diesen Selbstwiderspruch könnten sie nicht vermeiden. Dagegen hielten die Skeptiker ihr Gleichnis von den Purgierungsmitteln, oder, moderner gesprochen, sie zogen sich darauf zurück, daß man ihre Sätze im gleichen Moment, in dem man sie durchschaut habe, als überholt oder »unsinnig« oder sich selbst aufhebend durchstreichen könne. Und es war den frühen Skeptikern – und deren Kompilator Sextus Empiricus – durchaus klar, daß sie mit der Leugnung der Erkennbarkeit der Wahrheit keinerlei Versicherungen abgeben, keine positiven Setzungen machen durften. Skepsis ist gleichsam leicht verderblich, sie wird sofort unhaltbar, wenn sie sich selbst aufs Beweisen und Begründen versteifen will. Sie vergeht dann im Selbstwiderspruch. Denn sonst müßte der Skeptiker die Erkennbarkeit der Wahrheit und die entsprechenden Beweisverfahren dafür voraussetzen und geriete in eine fatale Lage. Die würde aussichtslos, wenn er sich darüber hinaus auf einen Satz einließe wie: »Es gibt keine Wahrheit.« Das wäre ja ein absolut dogmatischer Satz, der erstens eine Erkenntnis der »wahren« Beziehungen zwischen gedachten und wirklichen Dingen voraussetzen müßte und sich, zweitens, damit selbst ad absurdum führte. Sofern aber der Skeptiker die Existenz der Wahrheit unbeanstandet läßt, nur deren Erkennbarkeit bezweifelt und sich auf dieses Bezweifeln beschränkt, ohne den Anspruch zu erheben, mit diesem Satz eine Erkenntnis auszudrücken, bleibt er unschlagbar.

Der Skeptiker muß sich stets vor der dogmatischen Behauptung hüten, der Satz »die Wahrheit ist unerkennbar« sei als wahr erkennbar. Doch selbst aus der Tatsache, daß der Satz »es gibt keine Erkenntnis« seinerseits keine Erkenntnis ist, folgt noch nicht, daß er auch falsch ist. Und ebenso, wenn man für diesen Satz keinen Nachweis zu liefern vermag – was der Skeptiker ohnehin von sich weisen kann –, ist er damit ja noch nicht widerlegt. In jedem Fall hüteten sich deshalb die alten Skeptiker, ihre Sätze als universell und allzeit geltende Erkenntnisse auszugeben; vielmehr wollten sie sie, wir hörten es schon, sozusagen als punktuelle, augenblickliche Ansichten ohne weitreichende Geltungsansprüche verstanden wissen. Ihre Skepsis nahm also eine Haltung der Passivität ein, sie sollte nicht durch apodiktische Sätze, sondern durch die Wartestellung der Urteilsenthaltung ihre dogmatischen Gegner in den Sog der Beweislast zwingen. Diese mußten sowohl ihre eigenen Behauptungen begründen als auch die skeptische Kritik daran widerlegen. Aus dieser Sackgasse gab es für die antiskeptischen Dogmatiker kein Entrinnen.

Gegen den Vorwurf der Realitätsferne oder auch des Quietismus hatten die Skeptiker noch viel naheliegendere und weniger komplizierte Erklärungen, wie schon angedeutet wurde. Sie sagten – und hier lassen wir einmal den Diogenes Laertius berichten: »Was unsere allgemein menschlichen Erfahrungen anlangt, so geben wir euch recht; denn daß es Tag ist und daß wir leben, so wie viele andere Erscheinungen des täglichen Lebens, erkennen wir als Tatsachen und Gegenstände des Wissens an..., denn daß wir sehen, räumen wir ein, und daß wir diesen bestimmten Gedanken in uns haben, wissen wir, aber wie wir sehen und wie wir denken, wissen wir nicht. Und daß dieser bestimmte Gegenstand hier weiß erscheint, das lassen wir in der gewöhnlichen Unterhaltung gelten, geben aber keine Versicherung darüber, daß es auch wirklich so ist. Was ferner unsere Redewendung ›wir bestimmen nichts‹ ... anlangt, so hat sie für uns nicht die Bedeutung von festen Lehrsätzen, denn sie steht nicht auf einer Stufe mit Sätzen wie diesen: ›die Welt ist kugelförmig‹; denn das ist ein Satz, der sich anmaßt, das Unbekannte fest zu bestimmen, während unsere Wendungen bloß Einräumungen sind. Wenn wir also sagen ›wir bestimmen nichts‹, so ist diese Wendung auch selbst keine feste Bestimmung.«

Wenn man die Skeptiker dennoch beschuldigte, sie würden mit ihrer Unerschütterlichkeit, ihrer aufreizenden »Bierruhe«, ihrer ataraxia, die ihnen die Gleichwertigkeit und Unerkennbarkeit aller Dinge aufdränge, jegliches Gemeinschaftsleben, jede staatliche Ordnung boykottieren und noch das eigene Leben vertun, so konnten sie dem überzeugend entgegenhalten, daß sie sich ganz offensichtlich nicht den Anforderungen des täglichen Lebens entzögen. Auch sie würden entscheiden, etwas vorziehen und etwas anderes verwerfen, wenn auch nur am dünnen Leitfaden gewöhnlicher Lebensanschauungen, der Tradition; und natürlich hielten sie sich an die geltenden Gesetze. Darüber hinaus aber ließen sie sich nicht durch dogmatischen Meinungsterror quälen, der so viel Unheil stifte. Indem sie sich von solchem Pseudowissen, das vorgeblich der Wirklichkeit hinter den Erscheinungen und Vorstellungen auf der Spur sei, fernhielten, gerieten sie nicht aus der Fassung und gewännen durch Gleichmut ihr Lebensglück.

Diese lebenskluge, den Gegner provozierende Haltung der ursprünglichen Skeptiker hat später der Platonist Karneades verloren und sich dadurch mehrere Blößen gegeben. Damit hat er auch, wenn man so will, das Lebensziel der Skepsis aufs Spiel gesetzt.

Karneades, dessen Name schon des öfteren fiel, wurde um die Mitte des zweiten Jahrhunderts vor Christus Vorstand der Platonischen Akademie, die er, ganz unplatonisch, zum Zentrum einer scharfen Form des Skeptizismus machte. Unser Chronist Sextus Empiricus hat, in einer Einteilung der gesamten damaligen Philosophie, die alte skeptische Richtung von der Skepsis des Karneades deutlich abgesetzt, wenn er schreibt: »Gefunden zu haben glauben die Dogmatiker im engeren Sinne, zum Beispiel Aristoteles, Epikur, die Stoiker und einige andere. Für unerkennbar erklärten die Dinge Kleitomachos, Kerneades und andere Akademiker. Die Skeptiker aber suchen noch. Daher erscheint es vernünftig, daß die obersten Philosophien drei sind: die dogmatische, die akademische und die skeptische.«

Karneades, der in Kyrene, im heutigen Libyen, geboren und später athenischer Bürger wurde, war als Philosoph wie als wortgewaltiger Redner eine große Berühmtheit, vor allem durch seine ungemein scharfsinnigen Argumente gegen die Stoiker. (Als Vorstand einer so erlauchten Institution wie der akademeia Platons genoß er natürlich ohnehin größtes Ansehen.) Die Zuhörer strömten in Massen herbei, als er, während einer Reise in diplomatischer Mission in den Jahren 156 und 155, in Rom an einem Tag für und am nächsten, echt skeptisch, gegen die Gerechtigkeit sprach – natürlich, um nach Art der Tropen die Unterschiedslosigkeit geltender menschlicher Satzungen zu demonstrieren. Auch er plädierte selbstverständlich für die epoché, die Urteilsenthaltung, aber er führte einen ganz neuen Gesichtspunkt, einen neuen Begriff, ein, der die Möglichkeit praktischer Entscheidungen im gewöhnlichen Leben erleichtern und gewährleisten sollte: pithanón, das Überzeugende, das Wahr-Scheinende, moderner gesagt: den Begriff der Wahrscheinlichkeit.

Um uns in unseren normalen Lebenssituationen zurechtzufinden, so erklärte Karneades, brauchen wir keine dogmatischen Versicherungen über objektive Wahrheiten. Wahrscheinlichkeit genügt. Und solange wahrscheinliche Einsichten, an denen er drei Phasen unterschied, nicht als absolute Wahrheiten mißdeutet und gepredigt werden, bleibt man ein Skeptiker und dennoch allen Lebensanforderungen gewachsen. Namentlich den Weisen der Stoa wies er in fast allen ihren Grundsätzen Widersprüche nach, so in ihrer Lehre von der überall waltenden Vorsehung, dem Schicksal, der heimarmene. Zuwider war ihm der daher rührende stoische Fatalismus sowie die Einengung der Willensfreiheit.

Auch gegen die Existenz der Götter glaubte Karneades Beweise vorbringen zu können, nicht nur gegen ein Wissen um die Götter. Ziemlich ratlos machte er die Stoiker insbesondere dadurch, daß er ihre Idee von angeblich unbestreitbaren, von selbst einleuchtenden Wahrnehmungen oder Vorstellungsbildern, durch welche die Wirklichkeit korrekt abgebildet würde, die also evident seien, in Frage stellte. Diese evidenten, »kataleptischen« Vorstellungsbilder – die Stoiker sprachen von phantasia kataleptiké –, in denen sie ein Wahrheitskriterium gefunden zu haben glaubten, sprach ihnen Karneades mit Hilfe des Tropus der Diallele ab. Auch als todsicher und völlig gewiß erlebte Vorstellungen erwiesen sich doch immer wieder als falsch. Das Wahrheitskriterium der Evidenz (die kataleptischen Vorstellungen) bedarf offenbar seinerseits eines Kriteriums dafür, wann Evidenz, Gewißheit, vorliegt, sonst besagt es nichts. Übrigens vertrat Karneades die ganz moderne Auffassung, daß unsere Wahrnehmung die Sinnesdaten nicht wie eine unbeschriebene Tafel aufgeprägt bekommt, sondern daß unsere Auffassungsgabe aktiv an der Verarbeitung der sinnlichen Darbietungen beteiligt ist. Das heißt aber, daß sich in die Darbietung der Sinnesdaten immer schon subjektive Elemente mischen – folglich Objektivität stets fraglich bleibt und Irrtümer nicht ausgeschlossen sind. Alles sogenannte schlicht Gegebene ist immer schon »theorieimprägniert«, wie es heutige Philosophen ausdrücken.

Karneades beging allerdings die Unvorsichtigkeit, vom Nachweis evident falscher Vorstellungen – der selbst problematisch ist, weil man dazu die evident wahren Vorstellungen kennen müßte – pauschal auf die Unerkennbarkeit der Wahrheit überhaupt zu schließen. Damit versetzte er sich in die Position des – negativen – Dogmatikers und gab das Credo der Skeptiker auf: »Wir bestimmen nichts.« Man konnte ihm so die Beweislast für sein angebliches Wissen um die Nichterkennbarkeit der Wahrheit oder auch die Erkennbarkeit der Falschheit aufbürden und ihn in Selbstwidersprüche verwickeln. Die hatten die eigentlichen Skeptiker, wie uns Sextus Empiricus zeigte, immer umgehen können, indem sie auch noch die eigenen Sätze ihrem Zweifel unterwarfen und somit alles in der Schwebe ließen.

Wir wollen die scharfsinnigen Auseinandersetzungen zwischen den Schulen und die Modifikationen oder Aberrationen von der Pyrrhonischen Skepsis aber nicht weiter verfolgen. Deutlich ist geworden, daß gegen einen vorsichtigen Skeptizismus, der sich nicht absolut setzt, kein Gegenmittel aufzubieten, kein »Kraut« gewachsen ist.

In dieser Gestalt hat der Skeptizismus die Zeiten überdauert und markiert gerade heute einen charakteristischen Zug modernen Denkens. Das Skeptische am heutigen Denken ist vielleicht einer sogenannten breiteren Öffentlichkeit verborgen geblieben. Denn in den letzten Jahrzehnten ist ein neuer Irrationalismus aufgeschossen, ein Boom in hausgemachten, zukunftsträchtigen Weltbildern und Lebensphilosophien hat eingesetzt - zusammen, wie immer, mit apokalyptischen Prophetien. Solche Hausmacher-Philosophien können mit dem größten Zulauf rechnen, wenn auch immer nur für kurze Zeit, bis zur nächsten aufsehenerregenden Heilslehre.

Als Kur gegen solch dubiose »Lebenshilfen« ist skeptisches Denken heute noch viel nötiger als in der Antike. Denn die Glücks-, Tugend- und Weisheitslehren jener Zeit wollten, wie wir bereits sahen, auf philosophisch-theoretische Fundierungen keineswegs verzichten. Dadurch vor allem heben sie sich scharf von den wildwuchernden ideologischen Bestsellern unserer Tage ab. Gegen plane Popweisheiten, gegen die »leichte und einleuchtende Philosophie«, der natürlich die Mehrzahl aller Menschen ihr Ohr leiht, verordnete noch im letzten Drittel des achtzehnten Jahrhunderts der schottische Philosoph David Hume eine »genaue und abstrakte Philosophie«, die er hernach die »akademische oder skeptische Philosophie« nannte. Hume war in der Tat Skeptizist, der bewußt, wenn auch mit Einschränkungen, an die akademische Tradition eines Karneades und enger noch an den eigentlichen Skeptizismus von Pyrrhon bis Sextus Empiricus anknüpfte. Doch seine Variante des alten Skeptizismus brachte den rationalen britischen Philosophen schließlich zu einer bedenklichen Abkehr von, ja zur Verzweiflung an der Vernunft. Das »Innehalten« der hellenistischen Skeptiker, dem, nach Sextus Empiricus, »wie zufällig die Seelenruhe wie der Schatten dem Körper« folgt, hat vielleicht seit Hume einen ganz anderen, tiefschwarzen Schatten geworfen, der die Beunruhigung unserer Seelen abzeichnet: den Irrationalismus.

Schon Hume hatte die »trügerische« Vernunft verabschiedet und an ihre Stelle die »Leidenschaften«, das Gefühlsleben als Richtschnur gesetzt. Aus Enttäuschung über die Vernunft, die uns anscheinend nicht weiter gebracht, nicht besser und menschlicher gemacht hat, glauben ihr heute viele den Abschied geben zu müssen und bei anti-, un- oder übervernünftigen Heilslehren ihre Seelenruhe, das Menschheitsglück zu finden. Ungeübt in skeptischer Zurückhaltung schlägt ihnen der Zweifel in eine neue Gewißheit pseudoreligiöser, antirationaler Parolen und »Weisheiten« um - paradoxerweise oft unter Berufung eben auf die Vernunft. Die allzu vielen verführerischen Dogmatiker des Antirationalismus, die Gewißheitsfanatiker der

Intuition, die sinnlosen Sinngeber und die zynischen Pessimisten unserer sogenannten Postmoderne sind vielleicht die Opfer eines nie begriffenen Pyrrhonischen Skeptizismus, oder sie haben die althergebrachte Lebensform des Skeptikers absichtlich zu deren abstoßendem Negativbild verzerrt.

Hingegen hat ein traditionsbewußter, ganz unprogrammatischer Skeptizismus weite Bereiche der heutigen Philosophie und der wissenschaftlichen Grundlagenforschung durchdrungen. Allerdings ist man davon abgekommen, Skepsis als eine Art Umleitung zur absoluten Wahrheit zu benutzen. Den skeptischen indirekten Um-Weg zur absoluten Wahrheit könnte man sich so vorstellen, daß man den Zweifel bis zu jenem äußersten Punkt vorantreibt, an dem er sich selbst ad absurdum führt und in Gewißheit umschlägt.

Eine derartige Strategie des Zweifels hatte schon vor Hume der französische Philosoph René Descartes tatsächlich angewandt. Er wollte überall mit dem radikalsten Zweifel beginnen, um ihn dann auf jeder Etappe gleichsam in die Enge zu treiben und schließlich auszuräumen, auf daß die Helle zweifelsfreier Wahrheit in die Köpfe dringen könne. Diese Strategie ist natürlich heute als naiv durchschaut. Wir wissen, daß der vergleichsweise anspruchslose, sich nicht aufdrängende skeptische Standpunkt unüberwindbar ist. Umgekehrt scheinen uns absolute Wahrheit oder sogenannte Letztbegründungen unerreichbar. Wer dennoch danach trachtet, so hat es vor Jahren Hans Albert gezeigt, der endet unvermeidlich in dem, was dieser kritische Rationalist das »Münchhausen Trilemma« nennt, nämlich im Sumpf einer dreifachen Auswegslosigkeit, aus dem sich höchstens ein Münchhausen am eigenen Schopf hätte ziehen können. Das Münchhausen Trilemma, in das die Suche nach »unhinterfragbaren« Gründen abirren muß, entspricht genau dem, was die griechischen Skeptiker in drei ihrer fünf Tropen festgehalten haben: daß alle Wege nach einem letzten Beweisgrund sich im Unendlichen verlieren, daß man unvermeidlich, das zu Beweisende als Beweis ausgebend, sich im Kreise dreht oder daß man in einem Willkürakt das Verfahren dogmatisch abbricht und einfach irgend etwas zur letzten, keiner Begründung bedürfenden Instanz erklärt. (Das war bei den Skeptikern der Tropus von der »Voraussetzung«.)

Gewißheit, Sicherheit, metaphysische Erkenntnis sind somit für die alten Skeptiker wie für die heutigen Wissenschaftsphilosophen Illusionen. Ganz trennt man sich vielleicht, wie von frühen Kindheitserlebnissen, nie von ihnen. Aber man spricht und diskutiert nicht mehr über sie. Dennoch illusionslos auf der Suche, scheint es einigen heutigen skeptischen Philosophen nicht ausgeschlossen, wenn nicht der Wahrheit habhaft zu werden, so doch in kleinen Schritten ein wenig vom Irrtum sich zu entfernen. Den hellenistischen Skeptikern brachten ihre ernüchternden Einsichten das ersehnte Glück der Seelenruhe und Unerschütterlichkeit; die Gemüter der Philosophen in den Jahrhunderten danach hat es erschüttert, daß sie das Ignorabimus hinnehmen mußten. Heute bringt das skeptische Denken nur mehr jene Illusionisten um den Verstand, die das Tagträumen nicht lassen oder die das Wissen als Macht mißbrauchen möchten. Daß die Menschheit auch ohne die »letzten« Wahrheiten ihr Auskommen findet, daß sie auch in einer uns nur erscheinenden Welt zurechtkommt, sehen wir daraus, daß wir – bis jetzt – überlebt haben. Die Evolution hätte uns sonst schon ausgeschieden.

Es liegt im Wesen der Skepsis, daß sie von allen Überredungs- und Bekehrungsversuchen absehen muß. (Das unterscheidet, nebenbei bemerkt, alle hier vorgestellten Weisheitslehren von rein religiösen Glaubenslehren. Diese wollen um jeden Preis Proselyten machen.) Sie hat kein Evangelium zu verkünden. Ihre Suche nach dem Glück der Seelenruhe läßt sich nicht in Vereinen betreiben, sie ist jedermanns eigene, private Angelegenheit. Die fehlende Konversions- und Manipulationssucht des Skeptizismus läßt der Meinungsfreiheit allen Spielraum. Und toleranter als der Dogmatiker ist der Skeptiker allemal. Gegenüber den in ihren Augen unmäßigen Ansprüchen der Dogmatiker, der Epikureer, Sophisten, orthodoxen Akademiker oder Stoiker also, konnten die Skeptiker natürlich nicht tolerant sein; diesen »Sekten« wollten sie ja, wie wir erfuhren, »sämtlich den Garaus machen«. Aber in den alltäglichen Dingen des Lebens bildete sich gewissermaßen von selbst die Toleranz der alten Skeptiker heraus, weil ja gerade sie einsahen, daß sich da jedermann nur notgedrungen dieser oder jener Meinung anschloß und nach Gutdünken hier und jetzt entscheiden mußte. Und nennt man es auch Gleichgültigkeit – der Skeptizismus entspannte zumindest für die, die ihn praktizierten, die oftmals geladene Atmosphäre des Daseins in den hellenistischen Zeiten.

Diejenigen, die gleichwohl der griffigen Weisheiten und trostreichen Sprüche bedürfen, wenden sich auch heutzutage noch am liebsten den Büchern der römischen Popularphilosophen zu. Cicero zum Beispiel zählt in dieser Hinsicht zu den gefragtesten Autoren. Aber die Leser Ciceros vergessen meist, daß auch dieser Staatsmann, Redner, Philosoph und Stilist sich den alten Skeptikern verbunden fühlte, sogar den radikalen unter ihnen in der Mittleren Akademie. In seiner kritischen Schrift ›De natura deorum‹, ›Vom Wesen der Götter‹, erinnert er sich und uns an die Lehren dieser seiner Vorbilder: »Es sind aber durchaus keine längst verlassenen und aufgegebenen Lehren, deren Verteidigung ich übernommen habe; denn mit dem Tode der Menschen gehen ja nicht auch ihre Gedanken zugrunde, sondern lassen vielleicht nur die Klarheit desjenigen vergessen, der sie als erster aussprach. So ist diese Methode in der Philosophie, gegen alles zu sprechen und über nichts ein sicheres Urteil abzugeben, von Sokrates ausgegangen, von Archesilaos wieder aufgegriffen und von Karneades gefestigt worden und hat ihre Kraft bis in unsere Zeit behalten. . . .«

»In unserer Zeit« – das war Ciceros erstes vorchristliches Jahrhundert. In unserer eigenen Zeit, nämlich in den mittleren Jahrzehnten des zwanzigsten Jahrhunderts, hat man eine Nachkriegsgeneration einmal die skeptische genannt. Das wurde vielfach als Rüge oder Makel empfunden. Im Gedenken an die alten Skeptiker ist diese Etikettierung aber eher eine Auszeichnung. Der Verzicht auf Skepsis käme heutzutage beinahe dem (Unter-)Gang in die völlig gegängelte Gesellschaft gleich. Wer uns heute seine Ansichten und Einsichten als letztgültige und vollkommen verläßliche anpreist, dem müssen wir mit äußerster Skepsis begegnen. Das gilt kurioserweise neben den Bereichen der Kunst, Politik und Wirtschaft auch für die empirischen Wissenschaften.

Die ungeheure Komplexität des Netzwerkes unserer technischen Zivilisation dekuvriert immer wieder die Gutachten und Empfehlungen der Sinn-Vermittler und Experten-Eliten als reine Orakelsprüche. Bei den Problemen der Kernkraftwerke, der Ernährungswissenschaft oder der Arbeitszeitverkürzung beispielsweise widersprechen sich die Aussagen der Experten fast in jedem Punkt, so daß Entscheidungen schließlich mehr oder weniger dem Würfeln oder Münzwerfen ähneln. Gleichwohl lassen sich die Experten und »Reflexions-Eliten« in ihren Gewißheitsgefühlen dadurch nicht verunsichern. Offiziell deklariert als die neuen »Weisen« unserer Zivilisation, glauben sie, den Dingen »auf den Grund« zu kommen und auf skeptische Zurückhaltung verzichten zu können. So ist die Bescheidenheit des Skeptikers einer Welt, die aus allen Medien stündlich Meinungskundgebungen und »Wissen« ausstrahlt, weitgehend abhanden gekommen. Natürlich müssen wir, häufiger und dringender als die Alten, Entscheidungen treffen – aber wir sollten das Provisorische dabei niemals aus dem Gedächtnis verlieren.

In seiner Jugend soll Pyrrhon aufbrausend und anmaßend gewesen sein. Als er zum Skeptizismus kam, wurde er bescheiden, so bescheiden, wie es einmal heißt, daß es ihm auch »nicht darauf angekommen sei, unter Umständen Schweine eigenhändig zu waschen«. Wir brauchen keine Schweine zu waschen, aber bescheidener mit unseren Überzeugungen umzugehen, sich viel öfter des Urteils zu enthalten, das kann für uns die Essenz skeptischen Philosophierens sein.

Der Skeptizismus ist, wie wir feststellten, keine Lehre mit festen, positiven Lehrsätzen, die man sich einprägen kann. Vom Lehren und Lernen hielten die alten Skeptiker nichts. Sextus Empiricus fragt sich einmal, ob die skeptische Lebenstechnik lehrbar sei. Und er antwortet: »Jedoch wird sie auch nicht durch Lehre und Erlernung erworben. Damit es nämlich diese gibt, müssen vorher drei Dinge anerkannt sein: die Sache, die gelehrt wird, der Lehrende und der Lernende und die Methode des Unterrichts. Keines von diesen jedoch existiert; also auch die Lehre nicht.« Der Skeptizismus, so wird uns daraus noch einmal klar, ist eine Lebenshaltung, ein way of life, den man bestenfalls einüben kann. Sicher ist er kein Allheilmittel für jede Lebenslage. Er ist vielmehr ein Gegenmittel, ein Gegengift gegen die Allheilmittel.

Und noch eine Einschränkung ist zu machen. Die ataraxia, die Seelenruhe, hatten die Skeptiker wie beiläufig als Effekt der Zurückhaltung entdeckt. Doch auf der Suche wollten sie eingestandenermaßen allweil bleiben. Für den ewigen Zweifler und Sucher hat indes die Sehnsucht nach dem Glück der Seelenruhe und zumal die endliche Erlangung dieses Glückes »zweifellos« etwas Künstliches, Erzwungenes, Widersprüchliches. Denn die Ataraxie, als Lebensziel und Lebensglück, ähnelt doch auch fatal der dogmatischen Entscheidung, an einem bestimmten Punkt die Suche, das Ausspähen und Prüfen abzubrechen. Hätten die Skeptiker nicht letztlich auch noch ihre Lebensphilosophie, ihr Programm vom Glück durch Seelenruhe, in Zweifel ziehen müssen?

Aber heißt Skepsis primär an allem und jedem zweifeln? Der

den Pyrrhonismus als Zugkraft zum Glauben schätzte und nutzte, Blaise Pascal im 17. Jahrhundert, zweifelte auch noch am Zweifeln, wenn er meinte: »So weit« – an allem und jedem zu zweifeln – »kann man nicht gehen, und ich stehe nicht an zu behaupten, daß es nie einen wirklichen und vollkommenen Skeptiker gegeben hat. Die Natur hilft der Unfähigkeit der Vernunft und hindert sie, sich so weit zu verirren.«

»Ich frage Platon und die Stoiker, weshalb die Erbauer der Welt sich plötzlich erhoben haben sollen, nachdem sie während unzähliger Äonen geschlafen haben.«

Epikur

War Epikur ein Epikureer?
Die Lust als Lehrfach

Fragen wie die, ob Marx ein Marxist oder Freud ein Freudianer gewesen war, müssen oft als launige Titel herhalten. Der Leser soll neugierig gemacht werden: Das scheinbar Selbstverständliche wird in Frage gestellt, verfremdet. Fragt man, ob Marx ein Marxist gewesen ist, dann soll aufgedeckt werden, ob Marx, der Verfasser des ›Kapital‹, streng nach seinen Theorien dachte und womöglich auch lebte, wie es viele eiserne Marxisten tun. Marx wollte bekanntlich so marxistisch nicht sein.

Die Frage dagegen: War Epikur ein Epikureer? soll nichts Selbstverständliches effektvoll verfremden, sondern nach Möglichkeit Falsches richtigstellen. Was man nämlich über die Jahrtausende hinweg bis auf unsere Tage unter einem »Epikureer« versteht, hat so gut wie nichts mit der Lehre dieses hellenistischen Denkers und vielleicht auch Lebenskünstlers zu tun. Es stellt diese Lehre vielmehr geradezu auf den Kopf. Die Frage, die wir uns vorlegen, kann also schon vorweg beantwortet werden: Nein, Epikur war, nach dem gängigen derzeitigen Gebrauch dieses Wortes, kein Epikureer.

Denn das Beiwort eines Epikureers legte man schon im alten Rom, ja schon zu Lebzeiten Epikurs – also im vierten und dritten Jahrhundert vor Christus – solchen Leuten bei, die darauf aus waren, sich nichts entgehen zu lassen und aus dem Leben ein Fest zu machen; die das Genießen über alles stellten und denen das Feinste gerade gut genug war: »Denn morgen sind wir tot.« Als Genußmenschen bezeichnet man diese meist selbsternannten Epikureer auch heute noch, und man erwartet sie stets auf der Sonnenseite der Straße, da, wo es die luxuriösen Appartements, die erlesenen Schlemmerlokale und die exquisiten Läden gibt. Gourmets in jeder Hinsicht, picken sie sich von allem das Beste heraus, verstehen es, Unannehmlichkeiten zu vermeiden und düstere Gedanken zu verscheuchen; ja das Denken überhaupt, das, wie man weiß, Probleme mit sich bringt, wird von den Pseudoepikureern schon im Ansatz verdrängt. Die Lebensphilosophie unserer Jet-Set-Society scheint geradewegs die zu sein: sich bei der Jagd nach Genüssen nur nicht vom Nachdenken, etwa gar über den Hunger in der Welt, irritieren zu lassen. Derartige Epikureer haben eine fatale Ähnlichkeit mit dem, was man heute unter einem Zyniker versteht. Die moderne Version des Epikureismus dient der Zerstreuung, sie erfindet Lüste gegen die überall lauernde Langeweile.

Solche Playboy-Kultur gab es natürlich schon in der Antike, in Athen und in den anderen poleis sowie in den griechischen Kolonien und später in der Millionenstadt Rom, wo es ja, dank ausgedehnten Handels, bereits alles für die Zahlungskräftigen gab. Doch Epikur gehörte gerade nicht zur Clique der Völler und problemscheuen Genußmenschen; obwohl man zugeben muß, daß seine Lehre leicht in dieser Weise mißzuverstehen ist. Es kommt häufig nicht von ungefähr, wenn sich ein Fehlurteil so hartnäckig über die Zeiten hält. Ähnlich ist es, wie wir wissen, den Kynikern ergangen, die natürlich nicht ständig »kynisch« waren und schon gar nicht so, wie wir das heute verstehen; oder den Stoikern, deren sprichwörtliche »stoische Ruhe« wir meist mit Sturheit gleichsetzen; oder den damaligen Skeptikern, deren »Skepsis« etwas ganz anderes war als snobistischer Pessimismus. Aber ein bißchen waren sie doch auch so, wie es die Klischees von ihnen suggerieren. Und selbstverständlich war der Epikureismus, wie die gesamte griechische Philosophie, Produkt einer dünnen Schicht von Müßiggängern.

Daß die Jagd nach dem Glück, das Sich-Verlieren in Vergnügen und Betriebsamkeit mit der Lehre des Epikur nicht das Geringste zu tun hat, illustrierte dann, um die Hälfte des ersten Jahrhunderts vor Christus, der römische Dichter Lukrez, ein später und glühender, vielleicht ein wenig unkritischer Verehrer Epikurs. Er kreidete seinen Zeitgenossen und Landsleuten die Öde und Unsinnigkeit ihrer rastlosen Vergnügungssucht in Hexametern an. Dauernd, so wirft er ihnen vor, jagen sie herum, von einem Ort zum andern, als ob sie dadurch ihre Sorgen los würden – Vorwürfe, wie man sieht, die auch unseren modischen Tourismus des Wohllebens treffen. »Wären die Menschen imstand«, so schreibt Lukrez, »zu erkennen und woher denn in der Brust eine solche Last des Übels bereitliegt, würden sie nicht das Leben so führen, wie meistens wir sehen jetzt.« Und er fährt fort:

> »Wie keiner weiß, was er will und dauernd bestrebt ist,
> auszuwechseln den Ort, als ob er die Last damit ablüd'.
> Oft geht jener hinaus aus seinem prächtigen Hause,
> den daheim zu bleiben es ekelt, und plötzlich kehrt er um,
> da natürlich er merkt: Es ist draußen um nichts ihm besser.

Jagend die Rosse zum Haus auf dem Land, stürmt Hals über Kopf er:
Als ob dem brennenden Dach zu Hilfe er eilte, so drängt er.
Gähnend sperrt er das Maul, kaum daß er berührt seine Schwelle;
oder er sinkt in Schlaf bleischwer und sucht nach Vergessen,
oder er strebt mit Hast zur Stadt und naht sich ihr wieder.
So flieht ein jeder das Selbst, dem doch zu entfliehen nicht möglich
wie natürlich und klar; er haftet und haßt's wider Willen,
deswegen, weil er, krank, nicht kennt den Grund seines Leidens.
Wenn er erkennte ihn recht, würde jeder das andere lassen
und sich bemühen zuerst, das Wesen der Dinge zu erlernen.«

Das ist eine entlarvende Diagnose auch unserer Zeit, die einer der größten römischen Dichter, Titus Lucretius Carus mit vollem Namen, beiläufig in sein gewaltiges Lehrgedicht ›De rerum natura‹, ›Über die Natur‹, einstreut. Da war Epikur schon gut über zweihundert Jahre tot; dennoch ist das Gedicht des Lukrez eine der ausführlichsten und genauesten Darstellungen der Lehre seines großen Vorbildes Epikur.

Die hier beschriebenen gelangweilten Existenzen beriefen sich damals – wie heute – aber nun just auf jenen Epikur. Ein willkommener Vorwand für Moralisten, die gerade den der Unmoral und Nestbeschmutzung bezichtigen, der die bestehende Moral kritisiert und das besudelte Nest reinigen will. In unserem Jahrhundert war beispielsweise Sigmund Freud das Ziel wüster Angriffe moralisierender »Experten«, die eine wissenschaftliche Untersuchung der Libido und Sexualität für ein schmutziges Geschäft hielten. Zu Zeiten des Epikur war das offenbar nicht anders. Dieser Philosoph räumte der Lust eine zentrale Stellung im Leben des Menschen ein – mehr brauchte man nicht zu wissen, um Verdächtigungen in Umlauf zu setzen. Und daran hat es zu seiner Zeit, weiß Gott, keinen Mangel gehabt. Man gewinnt den Eindruck, daß Epikur der meistgeschmähte Mann seiner Zeit war.

Für viele, die es besser hätten wissen müssen, war er ein Wollüstling, der mit Hetären – also gehobenen Freudenmädchen, Callgirls der ersten Garnitur – in Briefwechsel, und nicht nur das, gestanden haben soll. Fünfzig unzüchtige, pornographische Briefe wurden als angeblich Epikureische damals von einem gewissen Diotimos, einem Stoiker, veröffentlicht. Und in einem Brief an seinen Freund Pythokles soll Epikur geschrieben haben: »Aller Bildung, Verehrtester, entfliehe mit vollen Segeln«, und: er könne sich überhaupt nichts Gutes mehr vorstellen, »wenn ich mir die Lust am Essen und Trinken wegdenke«. Auch Epiktet, der tugendhafte Stoiker, von dem im letzten Kapitel zu lesen ist, soll Epikur hemmungslos geschmäht haben. Ein anderer »Berichterstatter« behauptete sogar, Epikur übergebe sich zweimal am Tage infolge der Überladung mit üppigen Speisen; und sein körperlicher Zustand sei bereits so verkommen gewesen, daß er sich viele Jahre nicht hätte aus seinem Tragsessel habe erheben können. Und natürlich, in wissenschaftlichen Dingen sei er schlecht beschlagen gewesen, und mit der Atomlehre des Leukipp und Demokrit und der Lustlehre des Aristipp spränge er um, als seien es seine eigenen Einfälle. Zusammen mit seinem Vater habe er für ein Lumpengeld Elementarunterricht gegeben. Und so fort. Man sieht, in jenen alten Tagen war man nicht heikel, wenn es um Rufmord ging und um die Erledigung eines Konkurrenten. Wir haben schon darauf hingewiesen, daß mit Ende des vierten Jahrhunderts der Kampf der Schulen immer bösartiger wurde und der Neid über den Erfolg anderer die Schulhäupter und Schüler zu krasser Polemik hinriß.

Angesichts solcher Kampagnen gegen die Epikureische Schule und vor allem ihren Gründer nimmt es nicht wunder, wenn wir auch in den Texten des uns so milde und freundlich geschilderten Mannes Epikur oft auf heftige, ja zynische Seitenhiebe auf andere philosophische Größen stoßen. Und so spröde sein Stil sonst war – hin und wieder aber auch schwülstig –, wenn er ärgerlich wurde, mangelte es ihm nicht an spitzen Worten; so notierte er sich seitenweise abschätzige Namen für die Lehrmeister anderer Schulen. Sei es aus gekränkter Eitelkeit, sei es aus gelegentlicher Lust an Polemik und Schelte – auch Epikur war jedenfalls nicht ausschließlich der sanfte Weise.

Er galt in der Antike als ein ausgesprochener Vielschreiber, der die Tinte nicht halten konnte und ohne spätere »Redaktion« alles aufschrieb, was ihm durch den Kopf ging. Und das waren immer naturphilosophische Ideen und daraus abgeleitete Anweisungen zu einem heiteren, freudvollen Leben. Er war aber kein Bildungsbürger. Von areté, das man manchmal gut mit »Bildung« übersetzen kann, ist bei ihm wenig die Rede. Literarisch-ästhetischen Ehrgeiz hatte er nicht. Dichtung und auch

Musik hielt er erstaunlicherweise nicht einmal der abendlichen Zerstreuung oder als Thema eines »small talks« für würdig. Und die Rhetorik, die unter seinen Zeitgenossen als unentbehrlich, namentlich zur Erlangung eines politischen Amtes, galt, bezeichnete er, der seine Anhänger unentwegt zur Zurückhaltung von öffentlichen Betätigungen mahnte, als Mißbrauch der Sprache. Das war natürlich vornehmlich gegen die Sophisten gerichtet.

Selbst von der Mathematik oder der Geometrie riet er ab. Diese für einen an Naturforschung interessierten Denker merkwürdige Ansicht wird verständlich, wenn man berücksichtigt, daß Epikur, wie auch die Skeptiker, mit der sinnlichen Wahrnehmung der erscheinenden Dinge die Garantie für die Zuverlässigkeit unserer Erkenntnis gefunden zu haben glaubte. »Was kann uns denn sicherer sein, als eben die Sinne, um Wahres und Falsches zu zeichnen?« fragt auch Lukrez herausfordernd. Daß Epikur und seine Schüler so »sensualistisch« oder auch naiv »positivistisch« – wie die viel späteren Ausdrücke lauten – dachten, geht aus ihrem kompromißlosen Materialismus hervor. Empfindungen und Wahrnehmungen, so setzte Epikur fest, sind in sich gültig und unwiderlegbar. Eine gleichartige Wahrnehmung kann keine andere gleichartige widerlegen, denn beide haben dasselbe Gewicht; auch der Verstand kann die Wahrnehmungen nicht widerlegen, weil er sich auf das sinnlich Wahrgenommene verlassen muß. Das scheint nun wiederum eindeutig gegen die Anhänger der skeptischen Schule vorgebracht zu sein, die just aus der Gleichwertigkeit, Gleichgültigkeit der Erfahrungen und Wahrnehmungen den Schluß zogen, man könne eben deshalb gar nichts Bestimmtes sagen.

Eine solche »defätistische« Einstellung war den Epikureern unerträglich. Sie wollten sich ein unverrückbares Fundament schaffen, als Alibi gewissermaßen für das lustvolle, sonnige Leben, das sie zu führen gedachten. »Denn wer mit dem Augenschein im Kampfe liegt, der wird niemals dazu kommen, der echten Gemütsruhe teilhaftig zu werden«, und also auch der Lust entbehren. Von der Lust, hedoné, redeten übrigens die Skeptiker weniger, aber vom Glück und von der Lust, die die Ataraxie, der Gleichmut, beschere, doch auch. Daran sieht man, daß man von zwei höchst unterschiedlichen erkenntnistheoretischen und naturphilosophischen Axiomen aus zum gleichen Ziel zu gelangen glaubte: Die Wahrheit ist unerkennbar, Zurückhaltung folglich das Vernünftigste; aus ihr fließt das Glück der Seelenruhe von selbst, entschieden die Skeptiker (während die Stoiker ihr Glück wiederum darin fanden, aller Lust und allen Leidenschaften sozusagen die kalte Schulter zu zeigen); unsere Wahrnehmungen sind zuverlässig, wir haben Einsicht ins atomare Uhrwerk der Natur; das befreit uns von Ängsten und Wahnvorstellungen und steigert die Lebenslust; danach streben wir begreiflicherweise und werden damit glücklich: So heißt die epikureische Devise des »pursuit of happiness«, der Lebenskunstlehre.

Erkenntnis der Natur, Naturphilosophie, war den Epikureern im Gegensatz etwa zu den Sokratikern, den Sophisten, selbst den Stoikern oder gar den Kynikern unerläßlich. Denn wer nicht versteht, wie die Natur funktioniert, mit welchen Gesetz- und Regelmäßigkeiten wir bei ihr zu rechnen haben, wird verunsichert, kann sein Leben nicht so einrichten, daß es »Spaß« macht, lustvoll ist, und in der Beruhigung glücklich. »Es ist nicht möglich«, heißt es in den ›Kyriai doxai‹, den thesenartigen »Hauptlehren« Epikurs, »sich von der Furcht vor den wichtigsten Lebensfragen zu befreien, wenn man nicht Bescheid weiß über die Natur des Weltalls, sondern sich nur in Mutmaßungen mythischer Art bewegt. Mithin ist es nicht möglich, ohne Naturerkenntnis zu unverfälschten Lustempfindungen zu gelangen.«

Naturerkenntnis ist die Voraussetzung eines geglückten Lebens, sie bedeutet Befreiung von dunklen Ahnungen und bedrückenden Vorstellungen sowie von Fesseln, in die etwa die stoische Schicksalslehre oder auch der Glaube, die Götter mischten sich ständig in unsere Angelegenheiten, die Menschheit schlagen. Menschenkenntnis, Psychologie, wie sie mit den Sophisten und mit Sokrates als philosophische »Wende« proklamiert wurde, reicht nach Meinung Epikurs nicht aus: »Es nützt nichts, sich eine auf bloßer Menschenkenntnis beruhende Sicherheit zu verschaffen, solange die Dinge da droben und unter der Erde und überhaupt im ganzen weiten Weltraum uns noch Mißtrauen und Angst einflößen.« Naturerkenntnis, »Naturwissenschaft«, darf also nach Überzeugung der Epikureer – und teilweise immerhin auch der Stoiker – nicht zugunsten bloßer Menschen- und Selbsterkenntnis vernachlässigt oder gar aufgegeben werden. Dennoch ist den Epikureern Naturerkenntnis keinesfalls Selbstzweck, etwa als Befriedigung reinen Forscherdrangs. Sie ist auch ihnen primär Mittel, wenn auch ganz wesentliches Mittel, zum Zweck, nämlich dem, glücklich zu werden. Doch Denken und Erkennen sind auch an sich schon lustvoll. So schreibt Epikur einmal an einen gewissen Herodot – nicht den Begründer der griechischen Geschichtsschreibung, der ein Jahrhundert früher lebte –, Naturforschung bereite ihm um ihrer selbst willen Freude und Lust, und in einem ihr gewidmeten Leben fände er vor allem seinen »inneren Frieden«.

Allerdings begriff Epikur Naturforschung als Natur-Philosophie, als eine Art Ontologie, Seinswissen, oder Metaphysik und nicht als empirische Wissenschaft, wie sie heutzutage betrieben wird. Das geht deutlich aus einer anderen Stelle des Briefes an Herodot hervor, in dem er diesem die Grundzüge seiner Theorie erläutert: »Was dagegen die bloße Feststellung von Tatsachen betrifft, wie des Untergangs und Aufgangs und der Richtungsveränderung und Verfinsterung der Gestirne und was dem verwandt ist, so trägt sie zu der beseligenden Kraft der Forschung nichts mehr bei, vielmehr sind diejenigen, welche dieser Einzeltatsachen kundig sind, aber keine Kenntnis der Wesensbestimmungen und der obersten Gründe besitzen, von den gleichen Furchterregungen beunruhigt, als wenn sie diesen Zuwachs besonderer Kenntnisse überhaupt nicht hätten...«

Epikur setzt sich mit seiner Naturlehre also entschieden ab vom erfahrungsorientierten Einzelwissenschaftler, vom empirischen Forscher (in diesem Falle dem Astronomen), wie er mit der Philosophie des Aristoteles gerade Umriß gewann und in unserem szientistischen Jahrhundert den neuen Typ des wissenschaftlich-technischen »Machers« repräsentiert.

Durch »Wesenserkenntnis« der Natur wollte Epikur, wie alle Philosophen seiner Zeit, Seinsdenker bleiben, Naturphilosoph als Aufspürer letzter Prinzipien, wie er heute endgültig durch die modernen Wissenschaftler, die Physiker, Chemiker, Biochemiker, verdrängt worden ist. Anders natürlich als Epikur und seinen Zeitgenossen flößt uns Heutigen »die Natur« kaum mehr Mißtrauen und Angst ein. Um so mehr ängstigen wir uns vor uns selbst, dem Menschen, der diese Natur mit seinem Herrschaftswissen manipuliert und womöglich eines Tages zerstört. In der philosophischen Naturbetrachtung konnten die Epikureer vielleicht tatsächlich noch ihre Ruhe und ihr Glück finden; die Natur-Beherrschung, mitsamt der Beherrschung der Natur des Menschen, die heute möglich ist, hat uns zwar totale Lustbefriedigungen und gigantische Vergnügungsindustrien beschert, aber Ruhe und Frieden gewiß nicht. Wir können das

Rad der Geschichte natürlich nicht bis zu Epikur zurückdrehen, der ahnungslos und unabsichtlich durch seine Versuche zur Enträtselung der Natur die Naturwissenschaften des heutigen Typs mit heraufbeschworen hat; denn unsere derzeitige Wissenschaft ist spätes Produkt der rudimentären Naturbeschreibung der »alten Griechen«. Wohl aber können wir uns auch jetzt noch an Epikurs Rat halten, im kleinen Freundeskreis der Hektik und den banalen Vergnügungen ringsumher zu entkommen und uns am Rest des noch natürlich Bestehenden zu erfreuen.

Auch zu Epikurs Zeiten war es nicht einfach, ein solches Leben in Zurückgezogenheit – keineswegs Einsamkeit – zu führen. Mit dem Tod Alexanders, mit der makedonischen Herrschaft über Athen, den Diadochenkämpfen, den Nachfolgekämpfen um 280, den trüben Zukunftsaussichten, mußte auch für Epikur und seinen Kreis die Zeit aus den Fugen geraten sein. Auch dagegen war der »Epikureismus« entworfen. Epikurs Ruhm gründete nicht allein auf dem philosophischen Rang seiner Lehren, sondern auch auf dem Lebensstil, den er mit seinen Schülern und Freunden nachdrücklich zu verwirklichen wußte. Darum vor allem hat man ihn mit Statuen, die noch erhalten sind, geehrt.

Epikuros war 342 oder 341 auf der Insel Samos, vor der Westküste Kleinasiens gelegen, geboren. Sein Vater Neokles lebte dort seit etwa zehn Jahren als Kolonist. Er war attischer Bürger. Mit achtzehn Jahren diente Epikur als Ephebe zwei Jahre Militärdienst in Athen ab. Danach zog er mit seinen Eltern nach Kolophon an der Westküste Kleinasiens, denn Samos gehörte nun nicht mehr zum attischen Herrschaftsbereich. Mit dreißig, nach zehn Jahren intensiven philosophischen Studiums, vor allem der Schriften des Aristoteles und Demokrit, begann Epikur selbst zu lehren, zunächst in Mytilene, der nachmaligen Insel Lesbos, dann in Lampsakos, in der heutigen Türkei, und schließlich, ab dem Jahre 306, in Athen, dem Berlin, Paris oder New York der damaligen geistigen Welt.

Daß philosophische Lehrtätigkeit in der griechischen Welt dieser Jahrhunderte, auch was die äußeren Umstände, das Ambiente, betraf, etwas völlig anderes bedeutete, als der akademische Fachbetrieb heute, sollte man sich noch einmal bewußt machen. Da gab es keine verbauten, smogverseuchten Städte mit Massenuniversitäten und schäbigen Hörsälen, in denen Studenten unter Leistungsdruck zu büffeln haben. Gelehrt, disputiert, philosophiert wurde mit weitaus größerer Gelassenheit an den schönsten Plätzen in einer der sonnigsten Gegenden der Welt, einem Touristenparadies nach heutigen Begriffen. Wie verschmutzt und verkümmert Athen und andere griechische Städte möglicherweise zu Epikurs Lebzeiten auch gewesen sein mögen, immer wählte man sich Plätze fürs Philosophieren aus, die oft geradezu idyllisch waren.

Als Epikur 306 nach Athen kam, kaufte er sich in der Stadt ein Haus mit einem prächtigen Garten, der achtzig Minen gekostet haben soll. Hier im Garten, griechisch kepos, lehrte Epikur vor einem sich ständig vergrößernden, aber auch weise bemessenen Freundeskreis, zu dem bald auch alte Bekannte aus seiner kleinasiatischen Heimat zählten. Nach diesem Garten hätte man die Epikureer, ähnlich wie die Platonischen Akademiker oder die aristotelischen Peripatetiker oder etwa die Stoiker, die ihren Namen von der Säulenhalle, der stoa, annahmen, etwa »Keposiker« nennen können. Eine solche Bezeichnung hat sich aber nicht durchgesetzt.

Das alles weiß man hauptsächlich wieder vom fleißigen Diogenes Laertius, während uns die umfassendste und gründlichste Darstellung der Epikureischen Lehre der Dichter Lukrez überliefert hat. Wem schon damals die lehrhaften, recht trockenen Texte des Epikur schwer eingingen, der fand sie, im ersten vorchristlichen Jahrhundert, durch die suggestiven, bildhaften Verse dieses Sohnes wohlsituierter römischer Eltern verzuckert. Lukrez schrieb sein Lehrgedicht in lateinischer Sprache, was zu dieser Zeit ganz ungewöhnlich war, und er selbst hielt das auch für eine Pioniertat: »Und ich täusche mich nicht, daß der Griechen dunkele Funde / schwierig ist im lateinischen Vers nach Bedeutung zu lichten, / da ja vieles zumal mit neuen Worten zu tun ist, / wegen der Armut der Sprache, sowie der Neuheit der Dinge.« Daß er nicht nur als Poet, sondern auch als Didaktiker und Popularisator im Dienste eines verehrten Meisters auftreten wollte, macht er in folgenden Versen klar:

»So wie, wenn der Arzt dem Knaben abscheulichen Wermut
einzuflößen versucht, er vorher den Becher am Rande
überstreicht mit des Honigs süßem, goldenem Seime,
daß das arglose Alter der Knaben zum Besten gehalten
wird bis zur Lippe, inzwischen aber austrinkend bittere
Feuchte des Wermuts und, überlistet, doch nicht getäuscht
wird,

sondern mehr sich also erholt und wieder zur Kraft kommt, so hab' auch ich jetzt, da diese Lehre ja meistens ein wenig herb scheint dem, der mit ihr nicht viel sich beschäftigt
... dir gewünscht in lieblich beredtem
Lied der pierischen Mädchen ein Bild unsrer Lehre zu geben.«

Was Lukrez da unternommen hatte, hat sich wohl nur noch einmal in der Geschichte wiederholt, nämlich mit Dantes ›Göttlicher Komödie‹, die die Lehre des Aristoteles in der Auslegung des Thomas von Aquin lyrisch verklärt. Für uns ist so etwas gar nicht mehr vorstellbar, man müßte denn auf die Fiktion verfallen, Hans Magnus Enzensberger schriebe ein Gedicht über Marxens ›Kapital‹, so dick wie dieses Buch selbst, oder Peter Rühmkorf verfaßte eine riesige Ode über Einsteins Relativitätstheorie.

Wenn uns im folgenden die Theorie des Epikur, die fragmentarisch in drei Briefen und wenigen Kernsätzen überliefert ist, gelegentlich herb erscheint, dann werden auch wir hier und da ein wenig vom musischen Honig des Lukrez darüber streichen. Sein fast siebeneinhalbtausend Verse starkes, postum veröffentlichtes Opus soll er übrigens während der lichten Momente des Wahnsinns geschrieben haben, in den er durch einen Liebestrank verfallen sei. Aber das ist nur eine der vielen, nicht zu bestätigenden Legenden, die sich so überreich um »prominente« Schriftsteller des Altertums ranken.

Die Philosophie Epikurs ist, wie andere hellenistische auch, letztlich eine Lehre vom weisen, sinnvollen und glücklichen Leben. Aber sie setzt ein – und wir deuteten schon an, warum – mit einer Lehre von der Natur, von der Welt und von dem, was sie zusammenhält und antreibt. Diese Lehre stützt sich unverkennbar auf die Atomtheorie des Leukipp und mehr noch des Demokrit sowie auf die Kritik des Aristoteles daran. Epikurs Naturlehre ist ebenfalls ganz und gar materialistisch; nicht in dem Sinne, wie wir heutzutage das Wort Materialismus verstehen, nämlich überwiegend als faktische ökonomische Realität, als Unterbau des Bewußtseins, sondern, ähnlich dem Materialismus des neunzehnten Jahrhunderts, als Theorie von der uneingeschränkten Stofflichkeit der Welt und alles Seienden. »Das Ganze ist«, stellt Epikur als erstes fest. Das soll heißen, daß es tatsächlich überall Seiendes gibt, denn aus nichts wird nichts. Zwar gibt es Unbekanntes, aber dieses Unbekannte kann durch

Nachdenken erschlossen werden. Bei diesem nachdenkenden Folgern stößt man, nach Epikur, als erstes auf etwas, das er als »Leere« oder »den Ort« bezeichnet, nämlich den Raum oder »das seiner Natur nach Unantastbare«. So unantastbar diese Leere aber auch ist, sie ist nicht nichts, sondern eine Art von Behälter, jedenfalls eine Wesenheit. Denn gäbe es nicht das Leere, »so gäbe es nichts«, wie Epikur sich ausdrückt, »wo die Körper Sein und Platz für ihre Bewegung finden könnten«. Sich die Leere als etwas dennoch Seiendes vorzustellen, das ist für Epikurs materialistische Weltauffassung eine Notwendigkeit. Neben dieser Leere sind nun die »Körper« das zweite wesentliche Etwas, das es gibt. So sagt es ausdrücklich auch Lukrez:

> »Alle Natur, an sich wie sie ist, besteht aus der Dinge zwei;
> denn es gibt die Körper und andererseits gibt es das Leere,
> in dem diese gelegen und wo sie verschieden sich rühren.«

Die Körper, so fährt Epikur, wiederum in seinem Brief an den Herodot fort, »sind teils Zusammensetzungen, teils solche, aus denen die Zusammensetzungen gebildet sind«. Die Teilchen, aus denen die Zusammensetzungen sich bilden, aus denen die uns bekannten Strukturen, Körper und Gegenstände bestehen, sind unteilbar und unvergänglich, wenn anders, so folgert Epikur, »nicht alles in das Nichtseiende vergehen« sollte. Es sind die Atome, letzte Partikel, »atomos«, unteilbar, von denen Epikur im Anschluß an Demokrit spricht, der diese Atomlehre möglicherweise seinerseits von einem milesischen Philosophen aus dem fünften Jahrhundert, namens Leukippos, übernommen hat. Epikurs Naturlehre ist also ein Atomismus oder ein atomistischer Materialismus.

Die Atome sind die wesentlichen, unvergänglichen und zahllosen materiellen »Dinge«, aus denen die Welt sich zusammenfügt. »Die Atome bewegen sich aber unablässig«, so belehrt Epikur den Herodot weiter, und zwar, so behauptet er, zunächst einmal aufgrund ihrer eigenen Schwere. Das ist das Neue, das Epikur der Theorie des Demokrit hinzufügte. Anders als bei Demokrit fallen bei Epikur diese Atome ausschließlich von oben nach unten, in vertikaler Richtung, obwohl Epikur die Relativität und Fragwürdigkeit solcher Begriffe wie oben und unten im Zusammenhang mit einem unendlichen Vakuum nicht übersieht. Gelegentlich geraten nun die Atome bei ihrer Bewegung, ihrem Fall durch den leeren Raum in eine »schräge Lage«, vibrieren und laufen aus der Bahn. Dadurch stoßen sie immer wieder einmal mit anderen Atomen zusammen, wodurch die Abweichung vom vertikalen Fall noch verstärkt und die anfänglich gleichen Geschwindigkeiten verändert werden. Es ist schwer auszumachen, ob diese Bahnabweichungen Folge oder Ursache der Zusammenstöße sind. Auch Lukrez läßt das offen, wenn er schreibt:

> »Denn da sie schweben durch leeren Raum, müssen alle notwendig
> stürzen durch eignes Gewicht, die Ursprungskörper der Dinge,
> oder durch Stoß vielleicht des anderen ...«

Die Atome verhaken und verflechten sich jedenfalls, es entstehen Atomgruppen oder Atomballungen, es bilden sich auf die vielfältigste Weise die uns bekannten Dinge und Körper aus jenen unsichtbar kleinen, farblosen Atomen. In den Mischungen, aus denen die Körper bestehen, finden sich oft die gleichen Atomarten – innerhalb unzählig vieler Arten –, und das ist, wie es wieder Lukrez einfallsreich illustriert, nicht weiter verwunderlich:

> »Siehst du ja sogar in unseren Versen hier selber
> viele der Buchstaben doch auch vielen Worten gemeinsam,
> während die Verse und die Worte jedoch, das muß man bekennen,
> sich in Bedeutung und klingendem Klang unterschieden.«

Zwei Dinge, zwei Seinsarten oder Quasisubstanzen also will Epikur als ursprünglich gelten lassen: die Leere und die Atome. Aber offenbar übersieht er, daß er unversehens noch etwas Drittes, Gleich-Ursprüngliches, wenn auch Immaterielles postuliert, nämlich die Bewegung. In Bewegung geraten die Atome zwar zusätzlich durch Stoß oder Druck, aber beides setzt ja schon eine vorherige Bewegung der Atome voraus. Woher stammt diese den Atomen mitgegebene Bewegung? Die den Atomen zugeschriebene »Schwere«, die, für unser physikalisches Weltbild, im Vakuum des Weltalls natürlich keine hinreichende Erklärung ist, konnte auch dem Epikur nicht genügen. Denn Schwere erklärt noch keineswegs Bewegung. Und diese Schwere ist selbstverständlich nicht »definiert« als Massenanziehung. Schwere ist in Epikurs mechanistischem Kosmos so unbegründet hinzunehmen wie die Bewegung. Die sozusagen aus dem Nichts auftauchende Bewegung hatte schon Aristoteles an der Atomlehre des Demokrit bemängelt. »Die Frage aber nach der Bewegung, woher denn oder wie sie bei dem Seienden (den Atomen) stattfinde, haben auch diese (Leukipp und Demokrit) mit ähnlichem Leichtsinn wie alle übrigen beiseite gesetzt«, schreibt er ungehalten im ersten Buch seiner ›Metaphysik‹. Ebenso »leichtsinnig« war auch Epikur, und so müssen wir uns mit seiner lapidaren Behauptung abfinden, die Bewegung sei von Anfang an und ewig wie die Leere und die Atome. Übrigens ist die Schwere doch zweifellos das, was in seinem Entwurf Bewegung allererst auslöst. Was also ist das erste?

Hat man diese unbefriedigende und unklare mechanistische »Tatsache« einmal hingenommen, dann zwingt uns Epikur zu der weiteren Einsicht, »daß auch die Seele ein feinteiliger Körper ist, der sich auf die ganze Körpermasse verteilt, am treffendsten zu vergleichen mit einem von Wärme durchströmten Hauch«. Auch die Seele besteht also aus Körperlichem, aus Atomen, wenn auch aus den »glattesten und rundesten« Atomen. Denn Unkörperliches läßt sich, hat man sich einmal auf Epikurs Weltkonzept eingelassen, abgesehen vom leeren Raum überhaupt nicht denken. Und weiter schließt Epikur bündig, nach seiner materialistischen Logik: »Wer also die Seele für unkörperlich erklärt, der redet ins Blaue hinein. Denn wäre die Seele von dieser Art, so könnte sie überhaupt weder wirken noch leiden.«

Wie umfassend dieser Materialismus ist, zeigt sich daran, daß auch unsere Wahrnehmung, Empfindung und geistige Verarbeitung stofflicher Art oder, paradox ausgedrückt, materielle Prozesse sein sollen: Atome feinster Art lösen sich wie dünne Häutchen von den dinghaften Körpern als deren getreue Abbilder ab und bewirken in den »allerrundesten« Atomen der Seele die entsprechende Wahrnehmung oder Empfindung.

Ist nun auch die Seele stofflicher, atomarer Art, dann ist klar, daß sie sich wieder auflösen wird, daß sie sterblich ist. Selbst Epikur verstarb schließlich, so gemahnt uns sein größter Bewunderer Lukrez, und er wird nicht müde, uns an die bittere Epikureische Wahrheit zu gewöhnen, daß mit dem Leib die Seele vergeht, daß sie zerfällt, daß sich auch der aus feinsten stofflichen Teilchen bestehende Geist wieder atomisiert; Seele und Geist haben teil am Tode: »Keiner erhält zum Besitz das Leben, alle zum Nießbrauch«, so faßt Lukrez einmal die rauhe Seite der Wahrheit der Epikureischen Naturlehre zusammen.

Die materialistische Naturphilosophie und der mechanistische Atomismus Epikurs wirken selbst noch auf uns Zeitgenossen einer wissenschaftlich-technischen Zivilisation unbarmherzig, ja geradezu trostlos. Das Universum ist ein rein mechanistisches, uhrwerkartiges Gebilde, das mit unerbittlicher Notwendigkeit abläuft. Und alle Welten fallen eines Tages wieder in sich zusammen. Dennoch verdanken sich die Entstehung der Welt und des Lebens und das Entstehen und Vergehen der Dinge nicht allein der Notwendigkeit, sondern auch dem Zufall. Das ist vielleicht der wichtigste Punkt, an dem sich Epikurs Naturlehre von derjenigen des Demokrit entfernt. Bei Demokrit nämlich werden auch noch die Aberrationen und Bahnabweichungen der Atome als vollkommen kausal determiniert, als durch und durch bedingt interpretiert. Epikur dagegen deutet die »Schwingungen« und Verfilzungen der Atome als zufällige Ereignisse, oder genauer gesagt: Er erklärt nicht den Zufall, er behauptet ihn schlichtweg.

Allerdings steht er uns mit dieser seiner Behauptung vom Naturablauf als einem Zusammenspiel aus Zufall und Notwendigkeit näher als man noch bis vor wenigen Jahrzehnten vermuten konnte. In der modernen physikalischen Kosmogonie und kosmischen Evolutionstheorie wird nämlich derzeit mit einer ganz ähnlichen Theorie und Hypothese gearbeitet. So ist nach Auffassung des vor einigen Jahren verstorbenen Biologen Jacques Monod, und auch anderer, die gesamte bunte Vielfalt der Welt und des Lebens sowohl Produkt des Zufalls, in Gestalt atomarer Bahnveränderungen oder biologischer Mutationen, als auch der Notwendigkeit, die fortan mit eherner Gleichförmigkeit die zufällig entstandenen neuen Konfigurationen kopiert und vervielfältigt. Freilich muß man sofort auf die Grenzen solcher Ähnlichkeiten und Parallelisierungen hinweisen. In den modernen Naturwissenschaften bleiben Thesen solcher Art so lange Arbeitshypothesen, bis sie theoretisch und experimentell begründet sind. Und die physikalisch-chemische Theorie von Zufall und Notwendigkeit ist offenbar hinreichend begründbar.

Die auffällige Ähnlichkeit mit den Thesen Epikurs darf nicht darüber hinwegtäuschen, daß diese blanke Spekulationen waren, nicht bescheiden als Hypothesen vorgetragen, sondern als gesicherte, von allen Schülern nachzubetende Erkenntnisse. Epikur berief sich auch hier auf vermeintlich untrügliche Wahrnehmungen, und Wahrnehmungen hielt er, wie wir schon sahen, für unabweisbare Kriterien der Wahrheit. Bestätigungen und Beobachtungstatsachen verlangte man damals kaum. Was man als solche vorwies, war nicht ernst zu nehmen, denn die alleroberflächlichsten Beobachtungen hielt man schon für Beweis genug. Und das Experiment, also die klug ersonnene Herausforderung der Natur durch eine spezifische, »operative« Fragestellung, kannte man ja damals noch nicht.

Daß Epikur den Zufall ins Spiel brachte, entsprang bei ihm und seinen Anhängern wohl hauptsächlich menschlichem Bedürfnis, war unschuldiges Wunschdenken: Es sollte dem Menschen ein Freiheitsraum für seine persönliche, individuelle Entfaltung gesichert werden. Denn Epikur haßte die Rede von der schicksalhaften Vorsehung, der heimarmene, wie sie vorwiegend die Stoiker auf ihr Programm gesetzt hatten. Sie meint er zweifellos mit den »gewissen Philosophen« an einer anderen Briefstelle. Wäre nicht der höher zu achten, so schreibt er, »der über das von gewissen Philosophen als Herrin über alles eingeführte allmächtige Verhängnis lacht und vielmehr behauptet, daß einiges zwar infolge der Notwendigkeit entsteht, anderes dagegen infolge des Zufalls und noch anderes durch uns selbst; denn die Notwendigkeit herrscht unumschränkt, während der Zufall zumeist unstet und unser Wille frei (herrenlos, das heißt nicht vom Schicksal abhängig) ist, da ihm sowohl Tadel wie Lob folgen kann. (Denn es wäre besser, sich dem Mythos von den Göttern anzuschließen, als sich zum Sklaven der unbedingten Notwendigkeit der Physiker zu machen; denn jener Mythos läßt doch der Hoffung Raum, auf Erden durch die Erhörung der Götter als Belohnung für ihnen erwiesene Ehre, diese Notwendigkeit dagegen ist unerbittlich.) Den Zufall aber hält der Weise weder für eine Gottheit, wie es der großen Menge gefällt..., noch auch für eine unstete Ursache..., denn er hält es für besser, bei hellem Verstande vom Unglück verfolgt als bei Unverstand vom Glücke begünstigt zu sein... Dies und Verwandtes laß dir Tag und Nacht durch den Kopf gehen...« So heißt es gegen Ende des Briefes an einen anderen Freund namens Pytokles.

Solche Einsichten, so will es das Wahrheitspathos des Epikur, machen uns frei und furchtlos und lassen uns ein Leben in Genuß und Gemütsruhe führen. Hingegen verschleiern sowohl der Schicksalsglaube der Stoiker wie die alten Mythen und der Götterglaube die Wahrheit, sie halten die Menschen vielmehr in Furcht vor dem Unberechenbaren oder vor dem Unbegreiflichen gefangen. Dies aufzudecken, darin war Epikur ein unbeirrbarer Aufklärer. »Die schwerste Beunruhigung erwächst dem Menschenherzen daraus, daß man die Himmelswesen für glückselig hält und ihnen gleichwohl Wünsche, Handlungen und Wirkungsweisen beimißt, die mit diesen ihren Vorzügen nicht recht in Einklang stehen; dazu gesellt sich als störendes Moment die beständige Erwartung und mißtrauische Mutmaßung einer ewigen Pein, veranlaßt durch den Einfluß der Mythen ...« Man kann für alles, so schärft Epikur seinen Schülern ein, durchaus verschiedene Erklärungen versuchen und gelten lassen, nur müsse man »allem mythischen Gerede entsagen« und sich »von jedem mythologischen Geschwätz freihalten«.

Epikur und die Epikureer waren, als gute Materialisten und als solche, die kein vorgegebenes Ziel, kein telos, ins Naturgeschehen hineindachten, eben auch gute Atheisten, obwohl auch sie sich dem üblichen verordneten Kult der Götterverehrung nicht entziehen wollten, wohl einfach aus Bequemlichkeit und um Schwierigkeiten aus dem Wege zu gehen. Den Atheismus als Destruktion der Vielgötterei und des Götterkultes hat später Lukrez, ohne ein Blatt vor den Mund zu nehmen, in seinen Versen so ausgedrückt:

»Als das Leben der Menschen darnieder schmählich auf Erden
lag, zusammengeduckt unter Lasten der Angst vor den Göttern,
welche das Haupt aus des Himmels Gevierten prahlerisch streckte,
droben mit schauriger Fratze herab den Sterblichen dräuend,
erst hat ein Grieche gewagt, die sterblichen Augen dagegen
aufzuheben und aufzutreten als erster dagegen ...

Epikur war aber nicht der erste, der sozusagen prometheisch gegen die Götter und den Mythos auftrat, das taten schon, wenn auch vielleicht vorsichtiger, die Sophisten. Aber aus Epikurs mechanistisch-materialistischer Weltauffassung ergab sich ganz von selbst eine viel ausdrücklichere Ablehnung des Glaubens an eine bestimmende, die Geschicke lenkende göttliche Macht.

Dennoch ist vielleicht der Begriff Atheismus zu kraß für Epikurs Stellung zur Religion. Denn tatsächlich läßt er den Göttern einen intermundanen Freiraum, metakosmia genannt, nämlich zwischen den zahllosen Welten. Er schiebt sie – die natürlich auch stofflicher Natur sind – gleichsam ins kosmische Niemandsland ab, wo sie sich nicht um uns und wir nicht um sie zu kümmern brauchen. Man kann Epikurs Haltung in Fragen der Religion und des Göttlichen nicht einmal als Deismus bezeichnen, als die Überzeugung, wonach ein Gott (oder die Götter) die Welt zwar geschaffen hat, ohne sich jedoch des weiteren in ihre Geschichte einzumischen. Denn nach Epikureischer Doktrin wirken die Götter nicht nur nicht auf die Welt ein, sie sind auch nicht deren Schöpfer: Das Ganze, die Leere, sowie die Atome bestehen von Ewigkeit an aus sich selbst. Göttliche Urheberrechte können nicht geltend gemacht werden.

Um so merkwürdiger ist es, daß Epikur die skurrile Götterwelt seiner Zeit gleichwohl bestehen läßt, ja sie noch naturalistischer, minutiöser auspinselt und anthropomorphisiert, vermenschlicht, als es in den Mythen der Fall war. Götter und Göttinnen sprechen bei ihm tüchtig Speis und Trank zu, sind aus etwas unserem Fleisch und Blut Ähnlichem gestaltet und benehmen sich auch dementsprechend, was schon damals heftiges Gelächter auslöste. Vielleicht verfügte nicht nur Sokrates, sondern auch Epikur über eine feine, hinterhältige Ironie, die uns mangels überlieferter Schriften vollends entgangen ist.

Und Epikur hat mehr geschrieben und publiziert als jeder andere; nach Auskunft des Diogenes Laertius an die dreihundert Schriftrollen. Allein sein Werk ›Von der Natur‹ soll siebenunddreißig Rollen umfaßt haben. Er wurde zwar, wie die meisten griechischen Philosophen, recht alt, 72 oder 73 Jahre, litt aber lange an einem schmerzhaften Steinleiden. »Sitzend im wärmenden Bade, betäubt mit kräftigstem Weine / er seinen Schmerz, daß er bald starr war, vom Tod übermannt«, so schildert ein Epigramm das Ende des großen Denkers und Glücksbotschafters, dem die Freude und die Lust Lebensziel gewesen waren. Er starb im Jahre 271 oder 270.

Die Lust war in der Tat für Epikur das unbedingt Erstrebenswerte. Aber eben nicht so, wie es sich die unzähligen sogenannten Lebenskünstler und Genußmenschen im Laufe der Weltgeschichte unter Berufung auf ihn zurechtbogen: als schrankenlose Befriedigung aller Begierden, als das Vollschlagen der Bräuche. Allerdings wußte man zu jener Zeit, daß Epikur darin, daß er der Lust einen so hohen Rang für das savoir vivre, die Lebenskunst, einräumte, einen Vorläufer hatte, daß er mit dem Lustprinzip nicht den Anfang gemacht hatte.

Schon gegen Ende des fünften Jahrhunderts bestand eine ganze Schule der Lust. Aristippos aus Kyrene an der Libyschen

Küste hatte sie gegründet, und zwar in Athen, wo er sich zunächst als Schüler und Freund dem Sokrates angeschlossen hatte. Aristipps Schule der Lust war als die hedonistische oder, nach dem Herkunftsort ihres Schulhaupts, die kyreneische zu Ansehen gelangt. Aristipp ließ aber nur die affektive, rein körperliche Lust gelten, die man empfindet, solange sie währt. Lust, an die man sich erinnert, und die folglich ein bloß spiritueller Genuß ist, bleibt, wie sich die Hedonisten ausdrückten, ohne kinesis. Und auf diese kinesis, die sanfte Bewegung des Anschwellens der Lust, legten Aristipp und seine Gemeinde den Akzent. Wohlbefinden, eudaimonia, stellt sich nicht als Nebeneffekt von Tugend und Tüchtigkeit, areté, ein – eine Form der Lust, die etwa auch Sokrates gelten ließ –, sondern mehr durch das Bewußtsein, daß man Herr über seine Lüste ist. Und während für die Epikureer schon Schmerzlosigkeit Lust bedeutete, suchten die kyreneischen Hedonisten sie sich erst jenseits dieser Schwelle zu verschaffen.

Wie bei so vielen anderen Schulen auch wurden die dünnen theoretischen Begründungen ohne viele Umschweife zu Lebensmaximen gemacht. Aristipp soll so unbeschwert und der momentanen Lust hingegeben gelebt haben, wie er es sich gedanklich entworfen hatte. Eine schwächliche Begründung dafür, daß die Lust das höchste Lebensziel sei, fand Aristipp darin, daß sie uns gleichsam von Geburt an einprogrammiert sei. Wir fühlen uns, so äußert er sich, ganz unbewußt von Kindesbeinen an mit der Lust vertraut und begehrten nichts weiter als sie und fürchteten nichts so sehr als das entgegengesetzte Prinzip, den Schmerz. Solche schnell improvisierten Begründungen reichten den Hedonisten aus, um eine Kultgemeinde zusammenzuhalten. (Übrigens soll Aristipp der erste unter den Sokratikern gewesen sein, der für seine dubiose Lehrtätigkeit Geld nahm.)

Epikur und sein Freundeskreis hatten dagegen unvergleichlich größere Anstrengungen unternommen, um ein lustbetontes Leben zu rechtfertigen. In einem seiner Lehrsätze – die übrigens die Schüler Epikurs zu seinen Lebzeiten auswendig zu lernen hatten, denn Epikur war anscheinend auch ein dogmatischer Lehrer und galt als eine Art Heiliger, wenn man die fast religiöse Verehrung in Betracht zieht, die er von seinen Schülern genossen haben soll –, in einem dieser Lehrsätze also heißt es: »Ein lustvolles Leben ist nicht möglich ohne ein einsichtsvolles, lobenswertes und gerechtes Leben und ein einsichtsvolles, lo-

benswertes und gerechtes Leben nicht ohne ein lustvolles ...«
Damit sind einem primitiven Luststreben, das seiner Befriedigung ohne Einschränkung nachjagen will, deutlich Grenzen gesetzt; und umgekehrt: Intelligent, anständig, gerecht und mit phronesis, mit Klugheit, sein Leben zu leben ist in sich selbst lustvoll, während uneinsichtig und ungerecht zu leben, wäre man auch mit Lustgütern überhäuft, Epikur nicht für Lust hielt, sondern für eine Qual.

Tugend und Lust sind da in einer Weise untrennbar zusammengespannt, wie es uns seit dem Christentum und auch seit der dürren Pflichtethik Immanuel Kants als unmöglich, ja unanständig ausgetrieben wurde. Werden, mit Epikur, »die Grenzen der Lust durch Vernunfteinsicht« gesteckt, dann liegt die höchste Lust im Geistigen, in »der Ergründung dessen, was dem Geiste die höchsten Beängstigungen verursacht, sowie dessen, was damit verwandt ist«. Und, so lautet eine andere seiner kyriai doxai, seiner Grundthesen, keine Lust sei an sich ein Übel, »aber das, was uns zu gewissen Lüsten verhilft, führt mannigfache Störungen der Lüste mit sich«. Er machte ohnehin noch feine Unterschiede zwischen den »Lüsten«.

Da gab es etwa, ähnlich wie bei Aristipp, die »kinetische« Lust, die flüchtige, bewegende, etwa an einem erlesenen Mahl, die mit dem Essen auch schon dahin ist; daneben aber die »katastematische« Lust, die dauert, die das Dasein begleitet und die schon darin liegen kann, daß man sich frei von Schmerzen fühlt. Diese nannte Epikur eine sanfte, ruhige Lustempfindung, die der ataraxia, der Seelen- oder Gemütsruhe als äußerstem Ziel, schon ganz nahe komme. Freude und Fröhlichkeit als bewegte Lustempfindungen stehen der stillen Lust jedoch keineswegs immer im Wege. Und beide Lustarten werden am reinsten empfunden in der besonnenen Bescheidung, in der Stille und im kleinen Kreis von Freunden, wie ihn die esoterische Epikureische Kultgemeinde darstellte.

»Von allem«, so heißt eine der doxa, der Lehrmeinungen Epikurs, »was die Weisheit zur Glückseligkeit des ganzen Lebens in Bereitschaft hält, ist weitaus das Wichtigste der Besitz der Freundschaft.« Und auf gemeinsames Denken, auf das symphilosophein mit Freunden, war die Schul- und Hausgemeinschaft im Anwesen des Epikur festgegründet. Diese Epikureische Haus- und Wohngemeinschaft, zu der Frauen und auch Sklaven gehörten, war jedoch keine mit kommunistischen Idealen, wie sie manchen heutigen Kommunen oder religiös-sektiererischen

Vereinigungen vorschweben mögen. Von dem Spruch »Freundesgut ist gemeinsam«, eine Parole in Platons ›Staat‹, wollte Epikur nichts wissen. Dahinter versteckte sich für ihn ein heimliches Mißtrauen, und Mißtrauen und Freundschaft vertrügen sich schlecht miteinander.

Im »Wählen und Meiden«, so hieß auch der Titel eines seiner Bücher, sah er ein weiteres, wichtiges Kriterium praktischer Lebenskunst. Er meinte die überlegte Wahl zwischen verschiedenen möglichen lustvollen Lebensweisen, das Abwägen ihrer Vor- und Nachteile und das Meiden solcher Lüste, die zu teuer – und das hieß auch durch Benachteiligung anderer – erkauft werden müssen. Größte Lust konnte ihm beispielsweise ein ganz einfaches, frugales Essen bereiten, nicht immer Schlemmermähler. Es mußte gewissermaßen nicht immer Kaviar sein. »Nicht Trinkgelage und daran anschließende tolle Umzüge machen das lustvolle Leben aus, auch nicht der Umgang mit schönen Knaben und Weibern, auch nicht der Genuß von Fischen und sonstigen Herrlichkeiten, die eine prunkvolle Tafel bietet, sondern: eine nüchterne Verständigkeit, die sorgfältig Gründen für das Wählen und Meiden nachgeht und mit allen Wahnvorstellungen bricht, die den Hauptgrund zur Störung der Seelenruhe abgeben.« Solche Lust, die in der Ataraxie, also auch in der Distanz zu sich selbst und den zwanghaften Begierden des Fleisches, kulminiert, ist uns heute völlig fremd geworden. Wir sind wie Süchtige in Abhängigkeit von allzu viel Überflüssigem und Schädlichem geraten.

Die Überwindung der Furcht, die Befreiung von Angst durch Analyse der Natur- und Welträtsel sowie durch Entmythologisierung der Denkweisen, das sind die Mittel, mit deren Hilfe die Epikureische Schule das Endziel eines Lebens in lustvoller Ruhe zu erreichen glaubte. Die ärgste Furcht ist nun zweifellos diejenige vor dem Tod, dem Weisen nicht weniger als jedem anderen Menschen vertraut. Was kann eine Philosophie, die einen puren, anscheinend sinnfernen Materialismus verkündet, gegen diesen äußersten der Schrecken aufbieten? Wohin mit dem Tod in einer Welt, in der das Lustprinzip als Realitätsprinzip gesetzt ist? Gerade hierauf hat Epikur vielleicht die besonnenste, die womöglich beruhigendste Antwort gefunden, die vielen Menschen nach ihm offenbar zu einem gewissen Seelenfrieden oder zur Versöhnung mit der Endlichkeit des Daseins verholfen hat. In den Aufzeichnungen des Philosophen Ludwig Wittgenstein, der 1951, zweitausendeinhundertfünfzig Jahre nach Epikur, starb, findet sich die Notiz: »Der Tod ist kein Ereignis des Lebens. Den Tod erlebt man nicht.«

Das ist ohne Frage eine Einsicht, die Wittgenstein der Weisheit des Epikur verdankt. Der hatte geschrieben: »Das angeblich Schaurigste aller Übel, der Tod, hat für uns keine Bedeutung; denn so lange wir noch da sind, ist der Tod nicht da; stellt sich aber der Tod ein, so sind wir nicht mehr da. Er hat also weder für die Lebenden Bedeutung noch für die Abgeschiedenen, denn auf jene bezieht er sich nicht, diese aber sind nicht mehr da.« Das ist natürlich eine listige, »dialektische« Art und Weise, den Tod zu bagatellisieren und aus unserem Leben herauszureden. Im Kopf, durch Vernunft, mag man seinen Trost bei dieser Auskunft finden; Vorstellung, Phantasie und Gefühl sträuben sich weiter. Mit dieser Antwort kühl sich abzufinden setzt voraus, daß man sich die Welt- und Lebensanschauung des Epikur als Existenzweise bereits zu eigen gemacht, die Weisheit der Ataraxie schon gelernt hat. Es ist allerdings die Angst vor dem Tod, die Epikur uns nehmen will; eine andere ist die vor dem Sterben. Aber erinnern wir uns an das vorhin zitierte Epigramm – auch im Sterben verlor Epikur die einmal gewonnene Seelenruhe nicht.

Der Materialismus nach Art der Epikureer – ein »Klötzchen-Materialismus«, wie der marxistische Materialist Ernst Bloch derartiges nannte – ist freilich durch die moderne Naturwissenschaft überholt. Die Atomtheorien des Leukipp, des Demokrit und des Epikur sind grandiose, ja revolutionäre Ideen, aber eben nur Ideen; eine systematische physikalische Theorie ließ sich daraus nicht entwickeln. Wohl kommt den Atomen bei Epikur eine Art Sein zu, denn sie existieren ja; aber dieses Sein ist bloßes Vorhandensein, aus dem keine Wirkung folgt. Kraftlos und energielos, im buchstäblichen und terminologischen Sinn dieser Worte, fallen die Atome Epikurs ewig durchs Leere und gehen hier und da zufällige Verbindungen ein, deren endlicher Zerfall gewiß ist. Alle Weltengestirne enden, anderes als tote Materieklumpen waren sie eigentlich nie. Die moderne Physik, die auf einer Gleichung von Materie und Energie basiert, hat denn auch von der alten griechischen Atomlehre, die auf Druck und Stoß beruht, so gut wie nichts übernehmen können. Die alte Version eines elementaren Materialismus, die noch bis zum vorigen Jahrhundert andauerte, ist gegenstandslos geworden.

Was uns aber am nackten Materialismus des Epikur heute

noch verblüfft, ist die Tatsache, daß aus ihm eine humane Lebensphilosophie und eine Ethik herauskristallisiert werden konnte, die nach Jahrtausenden noch praktikabel ist; eine menschenfreundliche Lebensweisheit, die sich durchaus der strengeren, idealistischeren und damit uneinlösbaren der platonischen Tradition an die Seite stellen läßt. Der Epikureismus wirkt gegen diese – wie gegen die christliche – vielleicht frivoler, oberflächlicher, und womöglich auch egozentrischer, aber darin doch auch viel realistischer und heiterer. Eine genuine Wiedergeburt oder eigentlich Fortführung der epikureischen Tradition findet sich in Frankreich zur Zeit der Renaissance, also im 17. Jahrhundert, wo namentlich der Philosoph Gassendi die Lehre Epikurs erneuerte und wo unter dem Lebensideal des honnête homme der Epikureismus eine geistvolle Variante fand. Die Lehre des Epikur enthält eine Lebensweisheit, die auch uns in einer Zeit der Kollektive, der falschen Epikureer und Konsumenten auf Teufel komm raus einiges an menschlichem Maß zurückgeben könnte – wenn wir sie wieder so verstehen, wie Epikur sie wirklich gemeint und gelebt hat.

Gegen die überlegene Ironie der Sokratiker, die dialektischen Raffinessen der Sophisten, die Provokationen der Kyniker oder den ernüchternden Scharfsinn der Skeptiker wirken die Epikureischen Lebensweisheiten, ähnlich dem Katechismus der Stoiker, eher hausbacken und trivial. Dennoch stehen sie – von der Epikureischen Degradierung des Mythos durch den Logos, die Vernunft, nicht zu reden – unserem heutigen Moralbewußtsein näher. Sie überfordern niemanden. Vor allem heucheln sie nirgends vor, Lebenslust und Lebensfreude seien angesichts der conditio humana nicht das, wonach es einen »ernsthaft« verlangen dürfe. Angst und Schrecken zu verbreiten, das galt leider so vielen anderen und späteren Morallehren als höchstes Ziel.

»Epikur hat zu allen Zeiten gelebt und lebt noch, unbekannt denen, welche sich Epikureer nannten und nennen, und ohne Ruf bei den Philosophen ...«, so erinnert Nietzsche an diesen Weisen.

»Nicht an Dinge, die nicht da sind, denken, als wären sie vorhanden; sondern von denen, die vorhanden sind, die passendsten auswählen und um ihretwillen sich klar machen, wie sie vermißt würden, gäbe es sie nicht.«
Marc Aurel

Mit stoischer Ruhe
Die Denker von der Säulenhalle

In seinen ›Unterredungen‹ sagt Epiktet, ein ehemaliger Sklave und späterer stoischer Denker aus Hierapolis im kleinasiatischen Phrygien, der etwa in den Jahren 50 bis 135 lebte, einmal folgendes: »Der erste und wichtigste Teil der Philosophie ist ihre Anwendung im Leben, zum Beispiel: Du sollst nicht lügen. Der zweite handelt von den Beweisen, zum Beispiel: Warum soll man nicht lügen? Der dritte Teil ist die Begründung und Erklärung der Beweise selber, zum Beispiel: Was ist ein Beweis? Was ist eine Schlußfolgerung, was ein Widerspruch? Was ist wahr und was ist falsch? Der dritte Teil ist wegen des zweiten nötig, der zweite wegen des ersten. Der notwendigste aber bleibt der erste Teil und bei ihm soll man bleiben. Wir aber machen es umgekehrt. Wir verweilen beim dritten Teil und all unser Eifer gilt diesem, während wir den ersten Teil gänzlich vernachlässigen. So kommt es, daß wir lügen, obwohl wir geläufig beweisen können, daß man nicht lügen darf.«

Epiktet skizziert hier eine von den üblichen Einteilungen der Philosophie etwas abweichende Rangfolge, nämlich von der Sprachphilosophie über die Logik zur Ethik, die, wie man sieht, für ihn – wie übrigens für alle Stoiker, ja fast alle hier vorgeführten Philosophenschulen – der wesentliche Teil der Philosophie ist, gewissermaßen die prima philosophia.

Die Einteilung der Philosophie, die Chrysipp, einer der Altmeister der Stoa, einmal gibt, setzt die Gewichte zunächst etwas anders, findet aber dann doch zum selben Resultat: »Das erste ist meiner Überzeugung nach: Es gibt, wie schon die Alten richtig erkannt haben, drei Gebiete philosophischer Probleme: Logik, Ethik und Physik. Das zweite: Im Unterricht muß den ersten Platz die Logik, den zweiten die Ethik, den dritten die Physik einnehmen, und von der Physik muß den letzten Teil die Lehre von den Göttern bilden ... An diese Untersuchungen muß man die über Gut und Übel anknüpfen. Denn es gibt für diese keinen besseren Ausgangspunkt, und die Naturwissenschaft ist zu keinem anderen Zwecke in den Unterricht aufzunehmen, als zur scharfen Scheidung von Gutem und Üblem.«

Die Kritik, die namentlich der späte Stoiker Epiktet an der seiner Meinung nach falschen Bewertung der philosophischen

Disziplinen übt – und damit wohl auch an einer gewissen Schulfuchserei, die sich während mancher Zeiten in der Stoa ausbreitete –, scheint nach rund achtzehnhundert Jahren wie auf unsere heutige Zeit gemünzt und läßt sich auf den einen Satz zusammenziehen: Unser ungeheuer angewachsenes analytisches, empirisches und technisches Wissen hat uns moralisch um keinen Deut besser gemacht. Insofern hat sich Epiktets, mehr noch Chrysipps Vertrauen in die Naturphilosophie, die der Ethik zur Klarheit verhelfe, als großer Irrtum erwiesen. Wissenschaft und Ethik stehen heute in einer Fluchtbewegung zueinander. Wir können überzeugender denn je »beweisen«, daß Kriege verheerend, unsinnig und unmenschlich sind, doch seit dem Zweiten Weltkrieg wurden hundertfünfzig Kriege geführt, die fünfundzwanzig Millionen Tote kosteten; wir verstehen die Kreisläufe der Natur besser denn je zuvor, aber wir leben und handeln gegen die Natur; über den Menschen, über uns selbst, haben wir Erhebliches dazugelernt, aber wir haben kaum Lehren daraus gezogen.

Namentlich die Philosophen haben immer feinmaschigere Theorien entwickelt, immer striktere Begründungen gefordert und gefunden, aber wie wir leben sollen, was wir tun sollen, darüber vernehmen wir von ihnen so gut wie nichts mehr, das überlassen sie naiven Popularisatoren. So driften Denken und Tun, Theorie und Praxis, über deren Einheit im Hinblick auf gesellschaftspolitische Probleme so viele Worte in letzter Zeit verloren werden, weiter und weiter auseinander. Und dafür, daß wir lügen, obwohl wir wissen, daß man nicht lügen soll, finden Wissenschaftler nur mehr einschüchternde, eindämmende Termini, wie etwa »kognitive Dissonanz«, und damit beruhigen wir uns.

Der Stoiker Epiktet bagatellisiert, wie man sah, Einsicht und Wissen keineswegs, aber Einsicht und Wissen waren ihm, wie all seinen stoischen Vorgängern und Nachfahren, nicht das Höchste und Dringendste. Alles Wissen und alle Wissenschaft hatten am Ende nur einem Ziel, einem fraglosen telos, zu dienen, nämlich der Tugend. Die Lehre, die er verbreitete und nach der er auch lebte, also die schon im vierten und dritten Jahrhundert vor Christus begründete stoische Lehre, ist der späte, populäre Nachhall einer Philosophie, die wir heute als Heilslehre, Lebenshilfe oder Orientierungswissen bezeichnen würden.

Sie handelt im Kern davon, wie man etwas weiser werden

könnte, wie man sowohl gemäß der Natur wie der Vernunft zu leben habe, um dadurch das äußerste Gut, die Tugend, zu erringen. Demgemäß schrieb die Stoa Verhaltensregeln für alle möglichen Lebenslagen vor und erging sich ausführlich über alles das, was man in Ruhe und Gelassenheit hinzunehmen habe, wovon man keine Notiz zu nehmen brauche, was adiáphoron sei.

Ein Grundsatz aller Stoiker besagt, daß nur ein Weg, eine Art Königsweg, zur inneren Freiheit und zur Seelenruhe führe: »Nichtachtung alles dessen, was nicht in unserer Macht steht.« Darin, sich nicht aus der Fassung bringen zu lassen, mit »stoischem« Gleichmut den Widrigkeiten des Lebens, sofern sie unabänderlich sind, zu begegnen, übten sich die stoischen Denker in Worten und Taten. Und ungefähr so verstehen wir Heutigen eigentlich auch noch das Wort »stoisch«, wenn darin allerdings meist auch etwas von »stur« mitklingt. Die griechischen Stoiker aber sprachen von »apatheia«, von »Unempfindlichkeit« gegenüber den Leiden und Leidenschaften. In unserem heutigen Sprachgebrauch hat das Fremdwort »Apathie« überwiegend die Bedeutung von »Stumpfsinn« angenommen. »Apathiker«, nach der ursprünglichen griechischen Wortbedeutung, könnte man die Stoiker nicht zu Unrecht nennen.

Stoiker hießen sie einfach nach der Örtlichkeit, an der sie sich erstmals, um das Jahr dreihundert vor Christus, zum Disputieren und Unterrichten trafen, nämlich der stoa poikile, einer von dem Maler und Bildhauer Polygnot mit Schlachtenbildern bunt ausgemalten Säulenhalle im Geschäftsviertel am Marktplatz von Athen. Diese Säulenhalle wurde übrigens 1981 wiedergefunden und in den Fundamenten freigelegt. In dieser Stoa sollen 404, unter der Schreckensherrschaft der Dreißig Tyrannen, an die eintausendvierhundert Bürger umgebracht worden sein. Manchmal nach den Örtlichkeiten, wo gelehrt wurde, dann wieder nach den Gründern, gelegentlich aber auch nach der Art und Weise, wie man sich beim Unterricht bewegte, sind ja die griechischen Philosophenschulen benannt.

Gründer der Stoa, also der Schule »in der Säulenhalle«, war ein Mann namens Zenon, der aus Kition, einer kleinen phönizisch-griechischen Stadt auf der Insel Zypern, nach Athen kam, wie es heißt zufällig, wegen eines Schiffbruchs, der zur Einfahrt in den Hafen Piräus zwang. Die Stoiker hießen nach diesem Gründer anfangs auch Zenoneer. 336, im selben Jahr, als Alexander König von Makedonien wurde, war Zenon geboren worden. Der hagere, dunkelhäutige Mann von vermutlich semitischer Herkunft kannte sich im Griechischen jedoch schon einigermaßen aus, durch seinen Vater nämlich, einen Kaufmann, der ihm Schriften über Sokrates zu lesen gegeben hatte. Jedenfalls, so wird überliefert, habe Zenon gleich nach seiner Ankunft in Athen Xenophons ›Erinnerungen an Sokrates‹ verschlungen. Damals war er zweiundzwanzig Jahre alt. Eine Zeitlang war Zenon Schüler des Kynikers Krates, bevor er dann 301 seine eigene Schule, die Stoa, gründete.

Zenons Philosophie liegt die These zugrunde, daß die Natur das schlechthin Vernünftige sei und daß folglich naturgemäß leben vernünftig leben hieße und daß dies wiederum das tugendhafte Leben sei. Er selbst lebte bescheiden und soll sich vorwiegend von Brot und Honig und einem gelegentlichen Schluck Wein ernährt haben und, wie der »gut informierte« Diogenes Laertius mitteilt, mit Lustknaben nur selten Umgang gehabt haben. Einige behaupten, er sei mit 98 Jahren gestorben, andere geben sein Todesjahr um 264 vor Christus an; danach wäre er 72 Jahre alt geworden. Dieser Gründervater Zenon und nicht weniger sein Nachfahre Chrysippos aus Tarsos in Kilikien im südöstlichen Kleinasien, der die stoische Schule von 233 bis 205 leitete, waren außerordentlich produktiv. Chrysippos etwa soll über siebenhundert Schriften hinterlassen haben und, nach einem der vielen Gerüchte, als Dreiundsiebzigjähriger an einem Lachkrampf gestorben sein, nachdem er seinem Esel ungemischten Wein zu saufen gegeben habe. Er hielt seine Vorlesungen im Freien, nämlich im Lykeion, einem Bezirk außerhalb der Stadt Athen, der auch der Reiterei als Übungsplatz diente.

Von all den der Überlieferung zufolge so zahlreichen Schriften der Schulhäupter der alten Stoa ist bis auf wenige Fragmente unglücklicherweise alles verlorengegangen. Was wir über diese Philosophie wissen, stammt aus späteren, oftmals höchst fragwürdigen Quellen. Das gilt ja leider für sämtliche hier vorgestellte Philosophenschulen.

Die älteren Stoiker, also Zenon und dessen unmittelbare Nachfolger Kleanthes und Chrysippos, gaben nun nicht einfach Expressionen ihres persönlichen Lebensgefühls von sich, bloße Erbaulichkeiten oder recht und schlecht zusammengebastelte Weltanschauungen; sie ergingen sich vielmehr in gelehrten Abhandlungen über die Naturwissenschaften, über Sprache, Grammatik und Logik, vor allem über Güter und Tugenden, also über ethische Probleme. Sie waren Denker. Das gilt auch für die liberaleren Schulhäupter der sogenannten mittleren Stoa, nämlich Poseidonios und Panaitios. Panaitios von Rhodos, vornehmer dorischer Abstammung, verstand allerdings die stoische Lehre mehr als eine Verlängerung oder auch einen Zweig der Sokratik. Er war weltoffener und weniger dogmatisch als die nichtgriechischen Gründerväter, auch lebensbejahender, weshalb man unter seiner Schulleitung von einer »Hellenisierung« der Stoa spricht. Poseidonios aus Apameia in Syrien, ebenfalls hellenischer Abstammung, war der bedeutendste Schüler des Panaitios und einer der gebildetsten Wissenschaftler seiner Zeit, weit gereist und auch politisch tätig. Er gründete später, etwa in den achtziger Jahren vor Christus, seine eigene stoische Schule, wo auch Cicero einmal seine Vorträge hörte. Es gab unter ihm wahrscheinlich die tiefgreifendsten Revisionen an den orthodoxen stoischen Lehrsätzen.

Die Natur, für Zenon und Chrysipp das höchste Gut, vom logos, der Vernunft, durchdrungen, flößt Poseidonios weitaus weniger Respekt ein, denn er findet sie, wie die Natur des Menschen, keineswegs so eindeutig vom logos bestimmt, wie diese alten Gründungsväter gemeint hatten. Die stoische Standardformel, wonach man gemäß der Natur zu leben habe, war für ihn so unbefragt als Ziel des Lebens nicht mehr zu akzeptieren. Poseidonios glaubte diese alte Formel aber dennoch retten zu können, indem er ergänzte, man müsse vornehmlich dem logos folgen und sich von der alogia, dem Unvernünftigen, fernhalten. Die Affekte sind es natürlich vorwiegend, die unsere Vernunft verdunkeln, und da die Affekte körpergebunden sind, finden wir bei Poseidonios, wie später auch bei Epiktet, eine gewisse Verachtung des Körperlichen. Der Körper gleicht einem Kerker, in den die Seele eingepfercht ist. Der neue, humanere Klang kommt dann aber in die stoische Lehre durch die Rolle, die Poseidonios dem Mit-Fühlen, dem Mitleid, griechisch sympátheia, zuweist. Und in dieser Kategorie fanden ja nicht zuletzt auch die frühen Christen ihr Gemeinsames mit der stoischen Ethik. Der Unterschied zu ihnen ist vielleicht der, daß Poseidonios diese Kategorie der Sympathie vorwiegend aus kosmologischen Feststellungen ableitete: Der gesamte Kosmos nämlich war ihm ein zoon, ein lebendes Wesen, in dem alles mit allem in Beziehung steht. Gleichwohl haben Poseidonios wie Panaitios die Grundauffassungen der alten Stoa letztlich bewahrt, sie brachten lediglich, wenn man so will, etwas mehr »Leben« in das altstoische Gedankengebäude.

Im Unterschied zu den Epikureern nannten die Stoiker sich selbst niemals Weise, und sie wurden auch von den anderen nicht so genannt. Die gängige Rede vom »stoischen Weisen« umschreibt also einen anzustrebenden Endzustand, nicht ein bereits erreichtes Niveau. Die Weisheit, die die Stoiker anvisierten, war, wie wir schon wissen, das gerechte Verhalten, das tugendhafte Leben, es war der Wunsch, gut zu sein um des Guten willen. Wir fragen uns heute, warum die Tugend, das moralisch integere Verhalten, in der Stoa und mit gewissen Modifikationen in fast allen antiken Philosophenschulen zum obersten Wert und Lebensziel erklärt wurde, und nicht etwa Wissen und Leistung, Können, rationale Tüchtigkeit, Intelligenz oder auch Schönheit, »Werte«, die in unserer wissenschaftlich-technischen Zivilisation als vorrangig gelten; während allein schon das Wort Tugend oder der Begriff des moralisch Guten heutzutage etwas Naives, ja nahezu Lächerliches zu beinhalten scheinen. Tugendhaft und gut sind Worte, die in unseren Tagen des technischen Machens und des zweckrationalen Handelns schon fast synonym mit dümmlich und borniert gesetzt werden. Und so idealistische Begriffskombinationen wie etwa die des altgriechischen Schön-Guten, der Kalokagathie, kommen uns nicht mehr in den Sinn.

Man darf natürlich dabei nicht übersehen, daß, wenn nicht die Rede vom Zerfall der Werte, so doch deren tatsächliche Relativierung in unserem Jahrhundert jegliche Ethik zum Problem gemacht hat. Und wenn Evolutionstheorie, Psychoanalyse und behavioristische Verhaltensforschung altehrwürdige Begriffe wie gut und böse ihres ethisch-moralischen Gehaltes entleert haben und sie durch Termini aus der Pathologie ersetzen, dann haben wir uns damit von den hellenistischen Tugendlehren und den Diskussionen um »das Gute« unendlich weit entfernt.

Die alten Stoiker fanden ein Griechenland vor, das in Auflösung begriffen war, in dem nichts mehr Bestand zu haben schien, kein Verhaltenskodex mehr in Kraft war. Ihre Konzentration auf Ethik, ihr endloses Räsonnieren über Tugend und Glück waren auch Ausdruck ihrer Not, die sie dazu anhielt, für den einzelnen wie für die Gemeinschaft stabilisierende Verhaltensnormen und Leitbilder zu erdenken. Athen, die polis, war zwar nach wie vor kulturelles Zentrum des damaligen abendländischen Weltkreises, politisch jedoch war das bis dato herrschende Gefühl seiner Bürger, sich darin in einer festen

Burg, einer dauerhaften Ordnung zu bewegen, gänzlich geschwunden. »Wertezerfall« gab es also auch damals schon. Dagegen stemmte man sich mit einem nie dagewesenen Aufgebot an Tugend- und Glückslehren. Auch in unseren abgründigen Zeiten haben die Heilsbotschafter Konjunktur, aber außer ihnen und ihren Herden rechnet niemand mehr mit dem großen Wissenden, der unserer Probleme Herr wird. Wir haben uns eher moralisch in Sartres diesseitiger Hölle eingerichtet, mit der entsprechenden Parole: »Also weitermachen!« Angesichts dieses modernen Zynismus haben auch die Religionen, ungeachtet der verzweifelten Nachfrage nach ihnen, ihre bindende Kraft verloren – wie wohl auch schon in der Antike.

Unseres Wissens um die Religiosität zu jener Zeit können wir uns zwar nicht allzu sicher sein, aber wir dürfen doch annehmen, daß die Götter, also der alte naive Polytheismus, zumindest unter Intellektuellen schon seit den Tagen der Vorsokratiker mehr und mehr verblaßt waren. Etwas Neues, Vergleichbares aber, zumindest für die Menge, war noch nicht in Sicht – das kam erst mit dem Christentum, das ja dann auch den Sieg über die alte Welt davontrug.

Wie es insbesondere die Stoiker mit der überkommenen polytheistischen Volksreligion hielten, verrät zugleich etwas von ihrem eigenen Religionsverständnis. Sie versuchten nämlich die Entstehung der Vielgötterei zu erklären, und schon dieser Erklärungsversuch ist ein Beleg für ihr distanziertes, man könnte sagen religionswissenschaftliches Verhältnis zur damaligen Volksreligion. Sie selbst bestanden auf nur einem Gott oder, pantheistisch, einer Allgottheit, die sich allerdings in vielfältigen Erscheinungsweisen manifestiere. Der Glaube an viele Götter ergab sich ihrer Meinung nach allein daraus, daß ihre Zeitgenossen diese diversen Manifestationen der einen Allgottheit zu den zahlreichen Göttergestalten personifiziert und vermenschlicht hatten. Man muß also durchaus zugestehen, daß die Stoiker mit ihren Erklärungsversuchen zur Entstehung der Volksreligion ein Stück Aufklärung betrieben. Sie neigten zum »modernen« Monotheismus.

Was uns heute von den alten griechischen Tugendlehren vielleicht am meisten trennt, ist zunächst einmal unser Mißtrauen oder gar Unverständnis etwa gegenüber der sokratisch-platonischen These, wonach Tugend lehrbar und lernbar sei. Aus Wissen, aus rationaler Einsicht, davon war Sokrates ja nicht abzubringen, folgte zwingend das rechte sittliche Verhalten;

denn nur Kranke oder Wahnsinnige, so meinte er, würden ihrer besseren Einsicht zuwiderhandeln. Die Einsichten wiederum, auf die sich Sokrates berief, waren ausschließlich solche in das dubiose Wesen des Menschen, in die Verfassung der Seele; Einsichten in die außermenschliche Natur, also physikalisch-kosmologisches Wissen, hielt er, wie wir wissen, für überflüssig und vom »Wesentlichen« ablenkend. Mit Sokrates teilten die Stoiker die Auffassung vom Primat der Ethik und die Ansicht, Tugend sei erlernbar. So dachten übrigens auch die Epikureer oder die Kyniker, ganz und gar jedoch nicht die Skeptiker. Doch anders als Sokrates hielten namentlich die älteren griechischen Stoiker, darin wieder den Epikureern verwandt, Erkenntnisse über die Natur oder den Kosmos für unumgänglich, um sich selbst, den Menschen, zu verstehen und ihn auf den Pfad der Tugend und der Seelenruhe zu bringen.

Auch die stoische Auffassung, wonach Mensch und Kosmos durch ein einheitliches Prinzip verbunden oder gleichsam aufeinander abgestimmt sind, können wir heute guten Gewissens nicht mehr teilen, sehen wir von einigen »kosmologischen« Ökologen ab. Aus modernen Atomtheorien oder kosmogonischen Hypothesen etwa Normen und Verhaltensvorschriften für den Menschen ableiten zu wollen, erschiene absurd. Naturwissenschaft und Ethik sind auseinandergefallen, und aus jener Vorschriften für diese ableiten zu wollen, fällt unter das Verdikt des »naturalistischen Fehlschlusses«, unter das Verbot, von Ist-Sätzen auf Soll-Sätze zu schließen. Für die Stoiker – und darin deutet sich ihr naturalistisches Religionsverständnis an – war eine einheitsstiftende Erklärung von Mensch und Kosmos, oder, in modernerer Ausdrucksweise, von Geist und Natur, Bedürfnis und Wunschziel all ihrer umständlichen theoretischen Bemühungen.

Sie brauchten ein solches einheitsstiftendes Erklärungsmodell nicht aus dem Nichts zu schöpfen, das bot ihnen mit einigen wichtigen Teilstücken die Tradition schon an. Im siebten und sechsten vorchristlichen Jahrhundert hatten die sogenannten ionischen Naturphilosophen von der kleinasiatischen Küste wie Thales, Anaximander, Anaximenes, Diogenes aus Appolonia sowie der Einzelgänger Heraklit ideenreiche begriffliche Grundgerüste geschaffen, auf denen man sich gedanklich emporschwingen konnte. Auch so schwierige Seinsdenker wie Parmenides und Zenon, beide aus Elea im südwestlichen Italien – nicht zu verwechseln mit unserem stoischen Zenon aus

Zypern – oder Melissos aus Samos reklamierten die Stoiker für ihre einheitliche Welterklärung. Manche Stoiker beriefen sich auch auf das attisch-klassische philosophische Denken, nämlich auf die Schriften von Platon und Aristoteles. Bei all diesem Eklektizismus gelang ihnen, das muß man zugestehen, eine eigenständige Philosophie und vor allem Ethik.

Bevor wir einen kurzen Blick auf die stoische Theorie werfen, ist noch darauf hinzuweisen, daß diese stoischen Weisen das, was sie dachten, auch lebten, wie alle griechischen Denker jener Zeit. Die Leute damals bestaunten, achteten – oder verspotteten auch – diese Philosophen nicht zuletzt um dessentwillen, was sie taten, womit sie Ernst machten; denn die Menge verstand ja ohnehin nicht wirklich, was diese tugendhaften Glückslehrer lehrten und verkündeten; wenn man die Leute überzeugen wollte, hatte man ihnen das vorzuleben. Später, bei Marc Aurel, heißt es einmal kurz und bündig: »Überhaupt nicht mehr diskutieren über die Beschaffenheit des guten Menschen, sondern ein solcher sein.« Diese Stoiker mußten also auch so etwas wie Lebenskünstler sein, etwas, was wir heute am allerwenigsten von einem Philosophen, einem Kathedergelehrten, erwarten. Einer, der immer gemäß seinen Einsichten lebte, würde in unserer Gesellschaft bald zugrunde gehen. Man stelle sich jemanden vor, der strikt eine biologische Lebensweise einhalten wollte, der als »Grüner« auf alle technischen Hilfsmittel verzichtete, einschneidendste Konsumverweigerung übte und der, Askese predigend, sich überall, auch in Hörsälen, zur Schau stellte. Derartiges gibt es bestenfalls im amerikanischen Fernsehen.

Welche Einsichten waren es nun, die die Stoiker in die Natur der Dinge gewonnen zu haben glaubten? Zweierlei hatten sie zunächst sozusagen unter einen Hut zu bringen, zwei eigentlich antagonistische Prinzipien, die allen ständig vor Augen standen, nämlich: daß es da ein Tun, etwas Aktives gab, und andererseits ein Erleiden, etwas Passives. Diese Zweiheit in der Einheit des Seins ließ sich jedoch glücklicherweise, und übrigens völlig anders als die Epikureer es dachten, auf Begriffe zurückführen, die die Stoiker nur zu übernehmen brauchten, nämlich auf den Begriff des logos für das aktive und den Begriff der hyle, des Stofflichen, für das passive Prinzip. Alles, was es gibt, galt den Stoikern – und nicht nur ihnen – als zusammengesetzt aus Stoff und formendem logos. Wie allerdings im einzelnen Stoff und Form sich zu einem einheitlichen Ganzen verbinden, diese Erklärung hatten sie neu zu liefern. So schwierig uns das auf den ersten Blick erscheint – und gemäß unserem naturwissenschaftlichen Wissen tatsächlich ist –, war es für die Stoiker nicht, denn als arché, als Anfang und Ursprung, setzten sie unbedenklich das Körperliche, Stoffliche. Auch andere griechische Denker hatten diese Auffassung schon verfochten, hatten selbst die Seele für stofflich erklärt, wenn auch als ein Gebilde von besonders feiner stofflicher Art. Dieses materialistische Denken ging übrigens so weit, daß einige sogar die Tugend in Begriffen des Stofflichen dachten.

Das andere, das aktive Prinzip, nämlich der logos oder die schaffende Vernunft, war den Stoikern freilich das Entscheidendere, aber auch diesen logos stellten sie sich nicht ohne zarte Materialität vor. Logos war Vernunft, aber auch das Göttliche, theós, und wiederum auch, mehr unter physikalischem Blickwinkel, so etwas wie Atem oder Hauch, pneuma, das sie im Feuer als bewegendes und gestaltendes Prinzip materialisiert sahen. Dieser pneumatische logos, diese Vernunft, gießt sich als Feuergeist oder Lebenshauch in die Welt und vereinheitlicht so alles Verschiedene. Dies allerdings in mannigfacher Art und Intensität, wodurch den vielen existierenden Dingen ihre verschiedenen Eigenschaften zukommen. Neben anderen wissen wir von Plutarch, dem Biographen im ersten nachchristlichen Jahrhundert, daß es für die Stoiker dieses alles durchdringende pneuma war, das sich im Eisen als Härte, im Silber als weißer Glanz, im Stein als Dichte und Festigkeit und im Menschen als Tugend oder Laster verdichtet. Also auch und vor allem in der menschlichen Seele verwirklicht sich das pneuma, der göttliche Feuergeist, und die Tugend wie die Wahrheit, die ja aus der Seele kommen, sind demnach ebenfalls spezifische Ausgestaltungen dieses pneumas. Der pneumatische, der göttliche logos – solche Worthäufungen bezeichnen immer nur das eine unter verschiedenen Aspekten – durchwebt also die gesamte Natur in ihren verschiedenen dinghaften und wesenhaften Erscheinungen. Vernunft und Natur sind somit als Einheit in der Zweiheit gedacht.

Im Menschen ist dieses göttliche Prinzip des logos als tätige Vernunft und als Selbstbewußtsein zur höchsten Entfaltung gediehen, und darum ist die Seele des Menschen diesem göttlichen Prinzip gleich. Daß dann der Mensch gemäß dieser vom logos durchdrungenen Natur zu leben hat und dadurch tugendhaft lebt, das versteht sich nun schon von selbst. Im tugendhaften Leben entfaltet der Mensch allererst das, was an logos in ihm steckt, darin vollendet er sich und darin findet er seine eudaimonia, sein Glück. Anders indes als das Göttliche sind der Mensch und die Menschenseele zeitlich begrenzt, und beim allgemeinen »Weltenbrand«, bei dem die Welt, ähnlich wie in modernsten Theorien unserer physikalischen Kosmogonie, wieder in sich zusammenfällt, wird auch die Menschenseele zurückgeholt ins allgemeine göttliche pneuma. Und alles Entstehen und Vergehen wiederholt sich in ewig gleichen Kreisläufen; der Gedanke einer ewigen Wiederkehr des Gleichen, der uns bei Nietzsche als so abstrus auffällt, findet sich also schon bei den alten Stoikern – wenn sie ihn auch nicht erfunden haben, denn schon bei einem Vorsokratiker wie Anaximander ist er angedeutet, viel früher freilich schon in indischen Texten.

Das stoische Weltbild ist also offenbar ein geschlossenes Weltbild. Alles darin steht in einem unveränderlichen kausalen Zusammenhang, die Welt ist in ihrem Ablauf von Anfang an festgelegt, determiniert. Es waltet die Vorsehung, und dementsprechend ist auch der Mensch dem unterworfen, was die Stoiker mit dem Schlüsselwort heimarmene benannt haben: Schicksal. Zugleich gehen in der stoischen Weltordnung Naturlehre und Religion, Physik und Theologie in einer neuen Form der Naturreligion auf. Des Zenon unmittelbarer Nachfolger Kleanthes, ein ehemaliger Boxer, der aus Assos in Kleinasien mit nur vier Drachmen in der Tasche nach Athen kam und etwa um das Jahr 232 durch Freitod sein Leben beendete, hat dieses naturreligiöse Lebensgefühl noch einmal mit dem Namen von Zeus verbunden und in einem Hymnus dichterisch festgehalten, der vermutlich bei Schulfeiern vorgetragen wurde:

»Höchster, allmächtiger Gott, den viele Namen benennen,
Zeus, du Herr der Natur, der das All nach seinem Gesetz lenkt,
sei mir gegrüßt! Dein Preis geziemt den sterblichen Menschen ...
Ja, nichts gibt es auf Erden, was deiner Gottheit entzogen,
nicht in dem Reich des Äthers noch drunten den Fluten des Meeres.
Nur was Böses die Menschen vollbringen, das tut ihre Torheit.
Aber du weißt auch das Krumme zum Graden zu richten.
Was häßlich,

schön wird's in deiner Hand, was feindlich, ergibt sich in Liebe;
Gutes und Böses, sie werden vereint zum Verbande;
eine Vernunft herrscht ewig, faßt alles harmonisch zusammen.
Ihr zu entweichen versuchen die Menschen, die Böses erwählten,
ziehen nur Unheil sich zu. Nach Gutem streben sie alle,
aber für Gottes Gesetz sind Augen und Ohren verschlossen.
Folgten sie ihm in Vernunft, dann hätten sie seliges Leben.
Aber sie selber sind ohne Vernunft; es lockt sie ein Wahnbild hierher und dorthin ...«

Daß in diesem Hymnus des Kleanthes Gott, »den viele Namen benennen«, nämlich auch die Namen Vernunft und Schicksal, noch einmal als Zeus angeredet wird, wirkt wie ein Zugeständnis an die Volksreligion. Dieser Hymnus wird von heutigen Gelehrten häufig herbeizitiert, weil in ihm bereits alle Grundgedanken der stoischen Lehre steckten: der gesetzmäßig festgelegte Ablauf allen Geschehens, die Allpräsenz Gottes oder der göttlichen Vernunft, durch die alles schicksalhaft vorherbestimmt ist, aber auch die Widervernünftigkeit des Bösen, durch die die Menschen ins Unglück gerieten.

Aber es gibt eine Ehrfurcht vor alten Texten, die unkritisch macht. Denn der Hymnus des Kleanthes ist letztlich so wenig originell und von so vager Allgemeinheit, daß alle möglichen religiösen Anschauungen darin unterzubringen sind, von der Ordnung der Welt durch den großen Manitu bei den Prärieindianern Nordamerikas bis zur christlichen Dogmatik – mit Ausnahme lediglich des Vernunftbegriffs. Und es scheint nicht weiter verwunderlich, daß die stoische Schule unter Kleanthes, der sie 262 übernahm, in große Schwierigkeiten geriet.

Ein geschlossenes Weltbild wird heutzutage weder von Naturwissenschaftlern noch von Philosophen beansprucht; einige Physiker allerdings träumen immer noch von einer universellen naturwissenschaftlichen Theorie, einer »Weltformel«. Die Unzulänglichkeit geschlossener Weltbilder, in der Regel verbunden mit rein ideologischen Tendenzen, sowie der sich ständig beschleunigende, alles verändernde Erkenntniszuwachs haben uns eines Besseren belehrt. Den Alten hingegen mußte ein allgemein philosophisches System, in dem möglichst lückenlos alle Phänomene erklärt waren, noch als erstrebenswert und möglich gelten. Und den Stoikern, wie auch den Epikureern, galt ihr Ziel, nämlich das tugendhafte Leben, als um so plausibler und unumstrittener, je gründlicher es durch eine dahinterstehende Naturphilosophie abgesichert schien.

Aber auch die Stoiker bekamen schon zu spüren, daß sich die Wirklichkeit nicht so umstandslos in eine Theorie zwängen läßt. Sie mußten bemerken, daß ihre Tugendlehre Widersprüche aufwies, die sie dann mit vielen Zusatzhypothesen beseitigen wollten. Im festgefügten Weltbild der Stoiker war alles durch Vorsehung bestimmt; eben deshalb spielte auch die Mantik, die Seher- und Deutekunst, noch eine bemerkenswerte Rolle bei ihren Überlegungen. Man befragte sogar Orakel. Auf diese Weise wollte man sich wohl wenigstens etwas Luft im lückenlosen Gehäuse der präformierten Welt verschaffen. Dennoch, wohin mit der Freiheit, die man dem Menschen, sofern moralisches Handeln von ihm verlangt wird, einräumen mußte? Und wie konnte das vielberedete Handeln gemäß der Natur im Ermessen des Menschen liegen, wenn letztlich doch alles vom Schicksal vorbestimmt war?

Zumal ein heftiger Gegenspieler der Stoa, nämlich Epikur, der ja in seiner atomistischen Naturtheorie auch auf den Zufall setzte, hat auf diese und andere Ungereimtheiten der stoischen Lehre immer wieder mit Genugtuung hingewiesen. Er meinte sogar, die stoische Naturlehre müsse die Entscheidungsfreiheit des Menschen noch viel mehr einengen als einstmals die Bevormundung durch die Götter im Mythos. Natürlich drängt sich mit der Setzung einer alles bestimmenden und alles vorausplanenden göttlichen Vernunft als oberstes Prinzip der stoischen Dogmatik auch erstmals das Problem der Theodizee auf, also die Frage nach der Rechtfertigung Gottes angesichts des Bösen in der Welt. »Alles«, so wirft ein Kritiker den Stoikern einmal vor, »ist von Anfang an geordnet und beschlossen, sowohl das, wovon man sagt, es sei in unserer Macht, wie das, wovon man sagt, es sei zufällig oder notwendig... Die Bewegungen unserer Seelen sind nichts anderes als Ausführungen göttlicher Anordnungen, wenn es wirklich notwendig ist, daß das Schicksal durch uns handelt. So erhalten die Menschen die Bestimmung desjenigen, von dem gesagt wird, es sei notwendiges Mittel des Handelns.« Ein Gleichnis, mit dem sich der Trick, einen kümmerlichen Rest von Freiheit dennoch zu bewahren, selbst entlarvt, geht auf Zenon und Chrysipp zurück: der an einen Wagen gebundene Hund kann sich mit dem Unausweichlichen arrangieren, wenn er freiwillig mitläuft; sträubt er sich, wird er gezwungenermaßen mitgeschleift.

Wahlfreiheit scheint hier nur gerettet durch eine Art Verinnerlichung, nämlich in Form des bloßen – demütigen – Bewußtseins von Freiheit im Individuum. Ob die Stoiker selbst so dachten, ist allerdings fraglich. Eher ist es wohl interpretatorische Zutat heutiger Kenner dieser Philosophie. So heißt es etwa in einer modernen Auslegung, für den stoischen Weisen sei seine innere Einstellung zu den unbeeinflußbaren äußeren Einflüssen entscheidend. Was dem Menschen beschieden ist und was ihm geschieht, kann und soll er – gemäß dieser Interpretation – seines Zwangscharakters entledigen, indem er sein Schicksal freiwillig annimmt. Doch das klingt mehr nach Schiller als nach der Stoa. Epiktet, der spätere Kompilator stoischer Lehren, fand allerdings einen ähnlichen Ausweg aus dem Dilemma, wenn er erklärte, nur der richtige Gebrauch unserer Vorstellungen, phantasiai, sei unser eigen, alles andere aber nicht. Streben, Begehren und Entschließen seien dem Menschen freigestellt, hierin sei er selbst Teil des Göttlichen, und darin könne ihn nicht einmal Zeus besiegen.

Alle diese theoretischen, philosophisch tiefsinnigen Untersuchungen dienten den alten und mittleren Stoikern primär zur Fundierung ihrer Lebensweisheit, nämlich der Überwindung irdischen Jammers durch vernunftgelenkte Leidenschaftslosigkeit, durch apatheia. Diese philosophisch-naturwissenschaftliche Absicherung weiser Lebensführung geriet insbesondere den Gründern der Stoa, gelegentlich auch den Revisoren Panaitios und Poseidonios, zum Selbstzweck, was begreiflich ist, da die Auseinandersetzungen mit Kritikern und Verfechtern anderer Doktrinen nicht ausbleiben konnten. So hafteten diese Stoiker, wie Epiktet es ausdrückte, allzu sehr am »zweiten und dritten Teil« der Philosophie, beim Beweisen und Erklären, während sie die Anwendung aufs Leben aus den Augen verloren hätten; während Epiktet und mit ihm die späten römischen Stoiker eigentlich nur mehr die Moral, die praktische Anwendung im Sinn haben und sich ihrerseits womöglich allzu wenig darum kümmern, ihren Tugendforderungen auch theoretisches Gewicht zu verleihen. Deshalb ist die stoische Weisheits- und Lebenslehre dieser späten Zeit so eingängig, deshalb fand sie so erstaunliche Verbreitung, und deshalb ist stoisches Denken selbst heute noch populär.

Es waren, im ersten vorchristlichen Jahrhundert, der Schriftsteller, Politiker und Philosoph Cicero – der übrigens auch Gedanken der frühen Skeptiker übermittelte –, der Schriftsteller, Politiker und Philosoph Seneca am Beginn der christlichen Zeitrechnung, dann, im zweiten nachchristlichen Jahrhundert, der römische Kaiser und Schriftsteller Marc Aurel, zuvor aber, im ersten Jahrhundert nach Christus, namentlich der einstige Sklave Epiktetos, die – schon in Konkurrenz zum frühen Christentum – durch ihre Schriften, Vortragsnachschriften oder Reden die stoische Lehre in den Rang einer Volksreligion erhoben und sie zugleich zur Lebensphilosophie der Intellektuellen der römischen Kaiserzeit machten.

Die Ideale und Kernsätze der Stoa finden den knappsten, einfachsten, aber auch den der Theorie der alten und mittleren Stoa gemäßesten Ausdruck in Epiktets ›Encheiridion‹, einem ›Handbüchlein‹ vom weisen Leben, sowie in seinen ›Unterredungen‹. Beide sind uns nur in Nachschriften überliefert, die Flavius Arianus, ein Schüler des Meisters, nach dem Gedächtnis – und übrigens aus dem Koiné-Griechischen ins Attische übertragen – angefertigt hat, denn Epiktet hat nie etwas schriftlich fixiert, sondern stets nur mündlich unterrichtet und vorgetragen. Nach seiner Ausweisung aus Rom im Jahr 89 nach Christus, die nicht nur ihn, sondern alle, die sich Philosophen nannten, traf, lehrte er in einer Schule in Nikopolis an der ionischen Küste. Epiktet will nicht die Fachphilosophen, sozusagen die Professoren-Kollegen, erreichen, sondern bewußt zur »ratsuchenden Menge«, zu Laien, sprechen, die damals offenbar so dringend eines Erlösungswissens bedurften, wie man heutzutage nach sogenannter Lebenshilfe sucht. Und die Leute verstanden ihn damals so gut, wie wir ihn heute noch verstehen.

»Eins«, so prägt Epiktet ihnen und uns immer wieder ein, »steht in unserer Gewalt, ein anderes nicht. In unserer Gewalt steht unser Denken, unser Tun, unser Begehren, unser Meiden – alles, was von uns selber kommt. Nicht in unserer Gewalt steht unser Leib, unsere Habe, unser Ansehen, unsere Stellung – alles, was nicht von uns selber kommt. Was in unserer Gewalt steht, ist von Natur frei, es kann nicht gehindert und nicht verwehrt werden. Was nicht in unserer Gewalt steht, ist ohnmächtig, abhängig, steht in fremder Hand und kann verwehrt werden. Hältst du für frei, was seiner Natur nach unfrei ist, und für dein eigen, was fremd ist, so wirst du viel Verdruß haben, Aufregung und Trauer und wirst mit Gott und allen Menschen hadern. Hältst du aber nur das Deine für dein eigen und Fremdes für fremd, so wird nie jemand dich zwingen, nie jemand dich hindern, du wirst nie jemandem Vorwürfe machen, nie jemand schelten, nie etwas wider Willen tun. Niemand wird dir schaden, denn du wirst keinen Feind haben – nichts kann dir schaden ... Gewöhne dich nun, bei jedem unangenehmen Ereignis zu sagen: Du bist ja nicht das, was du scheinst, sondern nur eine Vorstellung. Sodann prüfe sie an den Regeln, die du gelernt hast: Gehört es zu dem, was in meiner Gewalt steht, oder nicht? Und gehört es zu dem, was nicht in meiner Gewalt steht, so sage zu dir selber: Es geht mich also nichts an.«

Die Elemente stoischer Lebenskunst und stoischer Weisheit sind in diesem Text des Epiktet, respektlos gesagt, wie Gebrauchsanweisungen festgehalten. Was in unserer Macht steht, das sind unsere Vorstellungen und mit denen, meint Epiktet, können wir nach Belieben umspringen und sie zu unserem Besten nutzen. Daß Denken, Handeln und Wollen von unbewußten Motiven, kulturellen Mustern und gesellschaftlichen Normen, die früh verinnerlicht werden, weitgehend geprägt sind, hätte Epiktet, anders als unsere heutigen Sozialpsychologen, nicht ernsthaft gelten lassen. Denn er setzt offenbar voraus, daß das an der allgemeinen göttlichen Vernunft teilhabende Ich Herr im Haus ist und daß der Wille so stark ist, zu wollen, was er will, und die Vorstellungen nach Belieben zu dirigieren. Und er übernimmt das orthodoxe Lehrstück der Stoa, daß die Leidenschaften, die Affekte, zwar die Vernunft trüben können, aber sobald man das einsieht, die affektuösen Trübungen als solche entlarvt, findet man zur apatheia zurück, und die Vernunft hat die Oberhand behalten. Und was nicht in unserer Macht steht, und das ist das meiste, darauf richtet der Weise erst gar nicht sein Denken und Wollen. »Du selbst willst doch«, rät Epiktet einmal, »weder Feldherr noch Senator, noch Konsul sein. Dazu führt aber nur ein Weg: Nichtachtung alles dessen, was nicht in unserer Macht steht.«

Nun hat man selbstverständlich in jedem Fall sorgfältig zu prüfen, was in unserer Macht steht und was nicht. Das wird nicht immer leicht herauszufinden sein, aber wir besitzen ja, so belehrt uns Epiktet, Vernunft, die den Willensentscheid leitet. Man muß also, um bei Epiktets Beispiel zu bleiben, durch Vernunft herausfinden, ob es überhaupt in unserer Macht steht, Konsul, Senator oder Feldherr zu werden, ob man, anders ausgedrückt, die Fähigkeiten zu solchen Berufen oder Ämtern habe. Keineswegs will Epiktet mit seinem Beispiel sagen, daß man sich etwa um Politik, um das Gemeinwesen, um den Staat als stoischer Professor nicht zu kümmern brauche, daß den Weisen dergleichen nichts angehe. Gegen den Vorwurf, die Stoa predige puren Individualismus und Wurschtigkeit gegenüber den Angelegenheiten der Politik, wehrten sich schon die Gründerväter Zenon und Chrysipp und später Panaitios und Poseidonios, der in politischen Missionen tätig war. Und die römischen Repräsentanten der Stoa, wie Cicero, Seneca und Marc Aurel und schließlich noch der Stoiker Friedrich der Große, waren ja wohl alles andere als »staatsverdrossen«. Was im übrigen Epiktet hier empfiehlt, nämlich zu entsagen und zu verzichten und Unannehmlichkeiten mit in Rechnung zu stellen, setzt neben der Einsicht ja auch Willenskraft voraus. Es klingt wie ein Trainingsprogramm, wenn Epiktet einmal empfiehlt: »Fange also mit dem Unbedeutenden an! Ein wenig Öl ist verschüttet, ein Restchen Wein dir gestohlen worden. Sage dir dann: Damit bezahle ich meinen Gleichmut, so viel kostet meine Seelenruhe. Umsonst ist kein Gewinn.«

Man sieht, die stoische Lehre ist, sobald sie einem zur zweiten Natur geworden, gerade bei den kleinen Molesten und Widrigkeiten des Alltags ein probater Ratgeber, und die apatheia, die Leidenschaftslosigkeit, vermag auch oder gerade unter modernen Zivilisationsbedingungen noch zu funktionieren. Leicht läßt sich Epiktets Ratschlag ins Gegenwärtige übersetzen: Du kommst aus dem Theater, du findest an deinem parkenden Wagen einen Strafzettel über zehn Mark. Sage dir dann: So viel kostet mich, inklusive, der Gewinn des Theaterbesuchs, so viel meine Gemütsruhe, meine apatheia. Nach den Regeln der Stoa ist es nicht nur ärgerlich und lästig, sich über etwas zu ärgern, was nicht in unserer Macht steht, wie etwa das – grundsätzlich natürlich vermeidbare – Strafmandat, sondern es ist darüber hinaus vernunftlos, dumm.

Schwieriger wird es, als stoischer Weiser zu agieren, wenn uns härtere Schicksale, größere Leiden, schwere Krankheiten heimsuchen. Epiktet bemerkt dazu »stoisch«: »Krankheit ist ein Unglück für den Körper, für den Willen aber nicht. Das sage dir bei allem, was dich trifft; dann wirst du finden, daß es für irgend etwas ein Unglück sein kann, für dich aber nicht.« Man sollte nicht übersehen, daß Epiktet hier nur von körperlichen Krankheiten spricht. Sogenannte Geisteskrankheiten, die gerade den Willen samt der Vernunft außer Kraft setzen, bedeuten ihm, wie wohl vielen seiner gelehrten Zeitgenossen, ohnehin das Ende des Menschseins. Erwähnt muß jedoch hier unbedingt werden, daß Epiktet selbst lange Zeit gelähmt war, wahrscheinlich infolge von Mißhandlungen während seiner Sklavenjahre. Das hat ihn aber nicht verbittert gemacht, er blieb wohltätig und galt als sehr bescheiden. In Rom und Nikopolis lebte er in einem Haus mit nur einer Fußmatte, einem einfachen Strohsack und einer Lampe aus Ton. Epiktet fühlte sich dem damaligen Proletariat verbunden, und deshalb sympathisierte er wohl auch, ungeachtet aller theoretischen Einwände, mit den Kynikern.

Die gelassene Einstellung gegenüber dem Leiden, wie Epiktet sie lehrte und lebte, wird der Durchschnittsmensch wohl kaum je aufbringen. Gleichwohl gab es zu allen Zeiten Zahllose, die sich eine solche stoische Unverwundbarkeit zu eigen machten, auch solche, die von der Stoa gar nichts wissen konnten, dennoch aber wahre Stoiker waren, wie zum Beispiel der große Indianerfürst Cuauhtémoc, dessen Füße Cortez in ein Becken mit glühender Kohle stellen ließ, um ihn zu zwingen, das Versteck des Indianergoldes preiszugeben. Cuauhtémoc soll, während seine Füße verkohlten, nur gesagt haben: »Meine Füße sind auf Rosen gebettet.« Auf der Paseo de la Reforma in Mexico City hat man diesem »stoischen« Indianer ein Denkmal errichtet.

Epiktets heroische Haltung körperlichen Leiden gegenüber hängt wahrscheinlich mit seiner Geringschätzung, wenn nicht Verachtung, des Körperlichen zusammen (er verordnete sich auch Ehelosigkeit), die bei den Stoikern, die doch Naturalisten waren, erstaunlicherweise verbreitet war und die diese Weisen übrigens mit ihrem Zeitgenossen Paulus teilten. Der fand auf der Agora, dem Marktplatz von Athen, mit der Verkündung seiner christlichen Heilsbotschaft nur eine verblüffte und amüsierte stoische und auch epikureische Zuhörerschaft. »Was will dieser Schwätzer eigentlich?« fragten sich die meisten und lachten ihn aus.

Körperliche Lustempfindungen sowie heftige Gemütsbewegungen, affektives Verhalten überhaupt, galten der Stoa als etwas Uneigentliches. »Eigentlich« waren den Stoikern nur zwei Dinge, das Gute und das Schlechte, oder die Tugend und das Böse. Von ihnen hängt die eudaimonia ab, das Glück. Alles andere nannten sie adiáphoron, gleichgültig. Doch diese gleichgültigen Dinge stuften sie noch ab, damit man ihnen nicht kynische Verachtung aller sonstigen Güter nachsagen konnte. Adiáphora, Gleichgültigkeiten, konnten Körperliches wie seelische, affektive Verfassungen sein. Ein Affekt wird als ein falsches Urteil angesehen; wie auch das Leiden, pathos, als Perversion erscheint, oder, wie Chrysipp es einmal nennt: Affektives Verhalten ist ein »Ungehorsam dem Logos gegenüber«. Für Epiktet wiederum ist der Körper ein lästiger Sack, den man täglich vollstopfen und entleeren muß. Auch Poseidonios war ja Körperlichem nicht sonderlich zugetan; einmal schreibt er: »Das Höchste im Menschen ist die Tugend selber; ihr ist das Fleisch anvertraut, das untaugliche, vergängliche, nur zur Aufnahme von Speisen geeignete.«

Die aus dem Blickwinkel der Stoiker begreiflichen Aversionen gegen Körperliches und gegen Gefühlswallungen sind indes schwer vereinbar mit ihrer Parole vom Leben gemäß der Natur. Schon ein Leben gegen die Leidenschaften und ein Ziel wie die Apathie sind ja nicht mehr »naturgemäß«. Auf diese Widersinnigkeiten, insbesondere bei den Großmeistern der alten Stoa, hatte zur Zeit des Panaitios der scharfsinnige »Akademiker« Karneades die Stoiker immer wieder gestoßen, und die Korrekturen, die Poseidonios daraufhin am Begriff des »naturgemäßen« Lebens vorgenommen hatte, haben die Unausgegorenheiten der stoischen Lehre zumindest in diesem Punkt nicht ganz ausräumen können.

Gelegentlicher Realismus scheint auf, wenn beispielsweise Epiktet einräumt, daß der Körper, in dem der Logos sich »verkörpert«, diesem Logos, also der Vernunft, Grenzen setzt und ihn in Fesseln hält. Aber auch diese Fesseln kann der Weise sprengen: »Das Tor steht offen«, der Freitod ist immer möglich – der vernunftgeleitete Freitod allerdings, der allein auch sittlich zu verantworten ist. In der vielfach resignativen Lebenseinstellung der ›Selbstbetrachtungen‹ des stoischen Kaisers Marc Aurel wird dieses Auswegs häufig gedacht. Sollten einem die Menschen nämlich ein naturgemäßes und somit tugendhaftes Leben unmöglich machen, dann, so heißt es, »scheide wirklich aus dem Leben, doch in der Überzeugung, daß du nichts Schlimmes erleidest. Wenn es raucht, macht man sich aus dem Staube. Warum hältst du das für eine große Sache?« Ungefähr zwei Generationen vor der Geburt des aus nobelstem Hause stammenden Marc Aurel hatte sich ein anderer stoischer Philosoph, der »Staatssekretär« Seneca, Erzieher Neros, selbst entleibt. Er tat das zwar auf Befehl des zum grausamen Despoten verwahrlosten Kaisers, aber er tat es, wie berichtet wird, mit philosophischem, das heißt mit stoischem Gleichmut.

Was die Todesfurcht betrifft, so hatte Epiktet, ganz auf der

Linie der orthodoxen Lehre, darauf hingewiesen: »Nicht die Dinge selbst beunruhigen die Menschen, sondern die Vorstellungen von den Dingen. So ist zum Beispiel der Tod nichts Furchtbares ..., sondern die Vorstellung, er sei etwas Furchtbares, das ist das Furchtbare.« Dieser schlaue Unterschied zwischen den Vorstellungen, phantasiai, und den vorgestellten Dingen in der Außenwelt stand ja schon in den bereits zitierten Textstellen Epiktets im Vordergrund. Im vorliegenden Fall wirkt er so tröstlich wie hilflos, denn wovor man sich fürchtet, ob vor etwas Eingebildetem oder vor etwas Wirklichem, hat für den, den die Furcht durch Vorgestelltes gepackt hält, wenig Bedeutung. Übrigens unterschieden Zenon, Chrysippos und andere Stoiker an den phantasiai, den Vorstellungen, solche, denen etwas Wirkliches zugrunde liegt und solche, die bloß willkürliche Einbildungen sind. Das wußte auch Epiktet. Aber er verwischt diesen Unterschied. Und er wollte nicht zugestehen, daß sich die realitätsfernen Vorstellungen – das, was wir heute als Phantasien abtun – oft genug jeglicher Kontrolle entziehen und somit beängstigender sein können als selbst die rauhe Wirklichkeit. Weit überzeugender klingt da Epikurs Diktum, der Tod gehe uns im Leben nichts an, da er ja jenseits des Lebens liege. Ähnlich feine Unterscheidungen haben die Stoiker auch beim Begriff der apatheia, der Gemütsruhe, gemacht. Apathie bedeutet weniger das sich Freimachen von Schmerz oder Lust, sondern vielmehr das Freisein vom Spüren des Schmerzes oder die Unberührtheit vom Drang nach Lust.

Der feine Unterschied zwischen den Dingen und unseren Vorstellungen von ihnen, den die Vernunft zieht, ist zweifellos Epiktets und der anderen Stoiker Königsweg zur Seelenruhe. Denn die Befreiung von unseren Vorstellungen ist die Befreiung von uns selbst, unserer Triebnatur, und damit auch von dem Bösen, das in unseren Köpfen steckt. »In unsere Gewalt gab Gott«, so triumphierte Epiktet, »das Herrlichste und Erhabenste, wodurch er selbst glückselig ist: den Gebrauch der Vorstellungen. Wenn wir sie recht gebrauchen, bedeutet das für uns ein freies, leichtes, heiteres, beständiges Dasein; es bedeutet Recht, Gesetz und Selbstbeherrschung, überhaupt jede Tugend. Alles andere hat Gott nicht in unsere Gewalt gegeben. Wir müssen uns also in den Willen der Gottheit schicken ...« »Welcher Sturm«, so heißt es ein andermal, »ist größer als der, welcher durch lebhafte und die Vernunft überwältigende Vorstellungen hervorgerufen wird? Der Sturm selbst: Was ist er anderes als eine Vorstellung?« Hat man sich die wirkliche Welt gleichsam zu seelischen Bildern spiritualisiert, ganz nach dem Kanon der Stoa, dann kann das Ich gemäß seiner Vernunft schalten und walten. Und dann, so sagt dieser späte Meister der Stoa, wirst du sehen: »Stille und heiterer Himmel sind in deinem Innern.«

Epiktets ›Handbüchlein‹, eine Art Katechismus der Stoa, und seine ›Unterredungen‹ lesen sich wie eine geistig-moralische Fitness-Broschüre. Daß dieses Trainingsprogramm nur wenige Meister hervorbringt, darüber war sich Epiktet durchaus im klaren: »Zeigt mir einen solchen«, ruft er einmal aus, »der krank und doch glücklich ist, der glücklich in Mühseligkeiten, selbst im Sterben noch glücklich ist, der in der Verbannung und in Schmach sich glücklich fühlt! . . . Bei Gott, ich wünsche einen solchen Stoiker zu sehen! Aber ihr könnt mir keinen zeigen, der so vollkommen wäre! Zeigt mir wenigstens einen, der sich zu bilden bemüht ist, der danach strebt, ein Stoiker zu sein.« Damit ist noch einmal klargemacht, daß sich die Anhänger der Stoa selbst keineswegs als Weise gerieren wollten, sondern immer nur als solche, die nach Weisheit strebten, die es sich aber hart werden ließen.

Von den Schwierigkeiten, ein Stoiker zu werden, war in den Jahrhunderten danach immer noch die Rede, und man konnte sich fragen, ob es denn überhaupt wünschenswert sei, Stoiker zu sein. Denn die Haltung, derer es dazu bedarf, hat ja etwas auffällig Angepaßtes, und zwar an das, was vorab als unvermeidlich definiert wird; gemäß der alten, so preußisch klingenden Maxime: Wolle, was du sollst, dann kannst du, was du willst. In stoischer Redeweise: Wolle, was ohnehin der Fall ist, und du wirst deinen Seelenfrieden finden. Dieser Seelenfrieden, diese Glückseligkeit, die eudaimonia, die das tugendhafte Leben bescheren soll, scheint ein sehr privates Glück zu sein, ein ziemlich egoistisches Verlangen. Ist Glückseligkeit angesichts der Übel in der Welt, der damaligen wie der heutigen, überhaupt etwas moralisch Erlaubtes? Wird sich beispielsweise ein heutiger Stoiker um seines Seelenfriedens willen darein ergeben, daß in Somalia oder in Indien täglich Hunderte oder gar Tausende von Menschen dem Hungertod anheimfallen? Ist das eine elende Wirklichkeit, über die wir keine Gewalt haben? Oder trifft mich das Elend dieser Wirklichkeit nur in meiner Vorstellung, die ich »vernünftig« in meine Gewalt bringen muß, damit das Elend verschwindet?

Natürlich ließe kein Stoiker derartige Einwände gelten. Gerechtigkeit, Zuneigung, oikeiosis, und Mitleid, Sympathie, sind ja erklärte Werte oder Tugenden stoischer Weltauffassung. Das kann man am nachdrücklichsten bei Cicero finden, der sich dabei aber auf Zenon beruft. Da alle Menschen an der göttlichen Weltvernunft teilhaben, sind sie alle Brüder und Bürger eines Weltstaates, Kosmopoliten, nicht mehr, wie zur Blütezeit der polis, sozusagen Politen. Die Liebe und Achtung aller Menschen untereinander hatte den Stoikern zufolge auch den Sklaven in vollem Maße zu gelten – ein für damalige griechisch-hellenistische Verhältnisse fortschrittlicher Gedanke.

Dennoch scheint der stoischen Tugendlehre der Makel individualistischer Isolation und politischer Gleichgültigkeit schwer tilgbar anzuhaften. Die stoische Ethik erschöpft sich ja auffallend in Empfehlungen fürs private Dasein, für das eigene Seelenheil. Man könnte sie überdies als reine Gesinnungsethik verstehen, die ein aktives Eingreifen in das Weltgeschehen nicht vorsieht, ja dergleichen sogar als eines Weisen unwürdig abtut. Und zweifelsohne neigte ja so mancher Stoiker zum Fatalismus.

Nun waren zwar Seneca und Marc Aurel Politiker, und Poseidonios war zumindest in diplomatischen Diensten tätig. Doch das war möglicherweise durch besondere Interessen, Talente und Neigungen bedingt, die der Kanon der stoischen Ethik nicht verbietet, aber auch nicht gebietet. Seneca hat sich mehrfach darüber Gedanken gemacht, wie politische Tätigkeit oder gar ein politisches Amt mit dem stoischen Ideal des »Ziehe dich in dich selbst zurück!« oder »Ertrage und entsage!« zu vereinbaren ist, und er schreibt bezeichnenderweise über die alten Stoiker: »Ich stelle also nochmals die Frage, ob Kleanthes, Chrysippos und Zenon nach ihren eigenen Vorschriften gelebt haben. Du wirst mir ohne Zweifel bestätigen: Sie haben so gelebt, wie sie lehrten, daß man leben müsse. Dennoch hat keiner von ihnen sich politisch betätigt ... Trotzdem haben sie ihr Leben nicht in trägem Nichtstun verbracht. Sie haben bewiesen, daß ihre Zurückgezogenheit den Menschen mehr Segen gebracht hat, als das geschäftige Umherlaufen der anderen.«

Es ist vielleicht keine ganz befriedigende Antwort, die Seneca findet, doch so weit kann man dem Staatsmann zustimmen, daß die Zurückgezogenheit, die viele Stoiker empfahlen und praktizierten, der Unabhängigkeit und der Festigung des Charakters dienen sollte, daß man sie ihnen keineswegs als Hadern mit der Welt aus dem Schmollwinkel heraus ankreiden darf. Die großen

Lehrer der Stoa, so läßt sich ergänzen, waren lebende Exempel ihrer Lehre, damit hatten sie gewissermaßen vollauf zu tun.

Namentlich Epiktets Lehre war zu lebende und, wie wir sahen, gelebte Philosophie, die sich der Welt nicht versagen wollte. Einmal empfiehlt er: »Iß und trink, betrage dich wie ein Mensch, heirate, zeuge Kinder, mache dich im Staat nützlich wie ein Mensch, ertrage Schmähungen, einen unverständigen Bruder, vertrage dich mit deinem Vater, deinem Sohn, Nachbarn, Gefährten. Das sollst du uns zeigen, damit wir sehen, daß du in der Tat etwas von Philosophie verstehst!«

Die stoische Philosophie ist nicht gerade, wie die epikureische, eine Philosophie der Lebensfreude. Im Stoizismus soll dem Leben etwas abgetrotzt werden. Dazu gilt es auch, sich hart zu machen. Gleichwohl suchten die Stoiker, die ja nicht nur als Puritaner und blasse Asketen mißzuverstehen sind, auch das Glück. Aber das Glück war ihnen nichts außerhalb der Tugenden, namentlich derjenigen der Einsicht ins Unvermeidliche. Es gehörte phronesis, Besonnenheit und Geschick, dazu. Zwar sollen Panaitios und Poseidonios, die Häupter der mittleren Stoa, einmal geäußert haben, Tugend und Besonnenheit allein reichten nicht aus, man brauche auch noch Gesundheit, genügend Geld und viel Kraft; doch diese Dinge sollten wohl, so darf man die beiden verstehen, eher Mittel im Dienste eines tugendhaften Lebens darstellen. Bei den Epikureern diente die Tugend dem Glück, das Lust »macht«. Für die Stoiker war eher umgekehrt das Glück die Tugend selbst, und zwar die Tugend des einsichtigen Verzichten-Könnens. Dahinter lauert freilich ständig die Gefahr des Fatalismus, die nicht leicht zu bannen ist.

Philosophie, Lebensweisheit, das war für die Stoiker, deren Schule fünf Jahrhunderte überdauerte – und deren wichtigste Lehrstücke wir womöglich gerade neu entdecken –, eine naturnahe, vernunftgeleitete Kunst, das Leben in Gelassenheit und weiser Beschränkung, ohne überspannte Erwartungen zu bestehen. Ein solches Leben war den Stoikern ein Kunstwerk, in dem man zur Vollendung brachte, was einem der göttliche logos mitgegeben hatte. Eine Kunst letztlich auch, Heil und Unheil nicht nur von außen, von den anderen, sondern von sich selbst zu erwarten. »Vor sich selbst«, sagt Epiktet, »ist der Weise auf der Hut, wie vor einem Feinde und Verräter.« Viele haben es vermocht, sich gemäß der stoischen Philosophie ein menschenwürdiges Leben einzurichten, und auch wir können noch nach ihr leben, wenn wir uns ihrer Grenzen, wie der engen Grenzen jeder Lebensweisheit, gewärtig bleiben und vor allem, wenn wir uns davor hüten, ihre Grundsätze zu kanonisieren und ritualisieren. Vielleicht sind diese Grundsätze stoischer Ethik, ihr Evangelium, mehr als diejenigen anderer griechischer Weisheitsschulen, im Laufe der Jahrhunderte zu Allgemeinplätzen abgesunken, waren zu lange in aller Munde und wirken nun zu verbraucht. Aber das ist wohl das Schicksal aller Morallehren, Ethiken und Weisheitslehren, die nicht papierene Theorie geblieben sind, sondern Lebenswirklichkeiten wurden.

Zwar hat das Christentum schließlich über die hellenistische Philosophie gesiegt, doch nicht zuletzt deshalb, weil es sie und namentlich den Stoizismus in sich aufgesogen hat; vor allem aber konnte es alles versprechen, ohne in Beweisnot zu geraten, denn es pochte auf Offenbarung und nicht auf Vernunft.

# Anhang

# Literatur zum Weiterlesen

## Zur Einführung

JACOB BURCKHARDT: Griechische Kulturgeschichte. 4 Bände. Deutscher Taschenbuch Verlag, München ²1982.
Von den vier Bänden kommen hier nur die Bände III und IV in Frage. Lebendig und glänzend geschriebener Gesamteinblick mit eigenwilligen Wertungen.

ULRICH LINSE: Barfüßige Propheten. Erlöser der zwanziger Jahre. Siedler Verlag, Berlin 1983.
Gut geschriebene und gründlich informierende, illustrierte Zusammenstellung der Heilslehren und Erlöser nach dem Ersten Weltkrieg. Mit einem einleitenden Essay von Hagen Schulze.

KARL DIETRICH BRACHER: Zeit der Ideologien. Eine Geschichte politischen Denkens im 20. Jahrhundert. Deutsche Verlags-Anstalt, Stuttgart 1982, und Deutscher Taschenbuch Verlag, München 1985.
Eine gründliche, gut lesbare Untersuchung des heutigen Bedürfnisses nach Heilslehren, globalen Weltanschauungen und philosophisch-politischen Ideologien.

J. W. ROBERTS: City of Sokrates. An Introduction to Classical Athens. Routledge & Kegan Paul, London-Boston-Melbourne-Henley 1984.
Weil es so genau zum Thema unseres Buches paßt und die jüngste zusammenfassende Darstellung ist, sei dies gut lesbare Buch des Eton-Professors als einziges fremdsprachiges hier empfohlen.

## Zu allen Kapiteln

DIOGENES LAERTIUS: Leben und Meinungen berühmter Philosophen. Buch 1-10. Hrsg. von Klaus Reich und Hans Günter Zekl. Aus dem Griechischen von Otto Apelt. Felix Meiner Verlag, Hamburg ²1967.
Dieses Buch ist eine der wichtigsten Quellen für die alten griechischen Philosophen bis zu Epikur und den Stoikern. Es enthält viel Legendenhaftes, nicht Nachprüfbares – aber wir haben nichts Besseres.

## Zu ›Die Stechfliege der Stadt‹

PLATON: Sämtliche Werke. 3 Bände. Hrsg. von Erich Loewenthal. Verlag Lambert Schneider, Heidelberg ⁸1982.
Den historischen Sokrates trifft man am ehesten in den Schriften: Des Sokrates Verteidigung (Apologie); Kriton; Euthyphron; Prota-

goras. Keine Angst vor der Lektüre! Das ist verständlicher, schöner und witziger als alles, was Philosophie-Professoren darüber geschrieben haben.
XENOPHON: Erinnerungen an Sokrates. Griechisch-Deutsch. Hrsg. von Gerhard Jaerisch. Sammlung Tusculum (früher Heimeran Verlag), Artemis Verlag, München-Zürich ³1980.


Zu ›Zungenschläge der Ironie‹

PLATON: Sämtliche Werke. (Siehe oben)
UWE JAPP: Theorie der Ironie. Vittorio Klostermann Verlag, Frankfurt am Main 1983.
Zeiten und Wandlungen des Ironischen von Sokrates bis zur Gegenwart werden gründlich analysiert. Im Anhang sind wichtige Schriften zu diesem Thema aufgeführt. Dieses Buch stellt allerdings hohe Anforderungen an den Leser.


Zu ›Spitzfindige Weisheiten‹

WOLFGANG RÖD (HRSG.): Geschichte der Philosophie, Band 2: Andreas Graeser: Die Philosophie der Antike 2. C. H. Beck'sche Verlagsbuchhandlung, München 1983.
Eine sehr dichte, zusammenfassende Untersuchung der sophistischen Grundgedanken mit modernen philosophischen Methoden. Nicht ohne gewisse Voraussetzungen zu lesen.
MICHAEL EMSBACH: Sophistik als Aufklärung. Verlag Königshausen + Neumann, Würzburg 1980.
Ein wissenschaftliches, aber gut lesbares Buch, das vor allem die gesellschaftliche und politische Situation der damaligen Zeit und die aufklärerische Rolle der Sophisten darin nachzeichnet. Manches ist vielleicht allzusehr aus der Perspektive unserer Gegenwart gedeutet.


Zu ›Mit zynischem Lächeln‹

DIOGENES LAERTIUS: Leben und Meinungen berühmter Philosophen. (Siehe oben)
PETER SLOTERDIJK: Zur Kritik der zynischen Vernunft. 2 Bände. Suhrkamp Verlag, Frankfurt am Main 1983.
Der Autor stellt in den mit außerordentlicher Sprachgewandtheit, feuilletonistisch geschriebenen Bänden die alte kynische Tugendlehre dem heutigen arroganten Zynismus gegenüber.

Zu ›Von Zweifeln geplagt‹

SEXTUS EMPIRICUS: Grundriß der pyrrhonischen Skepsis. Eingeleitet und übersetzt von Malte Hossenfelder. Suhrkamp Verlag, Frankfurt am Main 1968.
Dieser authentische Text mit der gründlichen Einführung von Malte Hossenfelder ist ohne alle Vorkenntnisse zu lesen.

GESCHICHTE DER PHILOSOPHIE IN TEXT UND DARSTELLUNG. Band 1: Antike. Hrsg. von Wolfgang Wieland. Reclam Verlag, Stuttgart 1978.
Dieses Bändchen enthält Textproben nebst knappen Einführungen, auch zu den anderen hier vorgestellten Philosophenschulen.

WOLFGANG STEGMÜLLER: Metaphysik, Skepsis, Wissenschaft. Springer Verlag, Berlin-Heidelberg-New York ²1969.
Das Kapitel über Skepsis konzentriert sich auf die jüngste philosophische Diskussion zu dieser Thematik. Schwierig, doch allgemein verständlich geschrieben.


Zu ›War Epikur ein Epikureer?‹

DIOGENES LAERTIUS: Buch 10: Epikur. (Siehe oben) Griechisch-Deutsch. Mit einer Einleitung und Anmerkungen versehen von Klaus Reich und Hans Günter Zekl.
Dies ist ein gesonderter Auszug aus dem oben genannten großen Werk des Diogenes Laertius.

LUKREZ: De rerum natura – Welt aus Atomen. Lateinisch-Deutsch. Übersetzt und mit einem Nachwort hrsg. von Karl Büchner. Reclam Verlag, Stuttgart 1973.
Dieses grandiose Dichtwerk enthält eine minutiöse Beschreibung der Epikureischen Naturphilosophie.

EPIKUR: Von der Überwindung der Furcht. Eingeleitet und übertragen von Olof Gigon. Deutscher Taschenbuch Verlag, München 1983.
Eine leicht lesbare Darstellung mit Originaltexten.


Zu ›Mit stoischer Ruhe‹

EPIKTET: Handbüchlein der Ethik. Übersetzt, eingeleitet und mit Anmerkungen versehen von Ernst Neitzke. Reclam Verlag, Stuttgart 1958.

STOA UND STOIKER. Eingeleitet und übertragen von Max Pohlenz. Artemis Verlag, Zürich-Stuttgart ²1964.
Eine gründliche Darstellung und Deutung der Texte von dem bedeutenden Altertumsforscher Pohlenz.

MARC AUREL: Wege zu sich selbst. Griechisch-Deutsch. Hrsg. und übertragen von Willy Theiler. Artemis Verlag, Zürich-München ²1974.

MAXIMILIAN FORSCHNER: Die stoische Ethik. Über den Zusammenhang von Natur-, Sprach- und Moralphilosophie im altstoischen System. Klett-Cotta Verlag, Stuttgart 1981.
Ein durchaus wissenschaftliches Buch, erstaunlicherweise aber sehr verständlich und gut lesbar geschrieben.

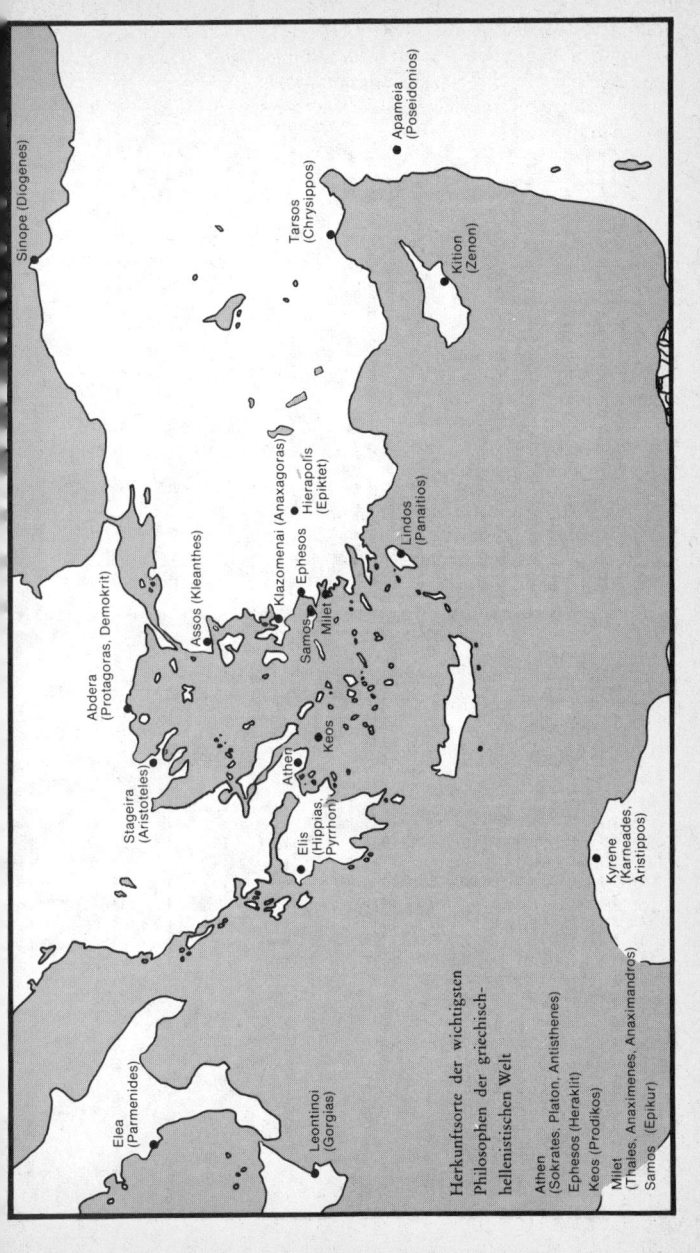

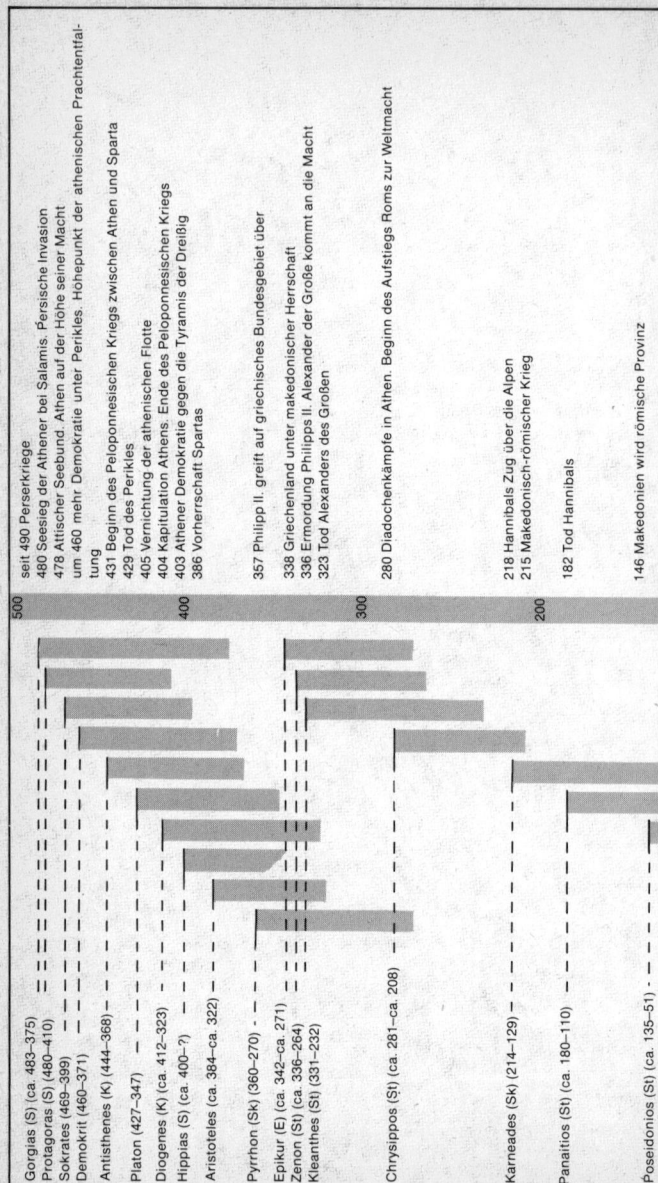

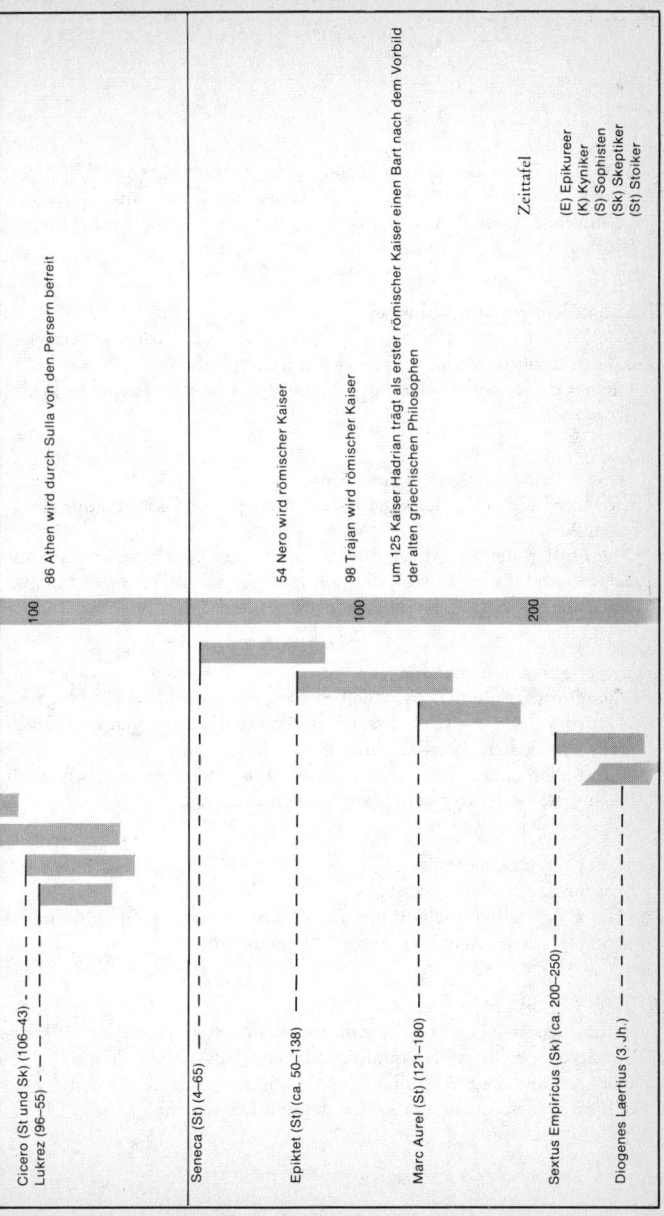

# Bilderläuterungen

Seite 15 · Sokrates
Marmorbüste nach einem Vorbild des 4. Jahrhunderts vor Chr.; Nationalmuseum Neapel (Archiv für Kunst und Geschichte, Berlin)
Gemütlich-rundlich und nur wenig silenenhaft gab sich, diesem Bildnis zufolge, die »Stechfliege« der Stadt Athen.

Seite 43 · Kouros von Volomandra
Nach seiner Fundstelle in Attika benannter Grab-Kouros; Mitte des 6. Jahrhunderts vor Chr.; Nationalmuseum Athen
Lächelt dieser archaische junge Mann das ironische Lächeln des Erkennens?

Seite 65 · Bronzekopf eines Philosophen
Im Meer bei Antikythera gefunden; um 240 vor Chr.; Nationalmuseum Athen
Glaubt man den voreiligen Spekulationen der Gelehrten, dann handelt es sich bei dem Porträt dieses ungemein wachblickenden Mannes um einen Sophisten, Kyniker oder Skeptiker.

Seite 97 · Satyr und Mänade
Ausschnitt aus einer panathenäischen Preisamphora; Anfang des 5. Jahrhunderts vor Chr.; Staatliche Antikensammlungen und Glyptothek München (Nachzeichnung Karl Reichhold)
Womöglich ging es bei den Symposien ähnlich locker zu wie hier auf der mythologisch verfremdeten Vasenzeichnung.

Seite 115 · Symposiasten
Museum of Fine Arts Boston
Das schwerfällige Gelehrtenwort »Symposiasten« paßt schlecht zu dem ausgelassenen Spiel dieser Party-Teilnehmer.

Seite 143 · Epikur
Antike Kopie einer Porträtstatue aus dem ersten Viertel des 3. Jahrhunderts vor Chr.; Metropolitan Museum of Art New York
Gelassen und abgeklärt blickt der Verkünder lustvollen Daseins, modelliert wahrscheinlich in seinem letzten Lebensjahr.

Seite 163 · Stoa Poikile
 Nach der Rekonstruktion von amerikanischen Archäologen gezeichnet von Michael Heintschel
 Der erste gewichtige Neubau nach der Invasion der Perser und vielleicht die auffälligste der sechs Stoen auf dem Markt von Athen, der Agora.


Die Zeittafel und die Karte zeichnete Karl-Friedrich Schäfer.

# Philosophische Lesebücher

Jean Gebser:
Ursprung und
Gegenwart
dtv 5921 / 3 Bde.

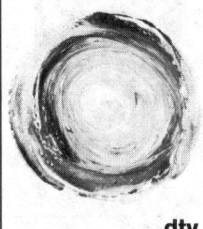

Carl Friedrich
von Weizsäcker:
Die Einheit der Natur
dtv 10012

Pierre Teilhard
de Chardin:
Das Tor in die Zukunft
dtv 10752

Karl Jaspers:
Was ist Philosophie?
Ein Lesebuch
dtv 1575

Leben ohne Zukunft?
Hrsg. von
Heinz Friedrich
dtv 10753

**dtv**

# Die Römische Antike im dtv

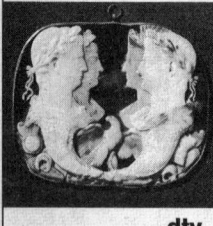

dtv 1762

dtv 10524

dtv 2183

Michael Grant:
Klassiker der antiken
Geschichtsschreibung
dtv 4374

Livius:
Exempla Romana
Beispiele aus der
römischen Geschichte
dtv 9215

Sallust:
Historische Schriften
Catilina · Jugurtha
Auswahl aus den
Historien
Hrsg. v. Georg Schoeck
dtv 6129

Michael Crawford:
Die römische Republik
Mit 6 Karten und zahl-
reichen Skizzen
dtv 4404

Theodor Mommsen:
Römische Geschichte
Vollständige Ausgabe
Mit einem Essay von
Karl Christ
8 Bände in Kassette
dtv 5955

Colin Wells:
Das Römische Reich
dtv 4405

Robert M. Ogilvie:
Das frühe Rom
und die Etrusker
dtv 4403

Robert M. Ogilvie:
... und bauten die
Tempel wieder auf
dtv/Klett-Cotta 4427

Cicero:
Cato Maior de
senectute
Cato über das Alter
dtv 9186

Vergil:
Aeneis
Vollständige Ausgabe
dtv 2150

Plinius der Jüngere:
Epistulae/Briefe
dtv 9194

# dtv-Geschichte der Antike
Herausgegeben von Oswyn Murray

Oswyn Murray:
Das frühe
Griechenland
dtv 4400

John K. Davies:
Das klassische
Griechenland
und die Demokratie
dtv 4401

Frank K. Walbank:
Die hellenistische
Welt
dtv 4002

Robert M. Ogilvie:
Das frühe Rom
und die Etrusker
dtv 4003

Michael Crawford:
Die römische
Republik
dtv 4004

Colin Wells:
Das Römische Reich
dtv 4005

# Zum Thema Philosophie

Willy Hochkeppel:
War Epikur ein
Epikureer?
Aktuelle
Weisheitslehren der
Antike
dtv 10360

Wilhelm Weischedel:
Die philosophische
Hintertreppe
34 große Philosophen in
Alltag und Denken
dtv 1119

Karl Jaspers:
Was ist Philosophie?
Ein Lesebuch
dtv 1575

Aristoteles:
Die Nikomachische
Ethik
Hrsg. v. Olof Gigon
dtv 2146
Politik
Hrsg. v. Olof Gigon
dtv 2136
Einführungsschriften
Hrsg. v. Olof Gigon
dtv 6117
Vom Himmel · Von der
Seele · Von der Dicht-
kunst
Übertragen und einge-
leitet v. Olof Gigon
dtv 6123

Marcus Tullius Cicero:
Gespräche in Tusculum
(Tusculanae Disputa-
tiones)
lateinisch-deutsch
Eingeleitet u. neu über-
setzt v. Karl Büchner
dtv 6130

Epikur:
Von der Überwindung
der Furcht
Katechismus · Lehr-
briefe · Spruch-
sammlung · Fragmente
Eingeleitet und über-
tragen v. Olof Gigon
dtv 6124

Klassische Texte der
Staatsphilosophie
Hrsg. v. Norbert Hoerster
dtv 6067

Klassiker des
philosophischen
Denkens
Hrsg. v. Norbert Hoerster
2 Bde. dtv 4386/4387

Erich Jantsch:
Die Selbstorganisation
des Universums
Vom Urknall zum
menschlichen Geist
dtv 4397